広東語初級教材

香港粵語［基礎語彙］

An introduction to Hong Kong Cantonese: Basic words

吉川雅之 著

白帝社

ＣＤ吹き込み……阿邦
ＣＤナレーション……張亜新
カバーおよび本文写真……吉川雅之
本文レイアウト／カバーデザイン……トミタ制作室

序

　『粵語』とは「広東語」を意味する学術用語です。『香港粵語』とは、すなわち「香港の広東語」を意味する正式名称に他なりません。

　本巻『基礎語彙』は、「基礎語彙」と「基礎語彙を用いた表現」による対を構成の基調としています。各ページとも左側が「基礎語彙」、右側が「基礎語彙を用いた表現」となっています。「基礎語彙」には初級レベルで知っておくと役に立つと筆者が考えた語を、範疇毎に5の倍数だけ選出し、計1300語を掲げました。語の選定や語彙の分類は日本語を基準として行い、作業の過程では国立国語研究所（編）『分類語彙表［増補改訂版］』（大日本図書。2004年）を参考にしています。広東語を「これから学習したい」、「近い将来学習するかもしれない」、もしくは「香港やマカオに行って一言二言声に出してみたい」という方は、この「基礎語彙」に目を通して下さい。そうすることで「広東語がどのような言語か」を感じていただくことができるでしょう。

　本書にはもう一つの役割が有ります。それは、本シリーズ既刊各巻を使った学習に対する側面からの支援です。初級教材である『基礎文法Ⅰ』や『ワークブック基礎文法Ⅰ』、『基礎会話』の読者に、限られた語彙を使いながら多様な表現を身につけていただく、そのお手伝いをしたいと思っています。「基礎語彙を用いた表現」には派生語や複合語、熟語、そしてコロケーション（他の語との組み合わせ）が含まれています。これらについては、統語法に関して上記3書で扱った項目の範囲内に留まるよう、そして字数に関して漢字10字以内に収まる短いものになるよう、努めました。これらを文中に組み込むことで、多様な表現に挑戦し、表現力の向上を目指していただければ嬉しく思います。

　付属のCD-ROMには、全ての「基礎語彙」と「基礎語彙を用いた表現」について、音声（男声）が収録されています。「基礎語彙」についてはやや緩慢に、「基礎語彙を用いた表現」については通常の速度に準じて、それぞれ読まれています。吹き込みを担当して下さった阿邦は、香港で活躍中のプロのナレーターであり、テレビやラジオのコマーシャルでは今日も彼の声が流れています。

　原稿に対して多くの助言を下さった友人HelenとMarco、Rickyに心から感謝申し上げます。彼らの母語に対する真摯な態度に筆者は心打たれました。また、本書の表紙をデザインして下さった富田淳子さん、香港の録音スタジオの使用でお世話になった李主任にも感謝申し上げます。そして、担当の岸本詩子さんをはじめ白帝社の皆さんには、今回も大変お世話になったことに、お礼を申し上げます。

　本書を通して多くの方が香港やマカオの言語――広東語――に興味を持ってくださることを願っています。

2014年10月3日
香港で真の普通選挙を要求する市民運動の続く中
補充録音の日に、東京の自宅にて
筆者

凡例

【文字表記】
①漢字表記は香港で一般に通用している繁体字に従いました。複数の字形が通用している漢字については、最も通用している字形を採用しました。
②特定の字形で表記する習慣が社会的に定着していない音節・形態素は□で記しました。
③主に英語から発音を介して借用された語彙（音訳語）は、特定の字形での漢字表記が社会的に定着しているものは漢字で表記しました。漢字表記が定着していないものは原語で表記しました。
④略することができる漢字とそのローマ字には（　）を加えました。

【発音表記法】（詳細は白帝社『香港粵語［発音］』をご覧下さい）
①読者の学習環境に配慮し、本書では声調解釈の異なる2種類の発音表記法（ローマ字表記）を採用しています。学習者は自分の環境に応じて、いずれか一方の表記法に従って学習して下さい。

　　A．6声調式（声調が6つあるという解釈）
　　イエール式：1956年にG.P.KokとP.P.Huangが考案。香港及び海外で外国人に対する教学の場で最も普及している。
　　B．9声調式（声調が9つあるという解釈）
　　常用字広州話読音表：1988年に香港の教育署（日本の文科省に相当）に属する語文教育学院で考案される。香港の小中学校の中文科教員養成でも用いられている。

②発音は6声調式（イエール式）を先に、9声調式（常用字広州話読音表）を後に記しました。両者の間は//で隔てました。
③広東語には「変音」と呼ぶべき声調変化が存在します。本書ではこの変化を起こした音節については、変化後の声調を記し、更にその右に*を付すことにします。
④音訳語の中には広東語の音韻体系に完全に同化するには至っていない語が有ります。それについては、斜体で記しました。
⑤現代香港・澳門や広州で合流現象が進行している音節頭子音 /n/ と /l/、/ng/ と /Ø/（ゼロ頭子音）に関して、本書の紙面上では発音表記の区別を徹底していますが、附属CD-ROMの吹き込みでは敢えて区別を要求しませんでした。これは紙面上、

　　□　　你　　　　　　néih // nei^5　　　　　あなた
　　□　　我　　　　　　ngóh // ngo^5　　　　　私

のように伝統的な発音で記されている語が、附属CD-ROMではそれぞれ、

　　□　　你　　　　　　léih // lei^5　　　　　あなた

口　我　　　　　　óh // o⁵　　　　私

と現在の発音で読まれていることを意味します。この現象の詳細については、拙著『香港粵語［発音］』90、174頁や『香港粵語［基礎会話］』22〜23頁（ともに白帝社）を参照して下さい。

【基礎語彙（見出し語）】

　基礎語彙が離合詞（単一の概念を表すが、「動詞＋目的語」の構造を持つ語）である場合は、動詞と目的語の間を // で隔てました。離合詞についての詳細は『香港粵語［基礎文法Ⅰ］』（白帝社）第7課をご覧下さい。

　　　　例）　　起 // 身　　　　起きる。起床する

目次

- 序　　iii
- 凡例　　iv
- 香港粤語の音韻体系と発音表記法　　viii
- 文字表記と発音のバリエーション　　x
- 量詞について　　xii
- 本書の構成　　xvii

·················本文·················

[数詞・量詞・方位詞]
- 数　　1
- 名量詞（一般）　　2
- 名量詞（器・単位）　　3
- 度量衡　　4
- 順序など　　5
- 全体・部分　　5
- 方位　　6

[名詞]
- 時間の単位　　7
- 期間　　8
- 時代　　8
- 季節・時期　　9
- 日　　9
- 祝祭日　　10
- 時間帯　　11
- 現在・過去・未来　　12
- 天候・気象　　13
- 自然　　14
- 超常現象　　14
- 宝石・貴金属　　15
- 天体　　16
- 地形・水脈　　17
- 哺乳類（陸生）　　18
- 鳥類　　19
- 哺乳類（水生）　　19
- 爬虫類・両生類　　19
- 魚類　　20
- 貝類・昆虫・甲殻類　　21
- 樹木・草花　　22
- 果実　　23
- 野菜　　24
- 穀類・豆類　　25
- 身体部位　　26
- 感覚器官　　27
- 生理　　27
- 病気　　28
- けが　　29
- 日用道具　　30
- 容器　　31
- 家具・寝具　　32
- 食器　　33
- 調理具　　34
- 文房具（1）　　34
- 文房具（2）　　35
- オフィス用具　　36
- 農具・工具　　37
- 楽器　　38
- 玩具　　39
- 媒体　　39
- 生地・衣料　　40
- 上着（上半身）　　41
- 上着（下半身）　　42
- サイズ　　42
- 下着　　43
- 履き物　　43
- 衣類（頭部・手足）　　44
- 装身具・装飾品　　45
- 家電製品　　46
- 通信機器　　47
- パソコン　　47
- 光学機器・計器　　48
- 医療品　　49
- 生活用品　　50
- 薬品　　51
- 荷・包み　　51
- 貨幣・切符・証券　　52
- 書物　　53
- 資材　　53
- 食材・調味料　　54
- 飲料　　55
- 菓子・嗜好品　　56
- 中国料理　　57
- 中国以外の料理　　58
- 住居　　59
- 屋外設備　　59
- 店舗　　60
- 建築物名　　60
- 交通手段　　61
- 交通機関　　62
- 商業施設　　63
- 文化施設　　63
- 土木施設　　64
- 道路名　　64
- 地名（香港）　　65
- 地名（珠江三角洲）　　65
- 人種・エスニシティ　　66
- 国家　　67
- 行政区画　　68
- 政府機関　　68
- 公共機関　　69

非政府組織	69	感情	102
団体	70	生理感覚	103
国際機関	71	心理	103
統治・行政	72	学習・記憶	104
法律・刑罰・制度・しきたり	73	思考	105
国民・住民	74	弁別	106
人品など	74	身体動作	107
職位	75	移動	108
職種・職業(1)	76	開閉	108
職種・職業(2)	77	調理	109
人間関係	78	生活行為	110
祖父母・親兄弟	79	人間関係	111
配偶者・子孫	79	通信・交流	111
親類	79	授受	112
取得・所有	80	教育	112
資本	81	存在	113
収支	81	生死	113
需給	82	**[形容詞]**	
金銭その他	82	長短・大小など(1)	114
価格・費用	83	長短・大小など(2)	115
給与・料金・利子	84	能力・人格	116
取引・売買・授受・貸借	85	態度	117
企業	86	心理状態	117
工業	87	体調	118
商業	87	寒暖・乾湿	118
犯罪	88	美醜・難易・正否	119
信仰	89	色彩	120
道徳	89	聴覚・嗅覚・味覚	121
教育制度・カリキュラム	90	多少	122
教育機関	91	**[副詞]**	
軍事	92	多少	122
科学技術	92	頻度	123
イベント	93	時機	123
交易	94	時間	124
文芸	94	完了・近接未来	125
スポーツ	95	タイミング	125
趣味・娯楽	95	順序	126
[動詞]		重複	126
挨拶・合図	96	程度	127
伝達・報知	96	**[その他]**	
談話	97	助動詞	127
問答・論議	97	前置詞	128
批評	98	接続詞	129
説明	98	代名詞	130
発表	99	疑問詞	131
読み書き	100	挨拶表現	132
認知・判断・推測	101	語彙帳 ローマ字表記	135
解決・決心	101	語彙帳 日本語	175

香港粤語の音韻体系と発音表記法

音韻体系と発音表記法については、拙著『香港粤語［発音］』（白帝社）で詳述してありますので、そちらをご覧下さい。

■音節頭子音

// の左が 6 声調式（イエール式）、右が 9 声調式（常用字広州話読音表）です。以下同じ。

調音部位 \ 調音方法	破裂音・破擦音 無気音	破裂音・破擦音 有気音	鼻音	摩擦音	その他
唇	b [p]	p [pʰ]	m [m]	f [f]	
歯茎	d [t]	t [tʰ]	n [n]		l [l]
後部歯茎	j // dz [tʃ]	ch // ts [tʃʰ]		s [ʃ]	y // j [j]
軟口蓋	g [k]	k [kʰ]	ng [ŋ]	h [h]	なし [Ø]
その他（円唇）	gw [kw]	kw [kʰw]			w [w]

■韻

網掛けの韻は主母音が短いものです。それ以外は主母音は長く発音されます。

単母音	複合母音							
a [a:]	aai [a:j]	aau [a:w]	aam [a:m]	aan [a:n]	aang [a:ŋ]	aap [a:p]	aat [a:t]	aak [a:k]
	ai [ɐj]	au [ɐw]	am [ɐm]	an [ɐn]	ang [ɐŋ]	ap [ɐp]	at [ɐt]	ak [ɐk]
e [ɛ:]	ei [ej]	el // eu [ɛ:w]	em [ɛ:m]	en [ɛ:n]	eng [ɛ:ŋ]	ep [ɛ:p]	et [ɛ:t]	ek [ɛ:k]
i [i:]		iu [i:w]	im [i:m]	in [i:n]	ing [eŋ]	ip [i:p]	it [i:t]	ik [ek]
o [ɔ:]	oi [ɔ:j]	ou [ou]	om [ɔ:m]	on [ɔ:n]	ong [ɔ:ŋ]	op [ɔ:p]	ot [ɔ:t]	ok [ɔ:k]
u [u:]	ui [u:j]			un [u:n]	ung [oŋ]		ut [u:t]	uk [ok]
eu // oe [œ:]	eui // oey [ɵɥ]			eun // oen [ɵn]	eung // oeng [œ:ŋ]		eut // oet [ɵt]	euk // oek [œ:k]
yu // y [y:]				yun // yn [y:n]			yut // yt [y:t]	
成音節子音								
		m [m̩]			ng [ŋ̍]		s [ʃ̩]	

■声調

6声調式（イエール式）						
声調番号	1	2	3	4	5	6
音域	高			低		
タイプ	下降調	上昇調	平板調	下降調	上昇調	平板調
9声調式（常用字広州話読音表）								
声調番号	1	7	2	3	8	4	5	6	9

9声調式の第7、8、9声は音節末音がp、t、kであることが条件になります。

文字表記と発音のバリエーション

本書で基礎語彙に挙げた語の中には、本文で掲げた以外の発音や字形も使われているものが有ります。本文には CD に収録された発音のみを記してありますので、それ以外の形式を以下に列挙しておきます。

本書の番号		発音	字形
0025	吋	発音は同じ	打
0037	克	hàak // haak^7	
0098	平安夜	Pìhng òn yé* // Ping^4 on^1 je^2*	
0106	半夜	bun yeh // bun^3 je^6	
0110	夜晚黑	yeh máahn hàak // je^6 maan^5 haak^7	
0114	呢排	nì páai* // ni^1 paai^2*	
0134	聲音	sèng yàm // seng^1 jam^1	
0149	白銀	baahk ngàhn // baak^9 ngan^4	
0181	白鴿	baahk gap // baak^9 gap^8	
0184	鴨	aap // aap^8（語による）	
0185	鵝	ngòh // ngo^4（語による）	
0231	批	発音は同じ	剝（「(ナイフで)剥く」の意の場合）
0232	芒果	発音は同じ	杧果
0299	抹檯布	発音は同じ	抹枱布
0312	檯	発音は同じ	枱
0313	飯檯	発音は同じ	飯枱
0314	櫈	発音は同じ	凳
0315	BB 櫈	発音は同じ	BB 凳
0324	盤	pùhn // pun^4	
0341	擦紙膠	発音は同じ	擦字膠
0369	威也	wàai yá // waai^1 ja^2	
0389	SD 咭	発音は同じ	SD 卡
0396	皮	péi* // pei^2*（語による）	
0400	綫	発音は同じ	線
0442	髮夾	faat gáap* // faat^8 gaap^2*	

x

0478	檯鐘	発音は同じ	枱鐘
0558	爆谷	baau gùk // baau³ guk⁷	
0574	pizza	pì sàh // pi¹ sa⁴	
0592	吧檯	発音は同じ	吧枱
0593	搭檯	発音は同じ	搭枱
0625	大牌檔	発音は同じ	大排檔
0688	機構	gèi gau // gei¹ gau³	
0694	稅務局	seui mouh guhk // soey³ mou⁶ guk⁹	
0743	外行	ngoih hóng* // ngoi⁶ hong²*	
0746	董事	dúng sí* // dung² si²*	
0866	合併	hahp bing // hap⁹ bing³	
0969	報導	発音は同じ	報道
0974	當面傾	dòng mihn kìng // dong¹ min⁶ king¹	
0994	提倡	tàih chèung // tai⁴ tsoeng¹	
1020	唔憤氣	m̀h fáhn hei // m⁴ fan⁵ hei³	
1030	瘖	発音は同じ	劜
1081	煮	発音は同じ	煑
1167	瘖瘖哋	発音は同じ	劜劜哋
1181	黑色	hàak sìk // haak⁷ sik⁷	
1211	成日	sìhng yaht // sing⁴ jat⁹	
1216	嗰陣時	gó jahn sí* // go² dzan⁶ si²*	
1299	請問	chéng mahn // tseng² man⁶	

その他

腳：脚

直：直

麪：麵

辶：辶

礻：示

飠：食

それぞれ本書は前者を用います。

xi

量詞について

「量詞」とは日本語の助数詞に相当する品詞で、「類別詞」と呼ばれることもあります。広東語ではこの量詞が重要な役割を果たします。名詞との対応関係は緊密であり、種類も豊富です。

量詞はどの量詞を使うは、名詞の表す事物の形状、性質、容器、話者の視点・意識によって決まります。例えばチョコレートですと、丸いものは「一粒朱古力」「兩粒朱古力」「三粒朱古力」、長いものは「一條朱古力」「兩條朱古力」「三條朱古力」のように言います。箱に入ったものを指すなら「嗰盒朱古力」と言いますし、単に複数個を指すなら「呢啲朱古力」のように言います。

以下に代表的な量詞を掲げます。なお、固有名詞に対応する量詞は存在しません。また名詞であっても総称を表すものや抽象的概念を表すものには量詞が存在しないことがあります。

量詞は名量詞と動量詞に二分されます。名量詞は事物の数を数えたり、指したりする場合に用いられます。度量衡や通貨単位を表す語も名量詞の範疇に入ります。動量詞は動作・行為や現象の回数を数える場合に用いられるもので、動作・行為の回数を数えるために広く用いられる「次」chi // tsi^3 の他に、足を使った動作に対して用いる「腳（脚）」geuk // goek^8、暫く持続する動作・行為や現象に対して用いる「陣」jahn // dzan^6、「場」chèuhng // tsoeng^4 などが有ります。

本書では読者の発展的学習を想定し、見出し語では大多数の名詞について量詞を３つを上限として〔　〕内に付記しました（但し、複数を表す「啲」は付記していません）。その主なものは以下のとおりです。

１．個体量詞：事物の形状や性質を越えて用いられるもの。

個 go // go^3	1. 人間	人（人間）
	2. 抽象的な概念	價錢（価格）
	3. 果物、野菜	生果（果物）、西瓜（スイカ）
	4. 物品	眉鉗（ピンセット）、煲（鍋）
	5. その他	太陽（太陽）

| 隻 jek // dzek[8] | 1. 陸生動物（ヘビを除く）
2. 物品、食器
3. 船舶
4. 対を成すものの片方 | 馬（ウマ）
貨（商品）、杯（コップ）
渡輪（フェリー）
手（手） |

2．**個体量詞**：事物の形状や性質に対応するもの。

粒 làp // lap[7]	粒状を呈するもの	糖（アメ）、螺絲（ネジ）、星（星）
條 tìuh // tiu[4]	線形で捉えることができるもの	綫（糸）、蛇（ヘビ）、魚（さかな）
口 hau // hau[2]	短い線分で捉えることができるもの	釘（釘）
張 jèung // dzoeng[1]	平面を呈するもの	紙（紙）、床（ベッド）、檯（机）
舊、嚿 gauh // gau[6]	塊状を呈するもの	番梘（石鹸）、壽司（寿司）
磚 jyùn // dzyn[1]	塊状・延べ板を呈するもの	黄金（金）
團 tyùhn // tyn[4]	球形を呈するもの	火（火）
塊 faai // faai[3]	スライス状を呈するもの	布（布）、扒（ステーキ）
pat、坺 peht // pet[9]	べちゃっと平たく潰れたもの	海綿（ブラシ）
枝、支 jì // dzi[1]	棒状を呈するもの	筆（ペン）、笛（笛）
碌 lùk // luk[7]	筒状を呈するもの	竹（竹）
抽 chàu // tsau[1]	房状を呈するもの	鎖匙（鍵）、香蕉（バナナ）
卷 gyún // gyn[2]	捲かれた状態のもの	膠紙（セロハンテープ）
沓、疊 daahp // daap[9]	重なってひとまとまりになっているもの	紙（紙）
堆 dèui // doey[1]	積み重なっているもの	小麥（小麦）
列 liht // lit[9]	行列を成しているもの	列車（列車）
片 pin // pin[3]	一面に広がっているもの	沙漠（砂漠）

座 joh // dzo⁶	どっしりと安定しているもの	山（山）、大廈（ビル）
把 bá // ba²	握って使用するもの	鉸剪（ハサミ）、遮（傘）
啖 daahm // daam⁶	口に含んだもの	水（水）
份 fahn // fan⁶	一人分を単位として数えるもの	工（仕事）
格 gaak // gaak⁸	区切られた一部分	廁所（トイレ）
級 kàp // kap⁷	連なりの中の一段	樓梯（階段）
屆 gaai // gaai³	定期的に開催されている中の一回	奧運（オリンピック）
局 guhk // guk⁹	ゲームの一局（動量詞）	圍棋（囲碁）
鋪 pòu // pou¹	ゲームの一局（動量詞）	啤牌（トランプ）
位 wái* // wai²*	敬意の対象	老師（先生）、客人（客）

3．個体量詞：特定の事物に対応するもの。

把 bá // ba²	声	聲（声）
筆 bàt // bat⁷	まとまった金銭	收入（所得。収入）
餅 béng // beng²	カセットテープ、ビデオテープ	cassette 帶（カセットテープ）
部 bouh // bou⁶	機械	吸塵機（掃除機）、單車（自転車）
本 bún // bun²	書物	書（本）、簿（ノート）
頂 déng // deng²	帽子	帽（帽子）
朵 dó // do², déu // doe²	花	菊花（キクの花）
副 fu // fu³	眼鏡、ハーモニカ	眼鏡（眼鏡）、口琴（ハーモニカ）
幅 fùk // fuk⁷	絵画	砌圖（ジグソーパズル）

款 fún // fun²	様式・スタイル、デザイン、味	包裝（包装）、飾物（アクセサリー）
架 ga // ga³	車や航空機、大型の機械	的士（タクシー）、洗衣機（洗濯機）
間 gàan // gaan¹	部屋、家屋、店舗、会社、学校	房（部屋）、屋（家）、舖頭（店）、公司（会社）、小學（小学校）
件 gihn // gin⁶	上半身に着る服、事柄、器物	衫（服）、事（事柄）、日用品（日用品）
項 hohng // hong⁶	事業、活動、計画	活動（イベント）
陣 jahn // dzan⁶	におい	味（におい）
支 jì // dzi¹	隊伍	軍隊（軍隊）
節 jit // dzit⁸	授業の時限・コマ	堂（授業）
宗 jùng // dzung¹	取引、犯罪	交易（交易）、罪（罪）
種 júng // dzung²	種類	質地（生地）
粒 làp // lap⁷	時間（1日の $\frac{1}{24}$）	鐘（時間）
味 méi* // mei²*	おかず、料理	廣東菜（広東料理）
枚 mùih // mui⁴	ミサイル、ロケット	導彈（ミサイル）
喬、棵 pò // po¹	草木	樹（木）、白菜（キャベツ）

4．集合量詞：対や集合に対応するもの。

對 deui // doey³	対になっているもの	鞋（靴）
套 tou // tou³	複数点でセットになっているもの	郵票（切手）、西裝（スーツ）
set sèt // set⁷	複数の物がセットになっているもの	文具（文具）

５．借用量詞：容器や枠に対応するもので、本来器などを表す名詞が量詞に転用されたもの。

包 bàau // baau[1]	包みを単位に数える	感冒藥（風邪薬）
袋 doih // doi[6]	袋を単位に数える	爆谷（ポップコーン）
盒 hahp // hap[9]	（小型中型の）箱を単位に数える	蠟筆（クレヨン）
杯 bùi // bui[1]	グラス・コップを単位に数える	果汁（ジュース）
羹 gàng // gang[1]	レンゲ・スプーンを単位に数える	鹽（塩）
樽 jèun // dzoen[1]	ビンを単位に数える	啤酒（ビール）
支、枝 jì // dzi[1]	ボトルやチューブを単位に数える	膠水（液状ののり）
煲 bòu // bou[1]	鍋を単位に数える	煲仔飯（土鍋ご飯）
籠 lùhng // lung[4]	蒸籠を単位に数える	點心（点心）
碟 dihp // dip[9]	小皿・取り皿を単位に数える	豉油（醤油）
碗 wún // wun[2]	碗・どんぶりを単位に数える	湯（スープ）

6. 不定量詞

啲 dì // di[1]	数えるのが困難、もしくは数えるのに適さない概念	聲音（音）、皮膚（皮膚）、散銀（小銭）

本書の構成

語句は「品詞」→「意味別のグループ」の分類となっています。
1グループに初級レベルで知っておくべき語5〜10語を収録。

CD-ROMのトラックナンバー。
例：CD-067は0521〜0525に。
　　CD-068は0526〜0530に対応。

	[名詞] ▶書物 ／ ▶資材	♪ CD-067 ♪ CD-068
0521	□ 教科書　〔本〕 gaau fò syù // gaau³ fo¹ sy¹ 教科書	指定教科書 jí dihng ~ // dzi² ding⁶ ~ 教科書を指定する
0522	□ 辭典　〔本〕 chìh dín // tsi⁴ din² 辞典	查英漢辭典 chàh Ying Hon ~ // tsa⁴ Jing¹ Hon³ ~ 英中辞典を引いて調べる
0523	□ 雜誌　〔本〕 jaahp ji // dzaap⁹ dzi³ 雑誌	呢本娛樂雜誌好好睇 nì bún yùh lohk ~ hóu hóu tái // ni¹ bun² jyu⁴ lok⁹ ~ hou² hou² tai² この芸能誌は面白い
0524	□ 報紙　〔張, 份〕 bou jí // bou³ dzi² 新聞	嗰份報紙好好賣 gó fahn ~ hóu hóu maaih // go² fan⁶ ~ hou² hou² maai⁶ あの新聞は売れ行きが良い
0525	□ 傳單　〔張〕 chyùhn dàan // tsyn⁴ daan¹ ビラ	喺街度派傳單 paai ~ // paai³ ~ 通りでチラシ・ビラを配る
0526	□ 材料　〔種, 類〕 chòih líu* // tsoi⁴ liu²* 資材	土木工程嘅材料 tóu muhk gùng chìhng ge ~ // tou² muk⁹ gung¹ tsing⁴ ge³ ~ 土木工事の資材
0527	□ 木材　〔塊, 堆, 種〕 muhk chòih // muk⁹ tsoi⁴ 木材	用貨車搬運木材 yuhng fo chè bùn wahn ~ // jung⁶ fo³ tse¹ bun¹ wan⁶ ~ トラックで木材を運搬する
0528	□ 鋼筋　〔支〕 gong gàn // gong³ gan¹ 鉄筋	鋼筋水泥 ~ séui nàih // ~ soey² nai⁴ 鉄筋コンクリート
0529	□ 石屎　〔舊〕 sehk sí // sek⁹ si² コンクリート	石屎外牆 ~ ngoih chèuhng // ~ ngoi⁶ tsoeng⁴ コンクリートの外壁
	□ 玻璃　〔塊〕 bō lèi // bo¹ lei¹ ガラス	玻璃窗 ~ chèung // ~ tsoeng¹ ガラス窓

例文や、コロケーション（よく使われる他の語との組み合わせ）など。ここも音声を収録しています。

本書全体の通し番号。巻末の語彙帳で調べるときに便利。

53

xvii

[数詞・量詞] ▶数　　　♪ CD-002

0001 □ 一
yàt // jat⁷
1

一隻
~ jek // ~ dzek⁸
1つ

0002 □ 兩
léuhng // loeng⁵
2（数量）

兩個
~ go // ~ go³
2個

0003 □ 二
yih // ji⁶
2（順序）

二號
~ houh // ~ hou⁶
2番

0004 □ 三
sàam // saam¹
3

三次
~ chi // ~ tsi³
3回

0005 □ 十
sahp // sap⁹
10

四、五十噸
sei, ńgh ~ dèun // sei³, ng⁵ ~ doen¹
4，50 トン

0006 □ 百
baak // baak⁸
百

六百七十張
luhk ~ chàt sahp jèung // luk⁹ ~ tsat⁷ sap⁹ dzoeng¹
670 枚

0007 □ 千
chìn // tsin¹
千

八千九百蚊
baat ~ gáu baak màn // baat⁸ ~ gau² baak⁸ man¹
8900 ドル

0008 □ 萬
maahn // maan⁶
万

萬 幾
~ géi // ~ gei²
1万数千

0009 □ 一半
yàt bun // jat⁷ bun³
半分

分成 一半 一半
fàn sìhng ~ ~ // fan¹ sing⁴ ~ ~
半分ずつに分ける

0010 □ 幾
géi // gei²
幾つか

幾個 人
~ go yàhn // ~ go³ jan⁴
数人

1

[数詞・量詞] ▶名量詞（一般） ♪ CD-003

0011 □ 隻
jek // dzek⁸
つ

一隻 鶏蛋
yàt ~ gài dáan* // jat⁷ ~ gai¹ daan²*
卵1つ

0012 □ 個
go // go³
個

兩個 概念
léuhng ~ koi nihm // loeng⁵ ~ koi³ nim⁶
2つの概念

0013 □ 枝
jì // dzi¹
本（棒状の物）

三枝 雪條
sàam ~ syut tíu* // saam¹ ~ syt⁸ tiu²*
3本のアイスキャンディー

0014 □ 條
tìuh // tiu⁴
本（線状の物）

四條 綫
sei ~ sin // sei³ ~ sin³
4本の糸

0015 □ 張
jèung // dzoeng¹
枚

五張 A4 紙
ńgh ~ èi fò jí // ng⁵ ~ ei¹ fo¹ dzi²
5枚のA4用紙

0016 □ 塊
faai // faai³
切れ（スライス状の物）

六塊 麵包
luhk ~ mihn bàau // luk⁹ ~ min⁶ baau¹
6切れのパン

0017 □ 件
gihn // gin⁶
つ，点（事柄や荷物など）

幾件 商品
géi ~ sèung bán // gei² ~ soeng¹ ban²
数点の商品

0018 □ 部
bouh // bou⁶
台（小型の機器や映画など）

呢部 戲
nì ~ hei // ni¹ ~ hei³
この映画

0019 □ 對
deui // doey³
対

嗰對 喇叭
gó ~ la bà // go² ~ la³ ba¹
あの（左右で対の）スピーカー

0020 □ 啲
dì // di¹
複数や数えるに適さない事物

飲 啲 水
yám ~ séui // jam² ~ soey²
水を飲む

[数詞・量詞] ▶名量詞（器・単位） ♪ CD-004

0021	□ 碟 dihp // dip⁹ 皿	呢碟 菜 nì ~ choi // ni¹ ~ tsoi³ この（皿に盛られた）料理
0022	□ 碗 wún // wun² 碗	一碗 飯 yàt ~ faahn // jat⁷ ~ faan⁶ お椀1杯分のご飯
0023	□ 杯 bùi // bui¹ 杯	嗰杯 茶 gó ~ chàh // go² ~ tsa⁴ あの（湯飲みに注がれた）お茶
0024	□ 樽 jèun // dzoen¹ 瓶	呢樽 啤酒 nì ~ bè jáu // ni¹ ~ be¹ dzau² この（瓶の）ビール
0025	□ 打 dà // da¹ ダース	一打 鉛筆 yàt ~ yùhn bàt // jat⁷ ~ jyn⁴ bat⁷ 1ダースの鉛筆
0026	□ 條 tìuh // tiu⁴ カートン	一條 煙仔 yàt ~ yìn jái // jat⁷ ~ jin¹ dzai² 1カートンのタバコ
0027	□ 戟 gìk // gik⁷ ギガバイト	二百戟 yih baak ~ // ji⁶ baak⁸ ~ 200ギガバイト
0028	□ 蚊 màn // man¹ ドル	港幣 十八蚊 Góng baih sahp baat ~ // Gong² bai⁶ sap⁹ baat⁸ ~ 18香港ドル
0029	□ Yen yèn // jen¹ 円	九十 Yen gáu sahp ~ // gau² sap⁹ ~ 90円
0030	□ 度 douh // dou⁶ 度（温度）	攝氏 兩度 Sip sih léuhng ~ // Sip⁸ si⁶ loeng⁵ ~ 摂氏2度

[数詞・量詞] ▶度量衡

0031 □ cm
sì èm // si¹ em¹
センチメートル

幾十 cm
géi sahp ~ // gei² sap⁹ ~
数十センチ

0032 □ 米
máih // mai⁵
メートル

一米 幾
yàt ~ géi // jat⁷ ~ gei²
1メートル数十センチ

0033 □ 公里
gùng léih // gung¹ lei⁵
キロメートル

十幾公里
sahp géi ~ // sap⁹ gei² ~
十数キロメートル

0034 □ 平方呎
pìhng fòng chek // ping⁴ fong¹ tsek⁸ 平方フィート

一百平方呎 上下
yàt baak ~ seuhng há* // jat⁷ baak⁸ ~ soeng⁶ ha²*
100平方フィート（約9.3平方メートル）前後

0035 □ 毫升
hòuh sìng // hou⁴ sing¹
ミリリットル

一毫升 以下
yàt ~ yíh hah // jat⁷ ~ ji⁵ ha⁶
1ミリリットル以下

0036 □ liter
lìt // lit⁷
リットル

一 liter 以上
yàt ~ yíh seuhng // jat⁷ ~ ji⁵ soeng⁶
1リットル以上

0037 □ 克
hàk // hak⁷
グラム

有 幾十克
yáuh géi sahp ~ // jau⁵ gei² sap⁹ ~
数十グラム有る

0038 □ 公斤
gùng gàn // gung¹ gan¹
キログラム

每公斤 賣 一百蚊
múih ~ maaih yàt baak màn // mui⁵ ~ maai⁶ jat⁷ baak⁸ man¹
キログラム当たり100ドルで売る

0039 □ 磅
bohng // bong⁶
ポンド（約454グラム）

斷 磅 計
dyun ~ gai // dyn³ ~ gai³
ポンド単位で（値段を）勘定する

0040 □ 斤
gàn // gan¹
斤

一斤 大約 係 六百克
yàt ~ daaih yeuk haih luhk baak hàk // jat⁷ ~ daai⁶ joek⁸ hai⁵ luk⁹ baak⁸ hak⁷ 1斤は大体600グラムだ

[数詞・量詞] ▶順序など / ▶全体・部分　♪CD-006　♪CD-007

0041 上（一）＋*量詞*
seuhng (yàt) // soeng⁶ (jat⁷)
前の

上（一）次
~ chi // ~ tsi³
前回

0042 下（一）＋*量詞*
hah (yàt) // ha⁶ (jat⁷)
次の

下（一）位
~ wái* // ~ wai²*
次の方（客に対して）

0043 每（一）＋*量詞*
múih (yàt) // mui⁵ (jat⁷)
全ての。それぞれの

每個 人
~ go yàhn // ~ go³ jan⁴
全員それぞれ

0044 第二＋*量詞*
daih yih // dai⁶ ji⁶
別の

第二個 律師
~ go leuht sì // ~ go³ loet⁹ si¹
別の弁護士

0045 其中一＋*量詞*
kèih jùng yàt // kei⁴ dzung¹ jat⁷
どちらか。その中の一つ

其中 一個 特點
~ go dahk dím // ~ go³ dak⁹ dim²
一方の特徴。その中のある特徴

0046 全部
chyùhn bouh // tsyn⁴ bou⁶
全部

全部 都 要
~ dòu yiu // ~ dou¹ jiu³
全部必要だ

0047 大部份
daaih bouh fahn // daai⁶ bou⁶ fan⁶
大部分

大部份 嘅 問題
~ ge mahn tàih // ~ ge³ man⁶ tai⁴
大部分の問題

0048 過半數
gwo bun sou // gwo³ bun³ sou³
過半数

過半數 嘅 市民
~ ge síh màhn // ~ ge³ si⁵ man⁴
過半数の市民

0049 少半數
síu bun sou // siu² bun³ sou³
半数弱

少半數 嘅 議員
~ ge yíh yùhn // ~ ge³ ji⁵ jyn⁴
半数弱の議員

0050 一部份
yàt bouh fahn // jat⁷ bou⁶ fan⁶
一部分

淨 睇 一部份
jihng tái ~ // dzing⁶ tai² ~
一部分だけ見る

[方位詞] ▶方位

♪ CD-008

0051 □ **上便**
seuhng bihn // soeng⁶ bin⁶
上

printer（嘅）上便
pìn tá (ge) ~ // pin¹ ta² (ge³) ~
プリンターの上

0052 □ **下便**
hah bihn // ha⁶ bin⁶
下

書架（嘅）下便
syù gá* (ge) ~ // sy¹ ga²* (ge³) ~
本棚の下の方。本棚の真下

0053 □ **前便**
chìhn bihn // tsin⁴ bin⁶
前

門口（嘅）前便
mùhn háu (ge) ~ // mun⁴ hau² (ge³) ~
玄関の前

0054 □ **後便**
hauh bihn // hau⁶ bin⁶
後ろ

電梯（嘅）後便
dihn tài (ge) ~ // din⁶ tai¹ (ge³) ~
エスカレーターの後ろ

0055 □ **左便**
jó bihn // dzo² bin⁶
左

坐喺 左便
chóh hái ~ // tso⁵ hai² ~
左に座る

0056 □ **右便**
yauh bihn // jau⁶ bin⁶
右

企喺 右便
kéih hái ~ // kei⁵ hai² ~
右に立つ

0057 □ **入便**
yahp bihn // jap⁹ bin⁶
内

入便 有 位 坐
~ yáuh wái* chóh ~ // ~ jau⁵ wai²* tso⁵
中に席が有る

0058 □ **出便**
chèut bihn // tsoet⁷ bin⁶
外

出便 落緊 雨
~ lohk gán yúh ~ // ~ lok⁹ gan² jy⁵
外は雨が降っているところだ

0059 □ **側邊**
jàk bìn // dzak⁷ bin¹
横

佢 側邊 嗰個 人
kéuih ~ gó go yàhn // koey⁵ ~ go² go³ jan⁴
彼の横の人

0060 □ **中間**
jùng gàan // dzung¹ gaan¹
間

兩個 人 中間
léuhng go yàhn ~ // loeng⁵ go³ jan⁴ ~
2人の間

6

[名詞] ▶時間の単位　　♪CD-009

0061 □ 秒
míuh // miu⁵
秒。秒間【量詞】

得 幾秒
dàk géi ~ // dak⁷ gei² ~
僅か数秒間

0062 □ 分鐘
fàn jùng // fan¹ dzung¹
分間【量詞】

五分鐘
ńgh ~ // ng⁵ ~
5 分間

0063 □ 鐘 (頭)　〔個 , 粒〕
jùng (tàuh) // dzung¹ (tau⁴)
時間

十個 鐘 (頭)
sahp go ~ // sap⁹ go³ ~
10 時間

0064 □ 日
yaht // jat⁹
日。日間【量詞】

幾百 日
géi baak ~ // gei² baak⁸ ~
数百日

0065 □ 禮拜　〔個〕
láih baai // lai⁵ baai³
週。週間

上個 禮拜
seuhng go ~ // soeng⁶ go³ ~
先週

0066 □ 月　〔個〕
yuht // jyt⁹
月。月間

下個 月
hah go ~ // ha⁶ go³ ~
来月

0067 □ 年
nìhn // nin⁴
年。年間【量詞】

好多年
hóu dò ~ // hou² do¹ ~
何年も

0068 □ 世紀　〔個〕
sai géi // sai³ gei²
世紀

二十一世紀
yih sahp yàt ~ // ji⁶ sap⁹ jat⁷ ~
21 世紀

0069 □ 公元
gùng yùhn // gung¹ jyn⁴
西暦

公元 二〇一四年
~ yih lìhng yàt sei nìhn // ~ ji⁶ ling⁴ jat⁷ sei³ nin⁴
西暦 2014 年

0070 □ 農曆
nùhng lihk // nung⁴ lik⁹
旧暦

計 農曆
gai ~ // gai³ ~
旧暦で数える

| [名詞] ▶期間 ／ ▶時代 | ♪ CD-010　♪ CD-011 |

0071 □ **期間**　〔個〕 kèih gàan // kei⁴ gaan¹ 期間	呢個　期間 nì go ~ // ni¹ go³ ~ この期間
0072 □ **前期** chìhn kèih // tsin⁴ kei⁴ 前期	十九世紀　前期 sahp gáu sai géi ~ // sap⁹ gau² sai³ gei² ~ 19世紀前期
0073 □ **後期** hauh kèih // hau⁶ kei⁴ 後期	佢　後期　嘅　作品 kéuih ~ ge jok bán // koey⁵ ~ ge³ dzok⁸ ban² 彼の後期の作品
0074 □ **短期** dyún kèih // dyn² kei⁴ 短期	短期　嘅　展望 ~ ge jín mohng // ~ ge³ dzin² mong⁶ 短期的な展望
0075 □ **上半年** seuhng bun nìhn // soeng⁶ bun³ nin⁴　上半期	上半年　嘅　業績 ~ ge yihp jìk // ~ ge³ jip⁹ dzik⁷ 上半期の業績
0076 □ **時期**　〔個〕 sìh kèih // si⁴ kei⁴ 時代	而家　呢個　時期 yìh gà nì go ~ // ji⁴ ga¹ ni¹ go³ ~ 今この時代
0077 □ **年代** nìhn doih // nin⁴ doi⁶ 年代	九十年代 gáu sahp ~ // gau² sap⁹ ~ 1990年代
0078 □ **世代**　〔個〕 sai doih // sai³ doi⁶ 世代	下一個　世代 hah yàt go ~ // ha⁶ jat⁷ go³ ~ 次の世代
0079 □ **每一代** múih yàt doih // mui⁵ jat⁷ doi⁶　歷代	每一代（嘅）港督 ~ (ge) Góng dùk // ~ (ge³) Gong² duk⁷ 歴代の香港総督
0080 □ **現代** yihn doih // jin⁶ doi⁶ 現代	現代　社會 ~ séh wúi* // ~ se⁵ wui²* 現代社会

8

| [名詞] ▶季節・時期 / ▶日 | ♪ CD-012　♪ CD-013 |

0081 □ **季節** 〔個〕
gwai jit // gwai³ dzit⁸
季節

而家 呢個 季節 係 春天
yìh gà nì go ~ haih chèun tìn // ji⁴ ga¹ ni¹ go³ ~ hai⁶ tsoen¹ tin¹ 今この季節は春だ

0082 □ **雨季** 〔個〕
yúh gwai // jy⁵ gwai³
雨季

雨季 日日 都 會 落 雨
~ yaht yaht dòu wúih lohk yúh // ~ jat⁹ jat⁹ dou¹ wui⁵ lok⁹ jy⁵ 雨季には毎日のように雨が降る

0083 □ **風季** 〔個〕
fùng gwai // fung¹ gwai³
台風シーズン

秋天 係 日本 嘅 風季
chàu tìn haih Yaht bún ge ~ // tsau¹ tin¹ hai⁶ Jat⁹ bun² ge³ ~ 秋は日本では台風シーズンだ

0084 □ **暑假** 〔個〕
syú ga // sy² ga³
夏休み

放緊 暑假
fong gán ~ // fong gan² ~
夏休みを取っているところだ

0085 □ **聖誕假** 〔個〕
Sing daan ga // Sing³ daan³ ga³ 冬休み

放完 聖誕假
fong yùhn ~ // fong jyn⁴ ~
冬休みが終わる

0086 □ **今日**
gàm yaht // gam¹ jat⁹
今日

今日 禮拜一
~ láih baai yàt // ~ lai⁵ baai³ jat⁷
今日は月曜日

0087 □ **聽日**
tìng yaht // ting¹ jat⁹
明日

聽日 就 禮拜二
~ jauh láih baai yih // ~ dzau⁶ lai⁵ baai³ ji⁶
明日はというと火曜日

0088 □ **後日**
hauh yaht // hau⁶ jat⁹
明後日

後日 係 月尾
~ haih yuht méih // ~ hai⁶ jyt⁹ mei⁵
明後日は月末だ

0089 □ **噚日**
chàhm yaht // tsam⁴ jat⁹
昨日

噚日 借咗 一本 書
~ je jó yàt bún syù // ~ dze³ dzo² jat⁷ bun² sy¹
昨日一冊の本を借りた

0090 □ **前日**
chìhn yaht // tsin⁴ jat⁹
一昨日

呢份 報紙 係 前日 嘅
nì fahn bou jí haih ~ ge // ni¹ fan⁶ bou³ dzi² hai⁶ ~ ge³
この新聞は一昨日のだ

[名詞] ▶祝祭日 ♪ CD-014

0091 □ 新年 〔個〕
sàn nìhn // san¹ nin⁴
（太陽暦の）正月

一月一號 係 新年
yàt yuht yàt houh haih ~ // jat⁷ jyt⁹ jat⁷ hou⁶ hai⁶ ~
1月1日は正月だ

0092 □ 農曆新年 〔個〕
nùhng lihk sàn nìhn // nung⁴ lik⁹ san¹ nin⁴ 旧正月

農曆新年 去 寺廟 拜 神
~ heui jih míu* baai sàhn // ~ hoey³ dzi⁶ miu²* baai³ san⁴ 旧正月には社寺に参拝しに行く

0093 □ 復活節 〔個〕
Fuhk wuht jit // Fuk⁹ wut⁹ dzit⁸ イースター

復活節 假期 唔使 返 工
~ ga kèih m̀h sái fàan gùng // ~ ga³ kei⁴ m⁴ sai² faan¹ gung¹ イースターの休暇中は出勤しなくてよい

0094 □ 母親節 〔個〕
móuh chàn jit // mou⁵ tsan¹ dzit⁸ 母の日

母親節 送 禮物 俾 媽咪
~ sung láih maht béi mà mìh // ~ sung³ lai⁵ mat⁹ bei² ma¹ mi¹ 母の日に母にプレゼントを贈る

0095 □ 端午節 〔個〕
Dyùn ǹgh jit // Dyn¹ ng⁵ dzit⁸ 端午の節句

今個 端午節 去 睇 扒 龍舟 gàm go ~ heui tái pàh lùhng jàu // gam¹ go³ ~ hoey³ tai² pa⁴ lung⁴ dzau¹ 今年の端午の節句にはペーロンを見に行く

0096 □ 中秋節 〔個〕
Jùng chàu jit // Dzung¹ tsau¹ dzit⁸ 中秋節

中秋節 要 食 月餅
~ yiu sihk yuht béng // ~ jiu³ sik⁹ jyt⁹ beng²
中秋節には月餅を食べることになっている

0097 □ 萬聖節 〔個〕
Maahn sing jit // Maan⁶ sing³ dzit⁸ ハロウィン

聽倒 萬聖節 諗起 南瓜燈　tèng dóu ~ nám héi nàahm gwà dàng // teng¹ dou² ~ nam² hei² naam⁴ gwa¹ dang¹ ハロウィンと聞くとカボチャのランタンを思い出す

0098 □ 平安夜 〔個〕
Pìhng òn yeh // Ping⁴ on¹ je⁶ クリスマスイブ

平安夜 地鐵 通宵 行駛
~ deih tit tùng sìu hàhng sái // ~ dei⁶ tit⁸ tung¹ siu¹ hang⁴ sai² クリスマスイブは地下鉄は終夜運転を行う

0099 □ 聖誕節 〔個〕
Sing daan jit // Sing³ daan³ dzit⁸ クリスマス

聖誕節 報 佳音
~ bou gàai yàm // ~ bou³ gaai¹ jam¹
クリスマスにクリスマスキャロルを歌う

0100 □ 除夕 〔個〕
chèuih jihk // tsoey⁴ dzik⁹
大晦日

除夕 夜晚 落 街 倒數 ~ yeh máahn lohk gàai dou sóu // ~ je⁶ maan⁵ lok⁹ gaai¹ dou³ sou² 大晦日の夜は外出して（年越しの）カウントダウンをする

10

[名詞] ▶時間帯　　　♪ CD-015

0101	□ 凌晨 lìhng sàhn // ling⁴ san⁴ 未明	凌晨 三點鐘 ~ sàam dím jùng // ~ saam¹ dim² dzung¹ 未明3時
0102	□ 朝早 jìu jóu // dziu¹ dzou² 朝	禮拜五 朝早 láih baai ńgh ~ // lai⁵ baai³ ng⁵ ~ 金曜日の朝
0103	□ 晏晝 aan jau // aan³ dzau³ 昼	今日 晏晝 gàm yaht ~ // gam¹ jat⁹ ~ 今日の昼
0104	□ 挨晚 àai màan* // aai¹ maan¹* 夕方	噚日 挨晚 chàhm yaht ~ // tsam⁴ jat⁹ ~ 昨日の夕方
0105	□ 夜晚 yeh máahn // je⁶ maan⁵ 夜	夜晚 七點 半 ~ chàt dím bun // ~ tsat⁷ dim² bun³ 夜7時半
0106	□ 半夜 bun yé* // bun³ je²* 夜半	半夜 出 街 ~ chèut gàai // ~ tsoet⁷ gaai¹ 夜半に外出する
0107	□ 上晝 seuhng jau // soeng⁶ dzau³ 午前	上晝 返 教會 ~ fàan gaau wúi* // ~ faan¹ gaau³ wui²* 午前中に教会に行く
0108	□ 下晝 hah jau // ha⁶ dzau³ 午後	下晝 唔 返 學 ~ m̀h fàan hohk // ~ m⁴ faan¹ hok⁹ 午後は学校に行かない
0109	□ 日頭 yaht táu* // jat⁹ tau²* 昼間	日頭 要 做 嘢 ~ yiu jouh yéh // ~ jiu³ dzou⁶ je⁵ 昼間は働かねば
0110	□ 夜晚黑 yeh máahn hàk // je⁶ maan⁵ hak⁷ 夜間	夜晚黑 好 少 人 出 街 ~ hóu síu yàhn chèut gàai // ~ hou² siu² jan⁴ tsoet⁷ gaai¹ 夜間は人通りが少ない

[名詞] ▶現在・過去・未来　♪ CD-016

0111 □ 而家
yìh gà // ji⁴ ga¹
今
而家 唔 得閑
~ m̀h dàk hàahn // ~ m⁴ dak⁷ haan⁴
今は忙しい

0112 □ 目前
muhk chìhn // muk⁹ tsin⁴
目下
目前 嘅 情況
~ ge chìhng fong // ~ ge³ tsing⁴ fong³
目下の状況

0113 □ 今次
gàm chi // gam¹ tsi³
今回
今次 嘅 結果
~ ge git gwó // ~ ge³ git⁸ gwo²
今回の結果

0114 □ 呢排
nì pàaih // ni¹ paai⁴
ここ暫く
呢排 冇 見過 佢
~ móuh gin gwo kéuih // ~ mou⁵ gin³ gwo³ koey⁵
ここ暫くは彼を見かけていない

0115 □ 過去
gwo heui // gwo³ hoey³
過去
過去 幾個 月 嘅 成績
~ géi go yuht ge sìhng jìk // ~ gei² go³ jyt⁹ ge³ sing⁴ dzik⁷
過去数ヶ月の成績

0116 □ 最近
jeui gahn // dzoey³ gan⁶
最近
佢 最近 搬咗 屋
kéuih ~ bùn jó ùk // koey⁵ ~ bun¹ dzo² uk⁷
彼女は最近引っ越した

0117 □ 當時
dòng sìh // dong¹ si⁴
当時
你 當時 嘅 諗法
néih ~ ge nám faat // nei⁵ ~ ge³ nam² faat⁸
あなたの当時の考え方

0118 □ 未來
meih lòih // mei⁶ loi⁴
未来
預測 未來 嘅 社會
yuh chàak ~ ge séh wúi* // jy⁶ tsaak⁷ ~ ge³ se⁵ wui²*
未来の社会を予測する

0119 □ 以後
yíh hauh // ji⁵ hau⁶
今後
以後 我 會 小心
~ ngóh wúih síu sàm // ~ ngo⁵ wui⁵ siu² sam¹
今後私は気をつけるようにする

0120 □ 遲啲
chìh dì // tsi⁴ di¹
そのうち
呢件 事 遲啲 傾
nì gihn sih ~ kìng // ni¹ gin⁶ si⁶ ~ king¹
その事についてはそのうち話す

[名詞] ▶天候・気象

♪ CD-017

0121 □ 天氣
tìn hei // tin¹ hei³
天気

天氣 報告
~ bou gou // ~ bou³ gou³
天気予報

0122 □ 天氣好
tìn hei hóu // tin¹ hei³ hou²
晴れ

噚日 天氣 好
chàhm yaht ~ // tsam⁴ jat⁹ ~
昨日は晴れだった

0123 □ 陽光
yèuhng gwòng // joeng⁴ gwong¹
日光

間中 有 陽光
gaan jùng yáuh ~ // gaan³ dzung¹ jau⁵ ~
時折日が差す

0124 □ 天陰陰
tìn yàm yàm // tin¹ jam¹ jam¹
曇り

今日 天陰陰
gàm yaht ~ // gam¹ jat⁹ ~
今日は曇りだ

0125 □ 雨 〔陣,場〕
yúh // jy⁵
雨

落 雨
lohk ~ // lok⁹ ~
雨が降る

0126 □ 雪 〔陣,場〕
syut // syt⁸
雪

落 雪
lohk ~ // lok⁹ ~
雪が降る

0127 □ 煙霞 〔陣〕
yìn hàh // jin¹ ha⁴
霞

有 煙霞
yáuh ~ // jau⁵ ~
霞がかかる

0128 □ 閃 // 電 〔次〕
sím dihn // sim² din⁶
稲光（が走る）

頭先 閃咗 一次 電
tàuh sìn ~ jó yàt chi ~ // tau⁴ sin¹ ~ dzo² jat⁷ tsi³ ~
今し方1回稲光が走った

0129 □ 行 // 雷 〔陣〕
hàahng lèuih // haang⁴ loey⁴
雷鳴（が響く）

又 閃電 又 行雷
yauh sím dihn yauh ~ // jau⁶ sim² din⁶ jau⁶ ~
稲光もしているし雷も鳴っている

0130 □ 打 // 風 〔陣,場,次〕
dá fùng // da² fung¹
台風（が来る）。嵐（になる）

聽日 會 打風
tìng yaht wúih ~ // ting¹ jat⁹ wui⁵ ~
明日は嵐になるだろう

13

| [名詞] ▶自然 / ▶超常現象 | ♪ CD-018　♪ CD-019 |

0131	□ 火　〔團〕 fó // fo^2 火	用 打火機 點 火 yuhng dá fó gèi dím ~ // jung^6 da^2 fo^2 gei^1 dim^2 ~ ライターで火をつける
0132	□ 溫度 wàn douh // wan^1 dou^6 温度	調較 室內 嘅 溫度 tiùh gaau sàt noih ge ~ // tiu^4 gaau^3 sat^7 noi^6 ge^3 ~ 室内の温度を調節する
0133	□ 顏色　〔隻, 個, 種〕 ngàahn sìk // ngaan^4 sik^7 色	鍾意 嗰種 顏色 jùng yi gó júng ~ // dzung^1 ji^3 go^2 dzung^2 ~ あの手の色が好きだ
0134	□ 聲音　〔下, 啲〕 sìng yàm // sing^1 jam^1 音	聽倒 啲 聲音 tèng dóu dì ~ // teng^1 dou^2 di^1 ~ （何かの）音が聞こえる
0135	□ 味　〔陣, 種, 啲〕 meih // mei^6 におい	聞倒 一陣 味 màhn dóu yàt jahn ~ // man^4 dou^2 jat^7 dzan^6 ~ （何かの）においがする
0136	□ 鬼　〔隻〕 gwái // gwai^2 幽霊	呢間 屋 好 猛鬼 nì gàan ùk hóu máahng ~ // ni^1 gaan^1 uk^7 hou^2 maang^5　この家は悪霊が住み着いている
0137	□ 鬼火　〔團〕 gwái fó // gwai^2 fo^2 ひとだま	見倒 鬼火，好 驚 gin dóu ~, hóu gèng // gin^3 dou^2 ~, hou^2 geng^1 ひとだまを見てしまい，怖かった
0138	□ 飛碟　〔隻〕 fèi díp* // fei^1 dip^2* UFO	影倒 飛碟 相 yíng dóu ~ séung* // jing^2 dou^2 ~ soeng^2* UFO の写真を撮るのに成功する
0139	□ 外星人　〔個〕 ngoih sìng yàhn // ngoi^6 sing^1 jan^4 宇宙人	唔信 有 外星人 m̀h seun yáuh ~ // m^4 soen^3 jau^5 ~ 宇宙人の存在を信じない
0140	□ 特異功能　〔個, 種〕 dahk yih gùng nàhng // dak^9 ji^6 gung^1 nang^4 超能力	有 特異功能 yáuh ~ // jau^5 ~ 超能力を持っている

[名詞] ▶宝石・貴金属 ♪ CD-020

0141 □ 寶石 〔粒〕
bóu sehk // bou² sek⁹
宝石

去 珠寶行 買 寶石
heui jyù bóu hóng* máaih ~ // hoey³ dzy¹ bou² hong²* maai⁵ ~ 宝石を買いに宝石商へ行く

0142 □ 鑽石 〔粒, 卡〕
jyun sehk // dzyn³ sek⁹
ダイヤモンド

一卡 鑽石
yàt kà ~ // jat⁷ ka¹ ~
1カラットのダイヤモンド

0143 □ 紅寶石 〔粒〕
hùhng bóu sehk // hung⁴ bou² sek⁹ ルビー

紅寶石 嘅 出產地
~ ge chèut cháan deih // ~ ge³ tsoet⁷ tsaan² dei⁶
ルビーの原産地

0144 □ 藍寶石 〔粒〕
làahm bóu sehk // laam⁴ bou² sek⁹ サファイア

藍寶石 戒指
~ gaai jí // ~ gaai³ dzi²
サファイヤの指輪

0145 □ 綠寶石 〔粒〕
luhk bóu sehk // luk⁹ bou² sek⁹ エメラルド

天然 嘅 綠寶石
tìn yìhn ge ~ // tin¹ jin⁴ ge³ ~
天然のエメラルド

0146 □ 翡翠 〔粒, 塊〕
féi cheui // fei² tsoey³
翡翠

翡翠 手鈪
~ sáu áak* // ~ sau² aak²*
翡翠の腕輪

0147 □ 水晶 〔粒〕
séui jìng // soey² dzing¹
水晶

細粒 嘅 水晶
sai làp ge ~ // sai³ lap⁷ ge³ ~
小さな水晶

0148 □ 黃金 〔條, 磚〕
wòhng gàm // wong⁴ gam¹
金

買賣 黃金
máaih maaih ~ // maai⁵ maai⁶ ~
金を売買する

0149 □ 白銀 〔條, 磚〕
baahk ngán* // baak⁹ ngan²*
銀

用 白銀 造 假牙
yuhng ~ jouh gá ngàh // jung⁶ ~ dzou⁶ ga² nga⁴
銀の入れ歯を作る

0150 □ 白金 〔條, 磚〕
baahk gàm // baak⁹ gam¹
プラチナ

白金 係 貴金屬
~ haih gwai gàm suhk // ~ hai⁶ gwai³ gam¹ suk⁹
プラチナは貴金属だ

[名詞] ▶天体 ♪ CD-021

0151 □ **太陽** 〔個〕
taai yèuhng // taai³ joeng⁴
太陽

太陽 係 恆星
~ haih hàhng sìng // ~ hai⁶ hang⁴ sing¹
太陽は恒星だ

0152 □ **月亮** 〔個〕
yuht leuhng // jyt⁹ loeng⁶
月

月亮 係 地球 嘅 衛星
~ haih deih kàuh ge waih sìng // ~ hai⁶ dei⁶ kau⁴ ge³ wai⁶ sing¹ 月は地球の衛星だ

0153 □ **星** 〔粒〕
sìng // sing¹
星

連 一粒 星 都 望唔倒
lìhn yàt làp ~ dòu mohng m̀h dóu // lin⁴ jat⁷ lap⁷ ~ dou¹ mong⁶ m⁴ dou² 星一つ見えない

0154 □ **星座** 〔個〕
sìng joh // sing¹ dzo⁶
星座

嗰個 星座 係 仙女座
gó go ~ haih Sìn néuih joh // go² go³ ~ hai⁶ Sin¹ noey⁵ dzo⁶ あの星座はアンドロメダ座だ

0155 □ **宇宙** 〔個〕
yúh jauh // jy⁵ dzau⁶
宇宙

研究 宇宙 嘅 歷史
yìhn gau ~ ge lihk sí // jin⁴ gau³ ~ ge³ lik⁹ si² 宇宙の歴史を研究する

山と海（香港の深井から荃灣方向を望む）

16

[名詞] ▶地形・水脈　　　　　　　　　　　　　　　♪ CD-022

0156 □ 山　〔座〕
sàan // saan¹
山

爬 山
pàh ~ // pa⁴ ~
山に登る

0157 □ 山泥傾瀉　〔場〕
sàan nàih kìng se // saan¹ nai⁴ king¹ se³　土砂崩れ

發生 山泥傾瀉
faat sàng ~ // faat⁸ sang¹ ~
土砂崩れが発生する

0158 □ 沙漠　〔個, 片〕
sà mohk // sa¹ mok⁹
砂漠

新疆 有 沙漠
Sàn gèung yáuh ~ // San¹ goeng¹ jau⁵ ~
新疆には砂漠が有る

0159 □ 河　〔條〕
hòh // ho⁴
川

喺 河邊 跑 步
hái ~ bìn páau bouh // hai² ~ bin¹ paau² bou⁶
川岸でジョギングする

0160 □ 水浸　〔場〕
séui jam // soey² dzam³
洪水

發生 水浸
faat sàng ~ // faat⁸ sang¹ ~
洪水が起こる

0161 □ 海　〔個〕
hói // hoi²
海

喺 海度 游 水
hái ~ douh yàuh séui // hai² ~ dou⁶ jau⁴ soey²
海で泳ぐ

0162 □ 海灘　〔個〕
hói tàan // hoi² taan¹
ビーチ

去 海灘 行吓
heui ~ hàahng háh // hoey³ ~ haang⁴ ha⁵
ビーチに行ってちょっと歩く

0163 □ 浪　〔個〕
lohng // long⁶
波

今日 有 大浪
gàm yaht yáuh daaih ~ // gam¹ jat⁹ jau⁵ daai⁶ ~
今日は波が高い

0164 □ 海嘯　〔場〕
hói siuh // hoi² siu⁶
津波

發生 海嘯
faat sàng ~ // faat⁸ sang¹ ~
津波が発生する

0165 □ 島　〔個〕
dóu // dou²
島

長洲 係 一個 島
Chèuhng jàu haih yàt go ~ // Tsoeng⁴ dzau¹ hai⁶ jat⁷ go³ ~
長洲島は島だ

17

[名詞] ▶哺乳類（陸生） ♪ CD-023

0166 □ **動物** 〔隻, 種〕
duhng maht // dung⁶ mat⁹
動物

動物園
~ yùhn // ~ jyn⁴
動物園

0167 □ **馬** 〔隻〕
máh // ma⁵
ウマ

跑馬
páau ~ // paau² ~
競馬

0168 □ **牛** 〔隻〕
ngàuh // ngau⁴
ウシ

牛扒
~ pá* // ~ pa²*
ビーフステーキ

0169 □ **豬** 〔隻〕
jyù // dzy¹
ブタ

豬柳
~ láuh // ~ lau⁵
ブタのヒレ肉

0170 □ **羊** 〔隻〕
yèuhng // joeng⁴
ヒツジ

羊肉
~ yuhk // ~ juk⁹
マトン。ラム

0171 □ **狗** 〔隻〕
gáu // gau²
イヌ

流浪狗
làuh lohng ~ // lau⁴ long⁶ ~
野良犬

0172 □ **貓** 〔隻〕
màau // maau¹
ネコ

養　波斯貓
yéuhng Bò sì ~ // joeng⁵ Bo¹ si¹ ~
ペルシャ猫を飼う

0173 □ **老鼠** 〔隻〕
lóuh syú // lou⁵ sy²
ネズミ

趕走　老鼠
gón jáu ~ // gon² dzau² ~
ネズミを追い払う

0174 □ **馬騮** 〔隻〕
máh làu* // ma⁵ lau¹*
サル

馬騮　識　扮　人
~ sìk baahn yàhn // ~ sik⁷ baan⁶ jan⁴
サルは人の真似ができる

0175 □ **老虎** 〔隻〕
lóuh fú // lou⁵ fu²
トラ

老虎　係　頻危物種
~ haih pàhn ngàih maht júng // ~ hai⁶ pan⁴ ngai⁴ mat⁹ dzung² トラは絶滅危惧種だ

18

	[名詞] ▶鳥類／哺乳類（水生）／爬虫類・両生類 ♪ CD-024 ♪ CD-025 ♪ CD-026

0176	□ 雀仔	〔隻〕	jeuk jái // dzoek⁸ dzai²	小鳥（総称）
0177	□ 天鵝	〔隻〕	tìn ngòh // tin¹ ngo⁴	ハクチョウ
0178	□ 企鵝	〔隻〕	kéih ngó* // kei⁵ ngo²*	ペンギン
0179	□ 貓頭鷹	〔隻〕	màau tàuh yìng // maau¹ tau⁴ jing¹	フクロウ
0180	□ 烏鴉	〔隻〕	wù à // wu¹ a¹	カラス
0181	□ 白鴿	〔隻〕	baahk gáap* // baak⁹ gaap²*	ハト
0182	□ 燕子	〔隻〕	yin jí // jin³ dzi²	ツバメ
0183	□ 雞	〔隻〕	gài // gai¹	ニワトリ
0184	□ 鴨	〔隻〕	áap* // aap²*	アヒル
0185	□ 鵝	〔隻〕	ngó* // ngo²*	ガチョウ
0186	□ 鯨魚	〔隻〕	kìhng yùh // king⁴ jy⁴	クジラ
0187	□ 海豚	〔隻〕	hói tyùhn // hoi² tyn⁴	イルカ
0188	□ 海獅	〔隻〕	hói sì // hoi² si¹	アシカ
0189	□ 海豹	〔隻〕	hói paau // hoi² paau³	アザラシ
0190	□ 海狗	〔隻〕	hói gáu // hoi² gau²	オットセイ
0191	□ 鱷魚	〔條〕	ngohk yùh // ngok⁹ jy⁴	ワニ
0192	□ 檐蛇	〔條〕	yìhm sé* // jim⁴ se²*	ヤモリ
0193	□ 蛇	〔條〕	sèh // se⁴	ヘビ
0194	□ 龜	〔隻〕	gwài // gwai¹	カメ
0195	□ 青蛙	〔隻〕	chìng wà // tsing¹ wa¹	カエル

19

[名詞] ▶魚類

0196 □ **魚** 〔條〕
yú* // jy²*
魚

釣　魚
diu ~ // diu³ ~
魚を釣る

0197 □ **金魚** 〔條〕
gàm yú* // gam¹ jy²*
金魚

撈　金魚
làauh ~ // laau⁴ ~
金魚すくいをする

0198 □ **三文魚** 〔條〕
sàam màhn yú* // saam¹ man⁴ jy²* サケ。サーモン

三文魚壽司
~ sauh sì // ~ sau⁶ si¹
サーモンの寿司

0199 □ **吞拿魚** 〔條〕
tàn nàh yú* // tan¹ na⁴ jy²*
マグロ。ツナ

吞拿魚三文治
~ sàam màhn jih // ~ saam¹ man⁴ dzi⁶
ツナサンド

0200 □ **石斑** 〔條〕
sehk bàan // sek⁹ baan¹
ハタ（総称）

清蒸石斑
chìng jìng ~ // tsing¹ dzing¹ ~
ハタの姿蒸し

0201 □ **沙甸魚** 〔條〕
sà dìn yú* // sa¹ din¹ jy²*
イワシ

沙甸魚嘅罐頭
~ ge gwun táu* // ~ ge³ gwun³ tau²*
イワシの缶詰

0202 □ **秋刀魚** 〔條〕
chàu dòu yú* // tsau¹ dou¹ jy²* サンマ

燒　秋刀魚
sìu ~ // siu¹ ~
サンマを焼く

0203 □ **鮨魚** 〔條〕
laahp yú* // laap⁹ jy²*
タイ（総称）

鍾意　食　鮨魚
jùng yi sihk ~ // dzung¹ ji³ sik⁹ ~
タイを食べるのが好きだ

0204 □ **比目魚** 〔條〕
béi muhk yú* // bei² muk⁹ jy²* ヒラメ・カレイ（総称）

叫　比目魚　魚柳
giu ~ yùh láuh // giu³ ~ jy⁴ lau⁵
カレイの切り身を注文する

0205 □ **鷄泡魚** 〔條〕
gài póuh yú* // gai¹ pou⁵ jy²* フグ

食　鷄泡魚　中　毒
sihk ~ jung duhk // sik⁹ ~ dzung³ duk⁹
フグを食べて毒に当たる

[名詞] ▶貝類・昆虫・甲殻類　　♪ CD-028

0206 □ 蠔　〔隻〕
hòuh // hou⁴
カキ

蠔仔餅
~ jái béng // ~ dzai² beng²
カキが入った卵焼き

0207 □ 田螺　〔隻〕
tìhn ló* // tin⁴ lo²*
タニシ

炒田螺
cháau ~ // tsaau² ~
タニシの炒め物

0208 □ 蟹　〔隻〕
háaih // haai⁵
カニ

糯米蟹飯
noh máih ~ faahn // no⁶ mai⁵ ~ faan⁶
餅米にカニを入れて蒸した料理

0209 □ 蝦　〔隻〕
hà // ha¹
エビ

芝士焗蝦
jì sí guhk ~ // dzi¹ si² guk⁹ ~
オーブンで焼いたエビのチーズ和え

0210 □ 龍蝦　〔隻〕
lùhng hà // lung⁴ ha¹
ロブスター

白灼龍蝦
baahk cheuk ~ // baak⁹ tsoek⁸ ~
ロブスターの湯引き

0211 □ 瀨尿蝦　〔隻〕
laaih niuh hà // laai⁶ niu⁶ ha¹
シャコ

椒鹽瀨尿蝦
jìu yìhm ~ // dziu¹ jim⁴ ~
シャコの塩胡椒炒め

0212 □ 八爪魚　〔隻〕
baat jáau yùh // baat⁸ dzaau² jy⁴
タコ

八爪魚刺身
~ chi sàn // ~ tsi³ san¹
タコの刺身

0213 □ 魷魚　〔隻〕
yàuh yú* // jau⁴ jy²*
ヤリイカ。スミイカ

西蘭花炒魷魚
sài làahn fà cháau ~ // sai¹ laan⁴ fa¹ tsaau² ~
ブロッコリーとイカの炒め物

0214 □ 蚊　〔隻〕
màn // man¹
カ

俾 蚊 咬
béi ~ ngáauh // bei² ~ ngaau⁵
蚊に刺される

0215 □ 甲甴　〔隻〕
gaaht jáat* // gaat⁹ dzaat²*
ゴキブリ

拍死 甲甴
paak séi ~ // paak⁸ sei² ~
ゴキブリを叩き殺す

	[名詞] ▶樹木・草花			♪ CD-029
0216	□柏樹	〔棵〕	paak syuh // paak^8 sy^6	カシワ
0217	□松樹	〔棵〕	chùhng syuh // tsung^4 sy^6	マツ
0218	□柳樹	〔棵〕	láuh syuh // lau^5 sy^6	ヤナギ
0219	□銀杏	〔棵〕	ngàhn hahng // ngan^4 hang^6	イチョウの木
0220	□竹	〔棵, 轆〕	jùk // dzuk^7	タケ
0221	□梅花	〔朵〕	mùih fà // mui^4 fa^1	ウメの花
0222	□櫻花	〔朵〕	yìng fà // jing^1 fa^1	サクラの花
0223	□菊花	〔朵〕	gùk fà // guk^7 fa^1	キクの花
0224	□向日葵	〔朵〕	heung yaht kwàih // hoeng^3 jat^9 kwai^4	ヒマワリ
0225	□紫荊花	〔朵〕	jí gìng fà // dzi^2 ging^1 fa^1	バウヒニア。ハナズオウ

中国への返還後の香港旗
（中央の部分がバウヒニアを象っている）

[名詞] ▶果実 ♪ CD-030

0226 □ 生果　〔隻, 個, 種〕
sàang gwó // saang¹ gwo²
果物（総称）

食 生果
sihk ~ // sik⁹ ~
果物を食べる

0227 □ 橙　〔個〕
cháang* // tsaang²*
オレンジ

搣 橙皮
mìt ~ pèih // mit⁷ ~ pei⁴
オレンジの皮を（手で）剥く

0228 □ 西柚　〔個〕
sài yáu* // sai¹ jau²*
グレープフルーツ

切 西柚
chit ~ // tsit⁸ ~
グレープフルーツを切る

0229 □ 檸檬　〔個〕
nìhng mùng // ning⁴ mung¹
レモン

榨 檸檬汁
jà ~ jàp // dza¹ ~ dzap⁷
レモンを搾る

0230 □ 桃　〔個〕
tóu* // tou²*
モモ

飲 桃汁
yám ~ jàp // jam² ~ dzap⁷
ピーチジュースを飲む

0231 □ 蘋果　〔個〕
pìhng gwó // ping⁴ gwo²
リンゴ

批 蘋果
pài ~ // pai¹ ~
リンゴの皮を（ナイフで）剥く

0232 □ 芒果　〔個〕
mòng gwó // mong¹ gwo²
マンゴー

芒果乾
~ gòn // ~ gon¹
ドライマンゴー

0233 □ 菠蘿　〔個〕
bò lòh // bo¹ lo⁴
パイナップル

菠蘿炒飯
~ cháau faahn // ~ tsaau² faan⁶
パイナップル入りチャーハン

0234 □ 提子　〔粒, 抽〕
tàih jí // tai⁴ dzi²
ブドウ

冇核（嘅）提子
móuh waht ge ~ // mou⁵ wat⁹ ge³ ~
種の無いブドウ

0235 □ 梨　〔個〕
léi* // lei²*
ナシ

鯨吞 好多個 梨
kìhng tàn hóu dò go ~ // king⁴ tan¹ hou² do¹ go³ ~
ナシを沢山頬張る

[名詞] ▶野菜　　　　　　　　　　　　　　　　　　　　♪ CD-031

0236 □ 蔬菜　〔嚿, 種〕
sò choi // so¹ tsoi³
野菜（総称）

淨係 食 蔬菜
jihng haih sihk ~ // dzing⁶ hai⁶ sik⁹ ~
野菜しか食べない

0237 □ 蘿蔔　〔隻, 個〕
lòh baahk // lo⁴ baak⁹
ダイコン

蘿蔔絲
~ sì // ~ si¹
ダイコンの千切り

0238 □ 薯仔　〔個〕
syùh jái // sy⁴ dzai²
ジャガイモ

炆 薯仔
màn ~ // man¹ ~
ジャガイモをとろ火で煮る

0239 □ 白菜　〔嚿〕
baahk choi // baak⁹ tsoi³
中国産キャベツ

切 白菜
chit ~ // tsit⁸ ~
キャベツを切る

0240 □ 通菜　〔嚿〕
tùng choi // tung¹ tsoi³
クウシンサイ

烚 通菜
saahp ~ // saap⁹ ~
クウシンサイを茹でる

0241 □ 菠菜　〔嚿〕
bò choi // bo¹ tsoi³
ホウレンソウ

灼 菠菜
cheuk ~ // tsoek⁸ ~
ホウレンソウを湯引く

0242 □ 西瓜　〔個〕
sài gwà // sai¹ gwa¹
スイカ

切 西瓜
chit ~ // tsit⁸ ~
スイカを切る

0243 □ 番茄　〔個〕
fàan ké* // faan¹ ke²*
トマト

用 叉 刴 番茄
yuhng chà gàt ~ // jung⁶ tsa¹ gat⁷ ~
フォークでトマトを刺す

0244 □ 辣椒　〔隻, 個〕
laaht jìu // laat⁹ dziu¹
トウガラシ

辣椒醬
~ jeung // ~ dzoeng³
チリソース

0245 □ 南瓜　〔個〕
nàahm gwà // naam⁴ gwa¹
カボチャ

南瓜蓉
~ yùhng // ~ jung⁴
カボチャの果肉を潰したもの

24

[名詞] ▶穀類・豆類　　　　　　　　　　　　　　　　　　　　　♪ CD-032

0246 □ 米　〔粒, 包〕
máih // mai⁵
米
泰國米
Taai gwok ~ // Taai³ gwok⁸ ~
タイ産米

0247 □ 糯米　〔粒, 包〕
noh máih // no⁶ mai⁵
餅米
糯米鷄
~ gài // ~ gai¹
餅米に鷄肉を入れ蓮の葉で包んで蒸した食べ物

0248 □ 大麥　〔粒, 堆, 包〕
daaih mahk // daai⁶ mak⁹
大麦
大麥麵包
~ mihn bàau // ~ min⁶ baau¹
大麦パン

0249 □ 小麥　〔粒, 堆, 包〕
síu mahk // siu² mak⁹
小麦
小麥啤酒
~ bè jáu // ~ be¹ dzau²
小麦ビール

0250 □ 粟米　〔粒, 舊, 包〕
sùk máih // suk⁷ mai⁵
トウモロコシ
粟米粥
~ jùk // ~ dzuk⁷
トウモロコシのお粥

0251 □ 大豆　〔粒, 包〕
daaih dáu* // daai⁶ dau²*
ダイズ
大豆 製品
~ jai bán // ~ dzai³ ban²
ダイズ製品

0252 □ 紅豆　〔粒, 包〕
hùhng dáu* // hung⁴ dau²*
アズキ
紅豆冰
~ bìng // ~ bing¹
アズキシェイク

0253 □ 花生　〔粒, 包〕
fà sàng // fa¹ sang¹
ピーナッツ。落花生
花生醬
~ jeung // ~ dzoeng³
ピーナッツバター

0254 □ 杏仁　〔粒, 包〕
hahng yàhn // hang⁶ jan⁴
アーモンド
杏仁酥
~ sòu // ~ sou¹
アーモンド入り中華風クッキー

0255 □ 芝麻　〔粒, 包〕
jì màh // dzi¹ ma⁴
ゴマ
芝麻糊
~ wú* // ~ wu²*
ゴマのお汁粉

[名詞] ▶身体部位

0256 □ **頭** 〔個〕
tàuh // tau⁴
頭

頭皮 好 痕
~ pèih hóu hàhn // ~ pei⁴ hou² han⁴
頭皮が痒い

0257 □ **頭髮** 〔條〕
tàuh faat // tau⁴ faat⁸
髪の毛

留長 頭髮
làuh chèuhng ~ // lau⁴ tsoeng⁴ ~
髪の毛を伸ばす

0258 □ **頸** 〔條〕
géng // geng²
首

條 頸 好 痛
tìuh ~ hóu tung // tiu⁴ ~ hou² tung³
首が痛い

0259 □ **膊頭** 〔個, 雙〕
bok tàuh // bok⁸ tau⁴
肩

撚 膊頭
nín ~ // nin² ~
肩を揉む

0260 □ **手臂** 〔隻, 對〕
sáu bei // sau² bei³
腕

手臂 好 粗
~ hóu chòu // ~ hou² tsou¹
腕が太い

0261 □ **手** 〔隻, 對〕
sáu // sau²
手

扭親 隻 手
náu chàn jek ~ // nau² tsan¹ dzek⁸ ~
(片) 手を捻挫してしまう

0262 □ **手指** 〔隻〕
sáu jí // sau² dzi²
指

手指 好 幼
~ hóu yau // ~ hou² jau³
指が細い

0263 □ **腰** 〔條〕
yiu // jiu¹
腰

浸到去 條 腰度
jam dou heui tìuh ~ douh // dzam³ dou³ hoey³ tiu⁴ ~ dou⁶ (浴槽で) 腰まで浸かる

0264 □ **大髀** 〔隻〕
daaih béi // daai⁶ bei²
太もも

大髀 好 酸痛
~ hóu syùn tung // ~ hou² syn¹ tung³
太ももが凝っている

0265 □ **腳** 〔隻, 對〕
geuk // goek⁸
足

對 腳 拗柴
deui ~ áau chàaih // doey³ ~ aau² tsaai⁴
(両) 足を強く捻挫した

26

[名詞] ▶感覚器官 / ▶生理   ♪ CD-034 ♪ CD-035

0266 □ 眼 〔隻,對〕
ngáahn // ngaan⁵
目

捽 眼
jèut ~ // dzoet⁷ ~
（指で）目を擦る

0267 □ 鼻哥 〔個〕
beih gò // bei⁶ go¹
鼻

用 手指 撩 鼻哥窿
yuhng sáu jí liù ~ lùng // jung⁶ sau² dzi² liu¹ ~ lung¹
指で鼻の穴をほじる

0268 □ 耳仔 〔隻,對〕
yíh jái // ji⁵ dzai²
耳

用 耳挖 撩 耳仔
yuhng yíh wét* liù ~ // jung⁶ ji⁵ wet²* ~ dzai²
耳掻きで耳の穴を掃除する

0269 □ 脷 〔條〕
leih // lei⁶
舌

咬親 條 脷
ngáauh chàn tiùh ~ // ngaau⁵ tsan¹ tiu⁴ ~
（誤って）舌を咬んでしまう

0270 □ 皮膚 〔哟〕
pèih fù // pei⁴ fu¹
皮膚

□ 皮膚
àau ~ // aau¹ ~
皮膚を掻く

0271 □ 心跳率
sàm tiu léut* // sam¹ tiu³ loet²* 心拍数

心跳率 好 高
~ hóu gòu // ~ hou² gou¹
心拍数が高い

0272 □ 血糖
hyut tòhng // hyt⁸ tong⁴
血糖（値）

血糖 過低
~ gwo dài // ~ gwo³ dai¹
血糖値が低すぎる

0273 □ 膽固醇
dáam gwu sèuhn // daam² gwu³ soen⁴ コレステロール（値）

膽固醇 過高
~ gwo gòu // ~ gwo³ gou¹
コレステロール値が高すぎる

0274 □ 荷爾蒙 〔哟〕
hoh yíh mùhng // ho⁶ ji⁵ mung⁴ ホルモン

分泌 荷爾蒙
fàn bei ~ // fan¹ bei³ ~
ホルモンを分泌する

0275 □ 卡路里
kà louh léih // ka¹ lou⁶ lei⁵
カロリー

卡路里 好 低
~ hóu dài // ~ hou² dai¹
カロリーが低い

27

[名詞] ▶病気　　　♪ CD-036

0276 □ 肝炎
gòn yìhm // gon¹ jim⁴
肝炎

飲 太 多 酒 會 患 肝炎
yám taai dò jáu wúih waahn ~ // jam² taai³ do¹ dzau² wui⁵ waan⁶ ~ 酒を飲み過ぎると肝炎にかかる

0277 □ 花粉症
fà fán jing // fa¹ fan² dzing³
花粉症

患 花粉症 對 眼 會 好 痕
waahn ~ deui ngáahn wúih hóu hàhn // waan⁶ ~ doey³ ngaan⁵ wui⁵ hou² han⁴ 花粉症にかかると眼が痒くなる

0278 □ 傳染病
chyùhn yíhm behng // tsyn⁴ jim⁵ beng⁶ 伝染病。感染症

阻止 傳染病 嘅 擴散
jó jí ~ ge kwok saan // dzo² dzi² ~ ge³ kwok⁸ saan³
伝染病の拡散を阻止する

0279 □ 愛滋病
oi ji behng // oi³ dzi¹ beng⁶
エイズ

驗血 check 吓 有冇 愛滋病　yihm hyut chèk háh yáuh móuh ~ // jim⁶ hyt³ tsek⁷ ha⁵ jau⁵ mou⁵ ~
血液検査をしてエイズに感染していないか調べる

0280 □ 霍亂
fok lyuhn // fok⁸ lyn⁶
コレラ

患咗 霍亂 就 會 嘔吐
waahn jó ~ jauh wúih áu tou // waan⁶ dzo² ~ dzau⁶ wui⁵ au² tou³ コレラにかかると嘔吐が起こる

0281 □ 流感
làuh gám // lau⁴ gam²
インフルエンザ

患流感 之前 要 打 預防針 waahn ~ jì chìhn yiu dá yuh fòhng jàm // waan⁶ ~ dzi¹ tsin⁴ jiu³ da² jy⁶ fong⁴ dzam¹ インフルエンザにかかる前に予防接種を受けねば

0282 □ 高血壓
gòu hyut aat // gou¹ hyt⁸ aat⁸
高血压

食療 對 高血壓 有效
sihk lìuh deui ~ yáuh haauh // sik⁹ liu⁴ doey³ ~ jau⁵ haau⁶ 食事療法は高血圧に対して有効だ

0283 □ 糖尿病
tòhng niuh behng // tong⁴ niu⁶ beng⁶ 糖尿病

肥胖 會 引致 糖尿病
fèih buhn wúih yáhn ji ~ // fei⁴ bun⁶ wui⁵ jan⁵ dzi³ ~ 肥満は糖尿病を引き起こす

0284 □ 香港腳
hèung góng geuk // hoeng¹ gong² goek⁸ 水虫

呢種 藥 對 香港腳 有效
nì júng yeuhk deui ~ yáuh haauh // ni¹ dzung² joek⁹ doey³ ~ jau⁵ haau⁶ この薬は水虫に効き目が有る

0285 □ 蛀 // 牙
jyu ngàh // dzy³ nga⁴
虫歯（になる）

冇 刷 牙 會 蛀 牙
móuh chaat ngàh wúih ~ // mou⁵ tsaat⁸ nga⁴ wui⁵ ~
歯を磨いていないと虫歯になる

28

[名詞] ▶けが　　　♪ CD-037

0286 □ 切親
chit chàn // tsit⁸ tsan¹
切り傷（を作る）

切親，要 包紮 繃帶
~, yiu bàau jaat bàng dáai* // ~, jiu³ baau¹ dzaat⁸ bang¹ daai²* 怪我（切り傷）をしたら，包帯を巻かないと

0287 □ 擦傷
chaat sèung // tsaat⁸ soeng¹
擦り傷（を作る）

擦傷，要 搽 紅藥水
~, yiu chàh hùhng yeuhk séui // ~, jiu³ tsa⁴ hung⁴ joek⁹ soey² 怪我（擦り傷）をしたら，赤チンキを塗らないと

0288 □ 流 // 血
làuh hyut // lau⁴ hyt⁸
出血（する）

流血，要 去 醫院 睇吓
~, yiu heui yì yún* tái háh // ~, jiu³ hoey³ ji¹ jyn²* tai² ha⁵ 出血したら，病院に行ってちょっと見てもらわねば

0289 □ 斷 // 骨
tyúhn gwàt // tyn⁵ gwat⁷
骨折（する）

起唔倒 身，可能 係 斷骨
héi m̀h dóu sàn, hó nàhng haih ~ // hei² m⁴ dou² san¹, ho² nang⁴ hai⁶ ~ 起き上がれないので，多分骨折だ

0290 □ 炳親
naat chàn // naat⁸ tsan¹
火傷（する）

好 熱，因住 唔好 炳親
hóu yiht, yàn jyuh m̀h hóu ~ // hou² jit⁹, jan¹ dzy⁶ m⁴ hou² ~ 熱いので，火傷しないように気をつけて

伝染病予防のためのネズミ駆除のキャンペーン

[名詞] ▶日用道具　♪ CD-038

0291 □ 日用品　〔件〕
yaht yuhng bán // jat⁹ jung⁶ ban² 日用品

去 十蚊店 買 日用品 ~
heui sahp màn dim máaih ~ // hoey³ sap⁹ man¹ dim³ maai⁵ ~
百円ショップに日用品を買いに行く

0292 □ 鎖匙　〔條, 抽〕
só sìh // so² si⁴
鍵

呢條 鎖匙 插唔入
nì tiùh ~ chaap m̀h yahp // ni¹ tiu⁴ ~ tsaap⁸ m⁴ jap⁹
この鍵は（鍵穴に）入らない

0293 □ 扣針　〔隻, 個〕
kau jàm // kau³ dzam¹
安全ピン

用 扣針 扣住
yuhng ~ kau jyuh // jung⁶ ~ kau³ dzy⁶
安全ピンで留めておく

0294 □ 眉鉗　〔個〕
mèih kím* // mei⁴ kim²*
ピンセット

搵 眉鉗 搖返 條 刺 出嚟　wán ~ màng
fàan tiùh chi chèut làih // wan² ~ mang¹ faan¹ tiu⁴ tsi³ tsoet⁷ lai⁴ （刺さった）棘をピンセットで抜く

0295 □ 梳　〔把〕
sò // so¹
くし

用 把 梳 梳頭
yuhng bá ~ sò tàuh // jung⁶ ba² ~ so¹ tau⁴
くしで髪を梳く

0296 □ 掃把　〔支〕
sou bá // sou³ ba²
ほうき

攞 掃把 掃 地
ló ~ sou deih // lo² ~ sou³ dei⁶
ほうきで床板・地面を掃く

0297 □ 刷　〔把〕
cháat* // tsaat²*
ブラシ

用 把 刷 刷 啲 灰塵 落嚟
yuhng bá ~ chaat dì fùi chàhn lohk làih // jung⁶ ba² ~ tsaat⁸ di¹ fui¹ tsan⁴ lok⁹ lai⁴ ブラシで擦って埃を落とす

0298 □ 海綿　〔塊, 舊, pat〕
hói mìhn // hoi² min⁴
スポンジ

用 海綿 捽吓
yuhng ~ jèut háh // jung⁶ ~ dzoet⁷ ha⁵
スポンジでちょっと擦る

0299 □ 抹檯布　〔塊〕
maat tói* bou // maat⁸ toi²* bou³ 雑巾

搵 塊 抹檯布 抹 地板
wán faai ~ maat deih báan // wan² faai³ ~ maat⁸ dei⁶ baan² 雑巾で床板を拭く

0300 □ 遮　〔把〕
jè // dze¹
傘

唔記得 帶 把 遮 出街
m̀h gei dàk daai bá ~ chèut gàai // m⁴ gei³ dak⁷ daai³ ba² ~ tsoet⁷ gaai¹ 傘を持って外出するのを忘れる

30

[名詞] ▶容器

♪ CD-039

0301 容器 〔個〕
yùhng hei // jung⁴ hei³
容器

呢個 容器 可以 裝 好多 嘢
nì go ~ hó yíh jòng hóu dò yéh // ni¹ go³ ~ ho² ji⁵ dzong¹ hou² do¹ je⁵ この容器には沢山の物が入る

0302 包裝 〔款〕
bàau jòng // baau¹ dzong¹
パッケージ

呢款 包裝 好 靚
nì fún ~ hóu leng // ni¹ fun² ~ hou² leng³
このパッケージの柄はきれいだ

0303 紙皮箱 〔個〕
jí pèih sèung // dzi² pei⁴ soeng¹ 段ボール箱

嗰啲 紙皮箱 太 細
gó dì ~ taai sai // go² di¹ ~ taai³ sai³
あの（複数の）段ボール箱は小さすぎる

0304 儲物盒 〔個〕
chyúh maht háp* // tsy⁵ mat⁹ hap²* 小物入れ

放 首飾 喺 儲物盒度
fong sáu sìk hái ~ douh // fong³ sau² sik⁷ hai² ~ dou⁶
アクセサリーを小物入れに入れる

0305 籃 〔個〕
láam* // laam²*
バスケット

拎住 個 籃 去 買 嘢
ling jyuh go ~ heui máaih yéh // ling¹ dzy⁶ go³ ~ hoey³ maai⁵ je⁵ バスケットを手に提げて買い物に行く

0306 水桶 〔個〕
séui túng // soey² tung²
バケツ

個 水桶 裝滿咗 水
go ~ jòng múhn jó séui // go³ ~ dzong¹ mun⁵ dzo² soey² （その）バケツは水がいっぱいになっている

0307 面盆 〔個〕
mihn pún* // min⁶ pun²*
洗面器

喺 面盆度 洗 面
hái ~ douh sái mihn // hai² ~ dou⁶ sai² min⁶
洗面器で顔を洗う

0308 膠樽 〔支〕
gàau jèun // gaau¹ dzoen¹
ペットボトル

扭細 呢支 膠樽
náu sai nì jì ~ // nau² sai³ ni¹ dzi¹ ~
このペットボトルをつぶす

0309 煙灰缸 〔個〕
yìn fùi gòng // jin¹ fui¹ gong¹
灰皿

揼 煙灰 落 煙灰缸度
dan yìn fùi lohk ~ douh // dan³ jin¹ fui¹ lok⁹ ~ dou⁶
タバコの灰を灰皿に振り落とす

0310 急救箱 〔個〕
gàp gau sèung // gap⁷ gau³ soeng¹ 救急箱

打開 急救箱 搵 繃帶
dá hòi ~ wán bàng dáai* // da² hoi¹ ~ wan² bang¹ daai²* 救急箱を開けて包帯を探す

31

[名詞] ▶家具・寝具　　　♪ CD-040

0311 □ **傢俬** 〔件〕
gà sì // ga¹ si¹
家具

訂造 傢俬
dehng jouh ~ // deng⁶ dzou⁶ ~
オーダーメイドで家具を作ってもらう

0312 □ **檯** 〔張〕
tói* // toi²*
机

拍 呢張 檯 去 嗰邊
paak nì jèung ~ heui gó bìn // paak⁸ ni¹ dzoeng¹ ~
hoey³ go² bin¹ この机をあちら側に寄せる

0313 □ **飯檯** 〔張〕
faahn tói* // faan⁶ toi²*
食卓

呢張 飯檯 唔 夠 大
nì jèung ~ m̀h gau daaih // ni¹ dzoeng¹ ~ m⁴ gau³
daai⁶ この食卓は大きさが足りない

0314 □ **櫈** 〔張〕
dang // dang³
椅子

攞 多啲 櫈 嚟 坐
ló dò dì ~ làih chóh // lo² do¹ di¹ ~ lai⁴ tso⁵
椅子をもっと持ってきて座る

0315 □ **BB 櫈** 〔張〕
bìh bì dang // bi⁴ bi¹ dang³
ベビーチェアー

呢張 BB 櫈 冇 扶手
nì jèung ~ móuh fùh sáu // ni¹ dzoeng¹ ~ mou⁵ fu⁴
sau² このベビーチェアーは肘掛けが無い

0316 □ **櫃桶** 〔個〕
gwaih túng // gwai⁶ tung²
引き出し

用 力 拉開 櫃桶
yuhng lihk làai hòi ~ // jung⁶ lik⁹ laai¹ hoi¹ ~
力を入れて引き出しを開ける

0317 □ **床** 〔張〕
chòhng // tsong⁴
ベッド

嗰張 床 瞓得 好 舒服
gó jèung ~ fan dàk hóu syù fuhk // go² dzoeng¹ ~
fan³ dak⁷ hou² sy¹ fuk⁹ そのベッドは寝心地が良い

0318 □ **梳化** 〔張〕
sò fá // so¹ fa²
ソファー

呢張 梳化 坐得 三個 人
nì jèung ~ chóh dàk sàam go yàhn // ni¹ dzoeng¹ ~ tso⁵
dak⁷ saam¹ go³ jan⁴ このソファーには3人が座れる

0319 □ **鞋櫃** 〔個〕
hàaih gwaih // haai⁴ gwai⁶
下駄箱

日本人 嘅 屋企門口 有 鞋櫃 Yaht bún yàhn ge
ùk kéi* mùhn háu yáuh ~ // Jat⁹ bun² jan⁴ ge³ uk⁷ kei²*
mun⁴ hau² jau⁵ ~ 日本人の家の玄関には下駄箱が有る

0320 □ **垃圾桶** 〔個〕
laahp saap túng // laap⁹ saap⁸
tung² ゴミ箱

垃圾桶 滿咗
~ múhn jó // ~ mun⁵ dzo²
ゴミ箱は（ゴミで）いっぱいだ

[名詞] ▶食器　　　♪ CD-041

0321 □ 碗碟　〔件, 套〕
wún dihp // wun² dip⁹
食器

執 碗碟
jàp ~ // dzap⁷ ~
食器を片付ける

0322 □ 碟　〔隻〕
díp* // dip²*
皿

換 碟
wuhn ~ // wun⁶ ~
皿を取り替える

0323 □ 杯　〔隻〕
bùi // bui¹
コップ

玻璃杯
bò lèi ~ // bo¹ lei¹ ~
グラス

0324 □ 盤　〔個〕
pún* // pun²*
トレイ

打爛 個 盤
dá laahn go ~ // da² laan⁶ go³ ~
トレイを割ってしまう

0325 □ 餐刀　〔把〕
chàan dòu // tsaan¹ dou¹
テーブルナイフ

塑膠餐刀
sou gàau ~ // sou³ gaau¹ ~
プラスチック製のテーブルナイフ

0326 □ 匙羹　〔隻〕
chìh gàng // tsi⁴ gang¹
スプーン

用 匙羹 揀 餸
yuhng ~ bàt sung // jung⁶ ~ bat⁷ sung³
スプーンでおかずを取る

0327 □ 木筷子　〔隻, 對〕
muhk faai jí // muk⁹ faai³ dzi²
割り箸

擘開 對 木筷子
maak hòi deui ~ // maak⁸ hoi¹ doey³ ~
割り箸を割る

0328 □ 叉　〔隻, 枝〕
chà // tsa¹
フォーク

左手 揸 叉，右手 揸 刀
jó sáu jà ~, yauh sáu jà dòu // dzo² sau² dza¹ ~, jau⁶ sau² dza¹ dou¹
左手にフォーク，右手にナイフを持つ

0329 □ 飲筒　〔枝〕
yám túng // jam² tung²
ストロー

用 飲筒 啜 可樂
yuhng ~ jyut hó lohk // jung⁶ ~ dzyt⁸ ho² lok⁹
ストローでコーラを（吸って）飲む

0330 □ 啤酒杯　〔隻〕
bè jáu bùi // be¹ dzau² bui¹
ジョッキ

斟 啲 啤酒 落 啤酒杯度
jàm dì bè jáu lohk ~ douh // dzam¹ di¹ be¹ dzau² lok⁹ ~ dou⁶
ビールをジョッキに注ぐ

33

[名詞] ▶調理具 / ▶文房具 (1) ♪ CD-042 ♪ CD-043

0331	□ 煲 〔個〕 bòu // bou¹ 鍋	冇 煲 就 冇 得 炆 móuh ~ jauh móuh dàk màn // mou⁵ ~ dzau⁶ mou⁵ dak⁷ man¹ 鍋が無いと煮込み料理ができない
0332	□ 水煲 〔個〕 séui bòu // soey² bou¹ やかん	用 水煲 煲 滾水 yuhng ~ bòu gwán séui // jung⁶ ~ bou¹ gwan² soey² やかんで湯を沸かす
0333	□ 煎 pan 〔隻, 個〕 jìn pèn // dzin¹ pen¹ フライパン	用 煎 pan 整 奄列 yuhng ~ jíng àm liht // jung⁶ ~ dzing² am¹ lit⁹ フライパンでオムレツを作る
0334	□ 砧板 〔塊〕 jàm báan // dzam¹ baan² まな板	放 啲 蔬菜 喺 砧板 上面 fong dì sò choi hái ~ seuhng mihn // fong³ di¹ so¹ tsoi³ hai² ~ soeng⁶ min⁶ 野菜をまな板の上に置く
0335	□ 菜刀 〔把〕 choi dòu // tsoi³ dou¹ 包丁	用 菜刀 切碎 yuhng ~ chit seui // jung⁶ ~ tsit⁸ soey³ 包丁で微塵切りにする
0336	□ 文具 〔種, 套, set〕 màhn geuih // man⁴ goey⁶ 文具	文具 種類 有 好多 ~ júng leuih yáuh hóu dò // ~ dzung² loey⁶ jau⁵ hou² do¹ 文具は種類が多い
0337	□ 鉛芯筆 〔枝〕 yùhn sàm bàt // jyn⁴ sam¹ bat⁷ シャープペンシル	鉛芯筆 嘅 筆芯 斷咗 ~ ge bàt sàm tyúhn jó // ~ ge³ bat⁷ sam¹ tyn⁵ dzo² シャープペンシルの芯が折れてしまった
0338	□ 原子筆 〔枝〕 yùhn jí bàt // jyn⁴ dzi² bat⁷ ボールペン	三種 顏色 嘅 原子筆 sàam júng ngàahn sìk ge ~ // saam¹ dzung² ngaan⁴ sik⁷ ge³ ~ 3色 (一体の) ボールペン
0339	□ 箱頭筆 〔枝〕 sèung tàuh bàt // soeng¹ tau⁴ bat⁷ フェルトペン	箱頭筆 有 粗嘴 同 幼嘴 ~ yáuh chòu jéui tùhng yau jéui // ~ jau⁵ tsou¹ dzoey² tung⁴ jau³ dzoey² フェルトペンには極太と極細が有る
0340	□ 蠟筆 〔枝, 盒〕 laahp bàt // laap⁹ bat⁷ クレヨン	用 蠟筆 劃 公仔 yuhng ~ waahk gùng jái // jung⁶ ~ waak⁹ gung¹ dzai² クレヨンで落書きをする

[名詞] ▶文房具 (2)

♪ CD-044

0341 ☐ 擦紙膠 〔塊, 舊〕
chaat jí gàau // tsaat⁸ dzi²
gaau¹ 消しゴム

用 擦紙膠 擦乾淨 啲 錯字
yuhng ~ chaat gòn jehng dì cho jih // jung⁶ ~ tsaat⁸
gon¹ dzeng⁶ di¹ tso³ dzi⁶ 消しゴムで誤字を消す

0342 ☐ 塗改液 〔枝〕
tòuh gói yihk // tou⁴ goi²
jik⁹ 修正液

唧 塗改液 落 呢度
jìt ~ lohk nì douh // dzit⁷ ~ lok⁹ ni¹ dou⁶
修正液をここに塗る

0343 ☐ 間尺 〔把〕
gaan chék* // gaan³ tsek²*
定規

用 間尺 劃 直綫
yuhng ~ waahk jihk sin // jung⁶ ~ waak⁹ dzik⁹ sin³
定規で直線を引く

0344 ☐ 圓規 〔個〕
yùhn kwài // jyn⁴ kwai¹
コンパス

呢間 冇 賣 圓規
nì gàan móuh maaih ~ // ni¹ gaan¹ mou⁵ maai⁶ ~
この店はコンパスを売っていない

0345 ☐ 量角器 〔個〕
lèuhng gok hei // loeng⁴
gok⁸ hei³ 分度器

度 角度 要 量角器
dohk gok douh yiu ~ // dok⁹ gok⁸ dou⁶ jiu³ ~
角度を測るには分度器が必要だ

0346 ☐ 鎅刀 〔把〕
gaai dòu // gaai³ dou¹
カッターナイフ

小心 鎅刀 嘅 刀口
síu sàm ~ ge dòu háu // siu² sam¹ ~ ge³ dou¹ hau²
カッターナイフの刃に気をつける

0347 ☐ 鉸剪 〔把〕
gaau jín // gaau³ dzin²
はさみ

用 鉸剪 剪唔開
yuhng ~ jín m̀h hòi // jung⁶ ~ dzin² m⁴ hoi¹
(硬い・厚いため) はさみで切れない

0348 ☐ 膠水 〔枝〕
gàau séui // gaau¹ soey²
(液状の) のり・接着剤

黐 多啲 膠水
chì dò dì ~ // tsi¹ do¹ di¹ ~
もっとのりを付ける

0349 ☐ 膠紙 〔條, 張, 卷〕
gàau jí // gaau¹ dzi²
セロハンテープ

黏 膠紙 喺 海報 嘅 四個角
nìhm ~ hái hói bou ge sei go gok // nim⁴ ~ hai² hoi² bou³
ge³ sei³ go³ gok⁸ セロハンテープをポスターの四隅に貼る

0350 ☐ 超能膠 〔枝〕
chìu nàhng gàau // tsiu¹
nang⁴ gaau¹ 瞬間接着剤

呢枝 超能膠 黐得 好 實
nì jì ~ chì dàk hóu saht // ni¹ dzi¹ ~ tsi¹ dak⁷ hou² sat⁹
この瞬間接着剤はよくくっつく

[名詞] ▶オフィス用具 ♪ CD-045

0351 □ 簿 〔本〕
bóu* // bou²*
ノート。手帳（総称）

寫低 喺 簿度
sé dài hái ~ douh // se² dai¹ hai² ~ dou⁶
手帳に書き留める

0352 □ 傳真紙 〔張, 沓〕
chyùhn jàn jí // tsyn⁴ dzan¹ dzi² ファックス用紙

一沓 傳真紙
yàt daahp ~ // jat⁷ daap⁹ ~
一重ねのファックス用紙

0353 □ 影印紙 〔張, 沓〕
yíng yan jí // jing² jan³ dzi²
コピー用紙

再造紙 整 嘅 影印紙
joi jouh jí jíng ge ~ // dzoi³ dzou⁶ dzi² dzing² ge³ ~
再生紙を使ったコピー用紙

0354 □ 活頁紙 〔張, 沓〕
wuht yihp jí // wut⁹ jip⁹ dzi²
ルーズリーフ

加 一張 活頁紙
gà yàt jèung ~ // ga¹ jat⁷ dzoeng¹ ~
ルーズリーフを1枚加える

0355 □ label 紙 〔張〕
lèi bóu jí // lei¹ bou² dzi²
付箋

啲 label 紙 顏色 好 鮮艷
dī ~ ngàahn sìk hóu sìn yihm // di¹ ~ ngaan⁴ sik⁷ hou² sin¹ jim⁶ 付箋の色が鮮やかだ

0356 □ 信封 〔個〕
seun fùng // soen³ fung¹
封筒

放 啲 文件 入 信封度
fong dī màhn gín* yahp ~ douh // fong³ di¹ man⁴ gin²* jap⁹ ~ dou⁶ 書類を封筒に入れる

0357 □ 公文袋 〔個〕
gùng màhn dói* // gung¹ man⁴ doi²* 角形封筒

有 公司名 嘅 公文袋
yáuh gùng sì méng* ge ~ // jau⁵ gung¹ si¹ meng²* ge³ ~ 会社の名前が入った角形封筒

0358 □ 萬字夾 〔隻〕
maahn jih gép* // maan⁶ dzi⁶ gep²* クリップ

搵 隻 萬字夾 挾住
wán jek ~ gehp jyuh // wan² dzek⁸ ~ gep⁹ dzy⁶ クリップで挟んでおく

0359 □ 文件夾 〔個〕
màhn gín* gáap* // man⁴ gin²* gaap²* バインダー

用 文件夾 保管 資料
yuhng ~ bóu gwún jì líu* // jung⁶ ~ bou² gwun² dzi¹ liu²* バインダーで資料を保管する

0360 □ 釘書機 〔個〕
dèng syù gèi // deng¹ sy¹ gei¹
ホッチキス

用 釘書機 釘埋 呢啲 紙
yuhng ~ dèng màaih nì dī jí // jung⁶ ~ deng¹ maai⁴ ni¹ di¹ dzi² ホッチキスでこの（複数）紙を綴じる

36

[名詞] ▶農具・工具　　♪ CD-046

0361 □ 泥劗 〔把〕
nàih cháan // nai⁴ tsaan²
シャベル

用 泥劗 劗起 啲 沙
yuhng ~ cháan héi dì sà // jung⁶ ~ tsaan² hei² di¹ sa¹
シャベルで砂をすくい上げる

0362 □ 電鑽 〔把〕
dihn jyun // din⁶ dzyn³
ドリル

用 電鑽 鑽 個 窿
yuhng ~ jyun go lùng // jung⁶ ~ dzyn³ go³ lung¹
ドリルで穴を開ける

0363 □ 螺絲批 〔個, 枝, 把〕
lòh sì pài // lo⁴ si¹ pai¹
ドライバー

用 螺絲批 擰實 啲 螺絲
yuhng ~ níng saht dì lòh sì // jung⁶ ~ ning² sat⁹ di¹
lo⁴ si¹ ドライバーでねじを締め付ける

0364 □ 螺絲 〔粒, 口〕
lòh sì // lo⁴ si¹
ねじ

呢粒 螺絲 擰唔開
nì làp ~ níng m̀h hòi // ni¹ lap⁷ ~ ning² m⁴ hoi¹
このねじは（ドライバーで）開けられない

0365 □ 釘 〔粒, 口〕
dèng // deng¹
釘

揼 粒 釘 入 呢度
dahp làp ~ yahp nì douh // dap⁹ lap⁷ ~ jap⁹ ni¹ dou⁶
ここに1本釘を打ち込む

0366 □ 鉗 〔把〕
kím* // kim²*
ペンチ

用 鉗 撬開
yuhng ~ giuh hòi // jung⁶ ~ giu⁶ hoi¹
ペンチでこじ開ける

0367 □ 槌(仔) 〔把〕
chèuih (jái) // tsoey⁴ (dzai²)
ハンマー

咪 用 槌仔 打 人
máih yuhng ~ dá yàhn // mai⁵ jung⁶ ~ da² jan⁴
ハンマーで人を叩いたりしないように

0368 □ 鋸 〔把〕
geu // goe³
のこぎり

用 鋸 鋸開
yuhng ~ geu hòi // jung⁶ ~ goe³ hoi¹
のこぎりで切る

0369 □ 威也 〔條〕
wài yá // wai¹ ja²
ワイヤー

用 威也 拖 嘢
yuhng ~ tò yéh // jung⁶ ~ to¹ je⁵
ワイヤーで引きずる

0370 □ 膠管 〔條〕
gàau gwún // gaau¹ gwun²
ホース

呢條 膠管 中間 漏 水
nì tiùh ~ jùng gàan lauh séui // ni¹ tiu⁴ ~ dzung¹
gaan¹ lau⁶ soey² このホースは途中で水漏れしている

[名詞] ▶楽器

♪ CD-047

0371 □ 笛　〔支〕
dék* // dek²*
笛

吹 笛
chèui ~ // tsoey¹ ~
笛を吹く

0372 □ 單簧管　〔支〕
dàan wòhng gwún // daan¹ wong⁴ gwun² クラリネット

吹 單簧管
chèui ~ // tsoey¹ ~
クラリネットを吹く

0373 □ 小喇叭　〔個,支〕
síu la bà // siu² la³ ba¹
トランペット

吹 小喇叭
chèui ~ // tsoey¹ ~
トランペットを吹く

0374 □ 口琴　〔個,副〕
háu kàhm // hau² kam⁴
ハーモニカ

吹 口琴
chèui ~ // tsoey¹ ~
ハーモニカを吹く

0375 □ 豎琴　〔個〕
syuh kàhm // sy⁶ kam⁴
ハープ

彈 豎琴
tàahn ~ // taan⁴ ~
ハープを弾く

0376 □ 大提琴　〔個〕
daaih tàih kàhm // daai⁶ tai⁴ kam⁴ チェロ

拉 大提琴
làai ~ // laai¹ ~
チェロを弾く

0377 □ 木片琴　〔座,台〕
muhk pín* kàhm // muk⁹ pin²* kam⁴ 木琴

敲 木片琴
hàau ~ // haau¹ ~
木琴を叩く

0378 □ 電子琴　〔個,部〕
dihn jí kàhm // din⁶ dzi² kam⁴ 電子オルガン

彈 電子琴
tàahn ~ // taan⁴ ~
電子オルガン（エレクトーン）を弾く

0379 □ 手風琴　〔個〕
sáu fùng kàhm // sau² fung¹ kam⁴ アコーディオン

拉 手風琴
làai ~ // laai¹ ~
アコーディオンを弾く

0380 □ syn　〔部〕
sìm // sim¹
シンセサイザー

用 syn 嚟 夾 band
yuhng ~ làih gaap bèn // jung⁶ ~ lai⁴ gaap⁸ ben¹
シンセサイザーを使ってバンド演奏をする

[名詞] ▶玩具 ／ ▶媒体 ♪ CD-048 ♪ CD-049

0381 □ 玩具 〔件〕
wuhn geuih // wun⁶ goey⁶
玩具

送 玩具
sung ~ // sung³ ~
玩具をプレゼントする

0382 □ 公仔 〔隻, 個〕
gùng jái // gung¹ dzai²
人形

攬 公仔
láam ~ // laam² ~
人形を抱きかかえる

0383 □ 扭計骰 〔個〕
náu gái sik // nau² gai² sik⁷
ルービックキューブ

扭 扭計骰
náu ~ // nau² ~
ルービックキューブで遊ぶ

0384 □ 砌圖 〔塊, 幅〕
chai tòuh // tsai³ tou⁴
ジグソーパズル

砌 砌圖
chai ~ // tsai³ ~
ジグソーパズルで遊ぶ

0385 □ 骰仔 〔粒〕
sìk jái // sik⁷ dzai²
サイコロ

擲 骰仔
jaahk ~ // dzaak⁹ ~
サイコロを振る

0386 □ 唱片 〔張〕
cheung pín* // tsoeng³ pin²*
レコード

呢啲 係 舊時 嘅 唱片
nì dì haih gauh sìh ge ~ // ni¹ di¹ hai⁶ gau⁶ si⁴ ge³ ~
これ（複数）は昔のレコードだ

0387 □ cassette 帶 〔餅〕
keht sèt dáai* // ket⁹ set⁷ daai²*
カセットテープ

錄 呢首 歌 喺 cassette 帶度
luhk nì sáu gò hái ~ douh // luk⁹ ni¹ sau² go¹ hai² ~ dou⁶
この歌をカセットテープに録音する

0388 □ Blu-ray 〔隻〕
blù lèi // blu¹ lei¹
ブルーレイディスク

放 Blu-ray 喺 唱盤度
fong ~ hái cheung pún* douh // fong³ ~ hai² tsoeng³ pun²* dou⁶
ブルーレイディスクをレコーダーのトレイに置く

0389 □ SD 咭 〔張〕
ès dì kàat // es¹ di¹ kaat⁷
SD カード

插 SD 咭 入去
chaap ~ yahp heui // tsaap⁸ ~ jap⁹ hoey³
SD カードを差し込む

0390 □ hard disc 〔個〕
hàat dìs // haat⁷ dis¹
ハードディスク

呢個 hard disc crash 咗
nì go ~ krèsh jó // ni¹ go³ ~ kresh¹ dzo²
このハードディスクはクラッシュしている

39

[名詞] ▶生地・衣料　♪ CD-050

0391 □ **質地** 〔隻, 個, 種〕
jàt déi* // dzat⁷ dei²*
生地

質地 好，價錢 當然 貴
~ hóu, ga chìhn dòng yìhn gwai // ~ hou², ga³ tsin⁴ dong¹ jin⁴ gwai³ 生地が良いと値段は当然高い

0392 □ **棉**
mìhn // min⁴
綿

棉質 T 恤
~ jàt tì sèut // ~ dzat⁷ ti¹ soet⁷
綿のTシャツ

0393 □ **絨**
yúng* // jung²*
ウール

絨質底衫
~ jàt dái sàam // ~ dzat⁷ dai² saam¹
ウールの下着

0394 □ **絲綢**
sì chàuh // si¹ tsau⁴
シルク

絲綢睡衣
~ seuih yì // ~ soey⁶ ji¹
シルクのパジャマ

0395 □ **茄士咩**
kè sih mè // ke¹ si⁶ me¹
カシミア

茄士咩 嘅 冷衫
~ ge³ làang sàam // ~ ge³ laang¹ saam¹
カシミアのセーター

0396 □ **皮**
pèih // pei⁴
革

皮鞋 同 皮帶
~ hàaih tùhng ~ dáai* // ~ haai⁴ tung⁴ ~ daai²*
革靴と革ベルト

0397 □ **fleece**
fì sí // fi¹ si²
フリース

買 fleece 嘅 外套
máaih ~ ge ngoih tou // maai⁵ ~ ge³ ngoi⁶ tou³
フリースのジャケットを買う

0398 □ **人造纖維**
yàhn jouh chìm wàih // jan⁴ dzou⁶ tsim¹ wai⁴
化学繊維

尼龍 係 人造纖維
nèih lùhng haih ~ // nei⁴ lung⁴ hai⁶ ~
ナイロンは化学繊維だ

0399 □ **布** 〔塊〕
bou // bou³
布

搵 塊 布 做 抹檯布
wán faai ~ jouh maat tói* bou // wan² faai³ ~ dzou⁶ maat⁸ toi²* bou³ 雑巾にする布を探す

0400 □ **綫** 〔條〕
sin // sin³
糸

呢條 綫 要 同 嗰條 打個 結　nì tìuh
~ yiu tùhng gó tìuh dá go git // ni¹ tiu⁴ ~ jiu³ tung⁴ go² tiu⁴ da² go³ git⁸ この糸はその糸と結ばなければ

[名詞] ▶上着（上半身） ♪ CD-051

0401 □ 衫 〔件〕
sàam // saam¹
上着

着 白色衫
jeuk baahk sìk ~ // dzoek⁸ baak⁹ sik⁷ ~
白の上着を着る

0402 □ 冷衫 〔件〕
làang sàam // laang¹ saam¹
セーター

織 冷衫
jìk ~ // dzik⁷ ~
セーターを編む

0403 □ 恤衫 〔件〕
sèut sàam // soet⁷ saam¹
ワイシャツ

除 恤衫
chèuih ~ // tsoey⁴ ~
ワイシャツを脱ぐ

0404 □ 女裝恤衫 〔件〕
néuih jòng sèut sàam // noey⁵ dzong¹ soet⁷ saam¹ ブラウス

揀 女裝恤衫
gáan ~ // gaan² ~
ブラウスを選ぶ

0405 □ T恤 〔件〕
tì sèut // ti¹ soet⁷
Tシャツ

呢件 T恤 要 退 貨
nì gihn ~ yiu teui fo // ni¹ gin⁶ ~ jiu³ toey³ fo³
このTシャツは返品したい

0406 □ 夏威夷恤 〔件〕
hah wài yìh sèut // ha⁶ wai¹ ji⁴ soet⁷ アロハ

興 着 夏威夷恤
hìng jeuk ~ // hing¹ dzoek⁸ ~
アロハを着るのが流行る

0407 □ 西裝 〔套〕
sài jòng // sai¹ dzong¹
スーツ（男装）

度身訂造 一套 西裝
dohk sàn dehng jouh yàt tou ~ // dok⁹ san¹ deng⁶ dzou⁶ jat⁷ tou³ ~ オーダーメイドでスーツを1着作る

0408 □ 褸 〔件〕
làu // lau¹
コート（総称）

多咗 機會 着 褸 出 街 dò jó gèi wuih jeuk ~ chèut gàai // do¹ dzo² gei¹ wui⁶ dzoek⁸ ~ tsoet⁷ gaai¹ コートを着て外出する機会が増えた

0409 □ 皮褸 〔件〕
péi* làu // pei²* lau¹
革のジャケットやコート

試 着 皮褸
si jeuk ~ // si³ dzoek⁸ ~
革ジャンを試着する

0410 □ 雨褸 〔件〕
yúh làu // jy⁵ lau¹
レインコート。雨合羽

落 大雨，落街 要 着埋 雨褸 lohk daaih yúh, lohk gàai yiu jeuk màaih ~ // lok⁹ daai⁶ jy⁵, lok⁹ gaai¹ jiu³ dzoek⁸ maai⁴ ~ 大雨だし、外出するなら雨合羽も着ないと

	[名詞] ▶上着（下半身） / ▶サイズ	♪ CD-052　♪ CD-053
0411	□ 褲　〔條〕 fu // fu^3 ズボン	除 褲 chèuih ~ // tsoey^4 ~ ズボンを脱ぐ
0412	□ 短褲　〔條〕 dyún fu // dyn^2 fu^3 半ズボン	攞 嗰條 短褲 俾 你 睇 ló gó tìuh ~ béi néih tái // lo^2 go^2 tiu^4 ~ bei^2 nei^5 tai^2 あの半ズボンを取ってきてあなたに見せる
0413	□ 牛仔褲　〔條〕 ngàuh jái fu // ngau^4 dzai^2 fu^3　ジーパン	呢條 牛仔褲 要 改 短 nì tìuh ~ yiu gói dyún // ni^1 tiu^4 ~ jiu^3 goi^2 dyn^2 このジーパンは裾上げしてもらわないと
0414	□ 運動褲　〔條〕 wahn duhng fu // wan^6 dung^6 fu^3　トレパン	呢條 運動褲 太 大 nì tìuh ~ taai daaih // ni^1 tiu^4 ~ taai^3 daai^6 このトレパンは大きすぎる
0415	□ 裙　〔條〕 kwàhn // kwan^4 スカート	着 裙 jeuk ~ // dzoek^8 ~ スカートを穿く
0416	□ 晒士　〔個〕 sàai sí // saai^1 si^2 サイズ	晒士 唔 啱 ~ m̀h àam // ~ m^4 aam^1 サイズが合わない
0417	□ 大碼 daaih máh // daai^6 ma^5 Lサイズ	大碼（嘅）T 恤 ~ (ge) tì sèut / ~ (ge^3) ti^1 soet^7 LサイズのTシャツ
0418	□ 中碼 jùng máh // dzung^1 ma^5 Mサイズ	試 着 中碼 si jeuk ~ // si^3 dzoek^8 ~ Mサイズを試着する
0419	□ 細碼 sai máh // sai^3 ma^5 sou^3 Sサイズ	細碼 細得滯 ~ sai dàk jaih // ~ sai^3 dak^7 dzai^6 Sサイズは小さすぎる
0420	□ 尺寸　〔個〕 chek chyun // tsek^8 tsyn^3 寸法	度 尺寸 dohk ~ // dok^9 ~ 寸法を測る

| [名詞] ▶下着 / ▶履き物 | ♪ CD-054 ♪ CD-055 |

0421 □ 底衫　〔件〕
dái sàam // dai² saam¹
下着

着 多件 底衫
jeuk dò gihn ~ // dzoek⁸ do¹ gin⁶ ~
下着を重ね着する

0422 □ 底裙　〔條〕
dái kwàhn // dai² kwan⁴
スリップ

呢條 底裙 嘅 質地 好 柔軟
nì tiùh ~ ge jàt déi* hóu yàuh yúhn // ni¹ tiu⁴ ~ ge³ dzat⁷
dei²* hou² jau⁴ jyn⁵ このスリップの生地は柔らかい

0423 □ bra　〔個〕
brà // bra¹
ブラジャー

嗰個 bra 太 緊
gó go ~ taai gán // go² go³ ~ taai³ gan²
そのブラはきつすぎる

0424 □ 三角褲　〔條〕
sàam gok fu // saam¹ gok⁸ fu³
パンツ

呢條 三角褲 縮咗 水
nì tiùh ~ sùk jó séui // ni¹ tiu⁴ ~ suk⁷ dzo² soey²
このパンツは縮んでしまった

0425 □ 絲襪　〔隻,條,對〕
sì maht // si¹ mat⁹
ストッキング。パンスト

條 絲襪 走咗 綫
tiuh ~ jáu jó sin // tiu⁴ ~ dzau² dzo² sin³
そのストッキングは伝線している

0426 □ 鞋　〔隻,對〕
hàaih // haai⁴
靴

鞋 唔好 亂噉 劈
~ m̀h hóu lyún* gám pehk // ~ m⁴ hou² lyn²* gam²
pek⁹ 靴を脱ぎ散らかしてはいけない

0427 □ 波鞋　〔隻,對〕
bò hàaih // bo¹ haai⁴
シューズ。スニーカー

着 白色 波鞋
jeuk baahk sìk ~ // dzoek⁸ baak⁹ sik⁷ ~
白のシューズを履く

0428 □ 高踭鞋　〔隻,對〕
gòu jàang hàaih // gou¹ dzaang¹ haai⁴ ハイヒール

少咗 女人 着 高踭鞋
síu jó néuih yán* jeuk ~ // siu² dzo² noey⁵ jan²*
dzoek⁸ ~ ハイヒールを履く女性が減った

0429 □ 長 boot　〔隻,對〕
chèuhng bùt // tsoeng⁴ but³
ブーツ

好多 女仔 着 長 boot
hóu dò néuih jái jeuk ~ // hou² do¹ noey⁵ dzai²
dzoek⁸ ~ ブーツを履く女子が多い

0430 □ 涼鞋　〔隻,對〕
lèuhng hàaih // loeng⁴ haai⁴
サンダル

涼鞋 唔見咗 一隻
~ m̀h gin jó yàt jek // ~ m⁴ gin³ dzo² jat⁷ dzek⁸
サンダルが片足見当たらなくなった

[名詞] ▶衣類（頭部・手足） ♪ CD-056

0431 □ **帽** 〔頂〕
móu* // mou²*
帽子

戴 帽
daai ~ // daai³ ~
帽子をかぶる

0432 □ **印度頭巾** 〔條〕
yan douh tàuh gàn // jan³ dou⁶ tau⁴ gan¹
ターバン

戴 印度頭巾
daai ~ // daai³ ~
ターバンを巻く

0433 □ **頸巾** 〔條〕
géng gàn // geng² gan¹
マフラー

纜 頸巾
laahm ~ // laam⁶ ~
マフラーをする

0434 □ **絲巾** 〔條〕
sì gàn // si¹ gan¹
スカーフ

綁 絲巾
bóng ~ // bong² ~
スカーフを巻く

0435 □ **呔** 〔條〕
tàai // taai¹
ネクタイ

打 呔
dá ~ // da² ~
ネクタイを締める

0436 □ **腰帶** 〔條〕
yiu dáai* // jiu¹ daai²*
ベルト

纜 腰帶
laahm ~ // laam⁶ ~
ベルトを締める

0437 □ **圍裙** 〔條, 件〕
wàih kwán* // wai⁴ kwan²*
エプロン

纜 圍裙
laahm ~ // laam⁶ ~
エプロンをする

0438 □ **手襪** 〔隻, 對〕
sáu maht // sau² mat⁹
手袋

戴 手襪
daai ~ // daai³ ~
手袋をはめる

0439 □ **襪** 〔隻, 對〕
maht // mat⁹
靴下

着爛咗 對 襪
jeuk laahn jó deui ~ // dzoek⁸ laan⁶ dzo² doey³ ~
（左右の）靴下を穿きつぶした

0440 □ **襪褲** 〔條, 對〕
maht fu // mat⁹ fu³
レギンス。タイツ

慣咗 着 襪褲
gwaan jó jeuk ~ // gwaan³ dzo² dzoek⁸ ~
タイツを穿くのに慣れた

[名詞] ▶装身具・装飾品　　♪ CD-057

0441 □ 飾物　〔個, 款〕
sìk maht // sik⁷ mat⁹
アクセサリー

最 鍾意 呢款 飾物
jeui jùng yi nì fún ~ // dzoey³ dzung¹ ji³ ni¹ fun² ~
このタイプのアクセサリーが最も好きだ

0442 □ 髮夾　〔隻〕
faat gép* // faat⁸ gep²*
ヘアピン

戴 髮夾
daai ~ // daai³ ~
ヘアピンを着ける

0443 □ 頭帶　〔條〕
tàuh dáai* // tau⁴ daai²*
ヘアバンド。はちまき

綁 頭帶
bóng ~ // bong² ~
はちまきをする

0444 □ 頭箍　〔個〕
tàuh kwù // tau⁴ kwu¹
カチューシャ

戴 頭箍
daai ~ // daai³ ~
カチューシャを着ける

0445 □ 絲帶　〔條〕
sì dáai* // si¹ daai²*
リボン

用 絲帶 綁 蝴蝶結
yuhng ~ bóng wùh dihp git // jung⁶ ~ bong² wu⁴ dip⁹ git⁸
リボンを蝶結びにして（髮を）縛る

0446 □ 耳環　〔隻, 粒, 對〕
yíh wáan* // ji⁵ waan²*
イヤリング

穿 耳環
chyùn ~ // tsyn¹ ~
イヤリングを着ける

0447 □ 頸鏈　〔條〕
géng lín* // geng² lin²*
ネックレス

除 頸鏈
chèuih ~ // tsoey⁴ ~
ネックレスを外す

0448 □ 紐　〔粒〕
náu // nau²
ボタン

扣 紐
kau ~ // kau³ ~
ボタンをはめる

0449 □ 戒指　〔隻, 對〕
gaai jí // gaai³ dzi²
指輪

戴 戒指
daai ~ // daai³ ~
指輪をはめる

0450 □ 手巾　〔條〕
sáu gàn // sau² gan¹
ハンカチ

用 手巾 抹 手
yuhng ~ maat sáu // jung⁶ ~ maat⁸ sau²
ハンカチで手を拭く

[名詞] ▶家電製品　♪ CD-058

0451 □ 電器　〔部, 件〕
dihn hei // din⁶ hei³
家電製品

電器 一定 有 開關掣
~ yàt dihng yáuh hòi gwàan jai // ~ jat⁷ ding⁶ jau⁵ hoi¹ gwaan¹ dzai³　家電製品には必ず電源スイッチが有る

0452 □ 洗衣機　〔部, 架〕
sái yì gèi // sai² ji¹ gei¹
洗濯機

用 洗衣機 洗 衫
yuhng ~ sái sàam // jung⁶ ~ sai² saam¹
洗濯機で洗濯をする

0453 □ 吸塵機　〔個, 部〕
kàp chàhn gèi // kap⁷ tsan⁴ gei¹ 掃除機

用 吸塵機 打 掃
yuhng ~ dá sou // jung⁶ ~ da² sou³
掃除機で掃除をする

0454 □ 抽濕機　〔個, 部〕
chàu sàp gèi // tsau¹ sap⁷ gei¹ 除湿機

好 潮濕，要 買 抽濕機
hóu chìuh sàp, yiu máaih ~ // hou² tsiu⁴ sap⁷, jiu³ maai⁵ ~　じめじめしているので除湿機を買わないと

0455 □ 洗碗機　〔個, 部〕
sái wún gèi // sai² wun² gei¹ 食洗機

諗住 裝 洗碗機 喺 呢度
nám jyuh jòng ~ hái nì douh // nam² dzy⁶ dzong¹ ~ hai² ni¹ dou⁶　食洗機をここに取り付けるつもりだ

0456 □ 多士爐　〔個, 部〕
dò sí lòuh // do¹ si² lou⁴
トースター

用 多士爐 烘 麵包
yuhng ~ hong mihn bàau // jung⁶ ~ hong³ min⁶ baau¹
トースターでパンを焼く

0457 □ 微波爐　〔個, 部〕
mèih bò lòuh // mei⁴ bo¹ lou⁴ 電子レンジ

用 微波爐 叮 嘢食
yuhng ~ dìng yéh sihk // jung⁶ ~ ding¹ je⁵ sik⁹
電子レンジで食べ物をチンする

0458 □ 淨水器　〔個, 部〕
jihng séui hei // dzing⁶ soey² hei³ 浄水機

未 了解 淨水器 嘅 功能
meih líuh gáai ~ ge gùng nàhng // mei⁶ liu⁵ gaai² ~ ge³ gung¹ nang⁴　浄水機の機能を理解していない

0459 □ 咖啡機　〔個, 部〕
ga fè gèi // ga³ fe¹ gei¹
コーヒーメーカー

呢部 咖啡機 好 普通
nì bóu ~ hóu póu tùng // ni¹ bou² ~ hou² pou² tung¹
このコーヒーメーカーは普通だ

0460 □ 計數機　〔個, 部〕
gai sou gèi // gai³ sou³ gei¹ 電卓

呢部 計數機 好 舊
nì bóu ~ hóu gauh // ni¹ bou² ~ hou² gau⁶
この電卓は古い

[名詞] ▶通信機器 / ▶パソコン   ♪ CD-059 ♪ CD-060

0461 □ 門鐘 〔個〕
mùhn jùng // mun⁴ dzung¹
ブザー。チャイム

撳 門鐘
gahm ~ // gam⁶ ~
ブザー（のボタン）を押す

0462 □ 對講機 〔個〕
deui góng gèi // doey³ gong² gei¹ インターホン

有 對講機 安全啲
yáuh ~ òn chyùhn dì // jau⁵ ~ on¹ tsyn⁴ di¹
インターホンが有った方が安全だ

0463 □ 電話 〔個, 部〕
dihn wá* // din⁶ wa²*
電話

嗰部 公眾電話 壞咗
gó bouh gùng jung ~ waaih jó // go² bou⁶ gung¹ dzung³ ~ waai⁶ dzo² あの公衆電話は壊れている

0464 □ fax 機 〔個, 部〕
fèk sí gèi // fek⁷ si² gei¹
ファックス

借 人哋 部 fax 機
je yàhn deih bouh ~ // dze³ jan⁴ dei⁶ bou⁶ ~
人のファックスを借用する

0465 □ 智能手機 〔個, 部〕
ji nàhng sáu gèi // dzi³ nang⁴ sau² gei¹ スマートフォン

用 智能手機 上 網
yuhng ~ séuhng móhng // jung⁶ ~ soeng⁵ mong⁵
スマートフォンでネットにアクセスする

0466 □ 電腦 〔部〕
dihn nóuh // din⁶ nou⁵
パソコン

呢部 電腦 hang 咗 機
nì bouh ~ hèng jó gèi // ni¹ bou⁶ ~ heng¹ dzo² gei¹
このパソコンはハングアップしている

0467 □ key board 〔個〕
kì boht // ki¹ bot⁹
キーボード

呢個 key board 冇 @ 呢個 掣
nì go ~ móuh èt nì go jai // ni¹ go³ ~ mou⁵ et⁷ ni¹ go³ dzai³ このキーボードには@のキーが無い

0468 □ mouse 〔個〕
màu sí // mau¹ si²
マウス

click mouse 個 右掣
kìk ~ go yauh jai // kik⁷ ~ go³ jau⁶ dzai³
マウスを右クリックする

0469 □ modem 〔個〕
mòu dèhm // mou¹ dem⁴
モデム

插 條 LAN 綫 喺 modem
chaap tiùh lèn sin hái ~ // tsaap⁸ tiu⁴ len¹ sin³ hai² ~
LAN ケーブルをモデムに差し込む

0470 □ scanner 〔個, 部〕
s kèn ná // s³ ken¹ na²
スキャナ

打開 scanner 個 蓋
dá hòi ~ go goi // da² hoi¹ ~ go³ goi³
スキャナのふたを開ける

47

[名詞] ▶光学機器・計器

0471 □ 眼鏡 〔副〕
ngáahn géng* // ngaan⁵ geng²* 眼鏡
除 眼鏡
chèuih ~ // tsoey⁴ ~
眼鏡を外す

0472 □ 黑超 〔副〕
hàk chìu // hak⁷ tsiu¹
グラサン。サングラス
戴 黑超
daai ~ // daai³ ~
サングラスを掛ける

0473 □ 相機 〔部〕
séung* gèi // soeng²* gei¹
カメラ
用 相機 影 相
yuhng ~ yíng séung* // jung⁶ ~ jing² soeng²*
カメラで写真を撮る

0474 □ 閉路電視 〔個, 部〕
bai louh dihn sih // bai³ lou⁶ din⁶ si⁶ 防犯カメラ
有 閉路電視 監視
yáuh ~ gàam sih // jau⁵ ~ gaam¹ si⁶
防犯カメラが監視している

0475 □ 算盤 〔個〕
syun pùhn // syn³ pun⁴
そろばん
用 算盤 計 數
yuhng ~ gai sou // jung⁶ ~ gai³ sou³
そろばんで計算する

0476 □ 秤 〔個〕
ching // tsing³
はかり
用 秤 嚟 磅 重
yuhng ~ làih bohng chúhng // jung⁶ ~ lai⁴ bong⁶ tsung⁵
はかりで重さを量る

0477 □ 溫度計 〔支〕
wàn douh gai // wan¹ dou⁶ gai³ 溫度計
溫度計 顯示 十度
~ hín sih sahp douh // ~ hin² si⁶ sap⁹ dou⁶
温度計は10度を示している

0478 □ 檯鐘 〔個〕
tói* jùng // toi²* dzung¹
置き時計
呢個 檯鐘 慢咗
nì go ~ maahn jó // ni¹ go³ ~ maan⁶ dzo²
この置き時計は時刻が遅れている

0479 □ 手錶 〔隻〕
sáu bìu // sau² biu¹
腕時計
我隻 手錶 快咗 一個字
ngóh jek ~ faai jó yàt go jih // ngo⁵ dzek⁸ ~ faai³ dzo² jat⁷ go³ dzi⁶ 僕の腕時計は5分進んでいる

0480 □ 時間掣 〔個〕
sìh gaan jai // si⁴ gaan³ dzai³
タイマー
用 時間掣 計 時間
yuhng ~ gai sìh gaan // jung⁶ ~ gai³ si⁴ gaan³
タイマーで時間を計る

[名詞] ▶医療品　　　♪ CD-062

0481 □ **紗布** 〔塊〕
sà bou // sa¹ bou³
ガーゼ

攞 紗布 包紮 傷口
ló ~ bàau jaat sèung háu // lo² ~ baau¹ dzaat⁸ soeng¹ hau²
ガーゼで傷口を覆う

0482 □ **藥水膠布** 〔塊〕
yeuhk séui gàau bou // joek⁹ soey² gaau¹ bou³　絆創膏

黏 藥水膠布
nìhm ~ // nim⁴ ~
絆創膏を貼る

0483 □ **繃帶** 〔條, 卷〕
bàng dáai* // bang¹ daai²*
包帯

繑 繃帶
kíuh ~ // kiu⁵ ~
包帯を巻く

0484 □ **護踭** 〔個〕
wuh jàang // wu⁶ dzaang¹
（手首の）サポーター

戴 護踭
daai ~ // daai³ ~
サポーターを着ける

0485 □ **鎮痛膏布** 〔塊〕
jan tung gòu bou // dzan³ tung³ gou¹ bou³　湿布

貼 鎮痛膏布
tip ~ // tip⁸ ~
湿布を貼る

0486 □ **眼罩** 〔個〕
ngáahn jaau // ngaan⁵ dzaau³
眼帯

戴 眼罩
daai ~ // daai³ ~
眼帯をする

0487 □ **口罩** 〔個〕
háu jaau // hau² dzaau³
マスク

除 口罩
chèuih ~ // tsoey⁴ ~
マスクを外す

0488 □ **棉花棒** 〔枝〕
mìhn fà páahng // min⁴ fa¹ paang⁵　綿棒

用 棉花棒 搽 藥膏
yuhng ~ chàh yeuhk gòu // jung⁶ ~ tsa⁴ joek⁹ gou¹
綿棒で塗り薬を塗る

0489 □ **探熱針** 〔枝〕
taam yiht jàm // taam³ jit⁹ dzam¹　体温計

攝 探熱針 喺 胳肋底度
sip ~ hái gaak làk* dái douh // sip⁸ ~ hai² gaak⁸ lak¹* dai² dou⁶
体温計を脇に挟む

0490 □ **(浴室)磅** 〔個〕
(yuhk sàt) bóng* // (juk⁹ sat⁷) bong²*　体重計

用 (浴室)磅 磅 重
yuhng ~ bohng chúhng // jung⁶ ~ bong⁶ tsung⁵
体重計で体重を量る

49

[名詞] ▶生活用品　　♪ CD-063

0491 被　〔張〕
péih // pei⁵
布団

冚 被
kám ~ // kam² ~
布団をかぶる。布団を掛ける

0492 枕頭　〔個〕
jám tàuh // dzam² tau⁴
枕

枕頭袋
~ dói* // ~ doi²*
枕カバー

0493 尿片　〔條, 塊〕
niuh pín* // niu⁶ pin²*
おむつ

□ 尿片
yaap ~ // jaap⁸ ~
おむつを当てる

0494 耳塞　〔隻, 個, 對〕
yíh sàk // ji⁵ sak⁷
耳栓

塞 耳塞
sàk ~ // sak⁷ ~
耳栓をする

0495 牙刷　〔枝〕
ngàh cháat* // nga⁴ tsaat²*
歯ブラシ

電動牙刷
dihn duhng ~ // din⁶ dung⁶ ~
電動歯ブラシ

0496 牙膏　〔枝〕
ngàh gòu // nga⁴ gou¹
歯磨き粉

唧 牙膏 出嚟
jit ~ chèut làih // dzit⁷ ~ tsoet⁷ lai⁴
歯磨き粉を（チューブを捻って）出す

0497 安全套　〔個〕
òn chyùhn tou // on¹ tsyn⁴ tou³
コンドーム

戴 安全套
daai ~ // daai³ ~
コンドームを着用する

0498 番梘　〔舊〕
fàan gáan // faan¹ gaan²
石鹸

用 番梘 洗 手
yuhng ~ sái sáu // jung⁶ ~ sai² sau²
石鹸で手を洗う

0499 鬚刨　〔個〕
sòu páau* // sou¹ paau²*
シェーバー

唔 用 鬚刨 剃 鬚
m̀h yuhng ~ tai sòu // m⁴ jung⁶ ~ tai³ sou¹
シェーバーで髭を剃らない

0500 廁紙　〔卷, 格〕
chi jí // tsi³ dzi²
トイレットペーパー

呢卷 廁紙 未 用完
nì gyún ~ meih yuhng yùhn // ni¹ gyn² ~ mei⁶ jung⁶ jyn⁴
このトイレットペーパーはまだ使いきっていない

50

[名詞] ▶薬品 / ▶荷・包み   ♪ CD-064　♪ CD-065

0501 □ 感冒藥　〔隻, 粒, 包〕
gám mouh yeuhk // gam² mou⁶ joek⁹ 風邪薬
食 感冒藥
sihk ~ // sik⁹ ~
風邪薬を飲む

0502 □ 腸胃藥　〔隻, 粒, 包〕
chèuhng waih yeuhk // tsoeng⁴ wai⁶ joek⁹ 胃腸薬
胃仙U 係 腸胃藥
waih sìn y-ù haih ~ // wai⁶ sin¹ ju¹ hai⁶ ~
WEISEN-U は胃腸薬だ

0503 □ 暈浪丸　〔隻, 粒, 包〕
wàhn lohng yún* // wan⁴ long⁶ jyn²* 酔い止め
搭 船 之前 要 食 暈浪丸
daap syùhn jì chìhn yiu sihk ~ // daap⁸ syn⁴ dzi¹ tsin⁴ jiu³ sik⁹ ~ 船に乗る前に酔い止めを飲まないと

0504 □ 眼藥水　〔枝〕
ngáahn yeuhk séui // ngaan⁵ joek⁹ soey² 目薬
滴 眼藥水
dihk ~ // dik⁹ ~
目薬をさす

0505 □ 補健產品　〔隻, 粒, 包〕
bóu gihn cháan bán // bou² gin⁶ tsaan² ban² サプリメント
食 補健產品 補充 維他命　sihk ~ bóu chùng wàih tà mihng // sik⁹ ~ bou² tsung¹ wai⁴ ta¹ ming⁶ サプリメントを飲んでビタミンを補充する

0506 □ 公事包　〔個〕
gùng sih bàau // gung¹ si⁶ baau¹ 鞄
拎 公事包
lìng ~ // ling¹ ~
鞄を手に提げる

0507 □ 旅行喼　〔個〕
léuih hàhng gìp // loey⁵ hang⁴ gip⁷ スーツケース
拖 旅行喼
tò ~ // to¹ ~
スーツケースを引きずる

0508 □ 手袋　〔個〕
sáu dói* // sau² doi²* ハンドバッグ
名牌 手袋
mìhng pàaih ~ // ming⁴ paai⁴ ~
ブランド物のハンドバッグ

0509 □ 膠袋　〔個〕
gàau dói* // gaau¹ doi²* ポリ袋。ビニール袋
透明 膠袋
tau mìhng ~ // tau³ ming⁴ ~
透明なビニール袋

0510 □ 銀包　〔個〕
ngàhn bàau // ngan⁴ baau¹ 財布
放 張 單 喺 銀包度
fong jèung dàan hái ~ douh // fong³ dzoeng¹ daan¹ hai² ~ dou⁶ レシートを財布に入れる

51

[名詞] ▶貨幣・切符・証券　　♪ CD-066

0511 □ 紙（幣）〔張〕
jí (baih) // dzi² (bai⁶)
紙幣

一百蚊 紙
yàt baak màn ~ // jat⁷ baak⁸ man¹ ~
100ドル紙幣

0512 □ 散銀〔啲〕
sáan ngán* // saan² ngan²* 小錢

暢 散銀
cheung ~ // tsoeng³ ~
小銭にくずす

0513 □ 飛〔張〕
fèi // fei¹
切符

地鐵飛
deih tit ~ // dei⁶ tit⁸ ~
地下鉄の切符

0514 □ 來回飛〔張〕
lòih wùih fèi // loi⁴ wui⁴ fei¹ 往復切符

買 來回飛
máaih ~ // maai⁵ ~
往復切符を買う

0515 □ 機票〔張〕
gèi piu // gei¹ piu³
航空券

訂 機票
dehng ~ // deng⁶ ~
航空券を予約する

0516 □ 登機證〔張〕
dàng gèi jing // dang¹ gei¹ dzing³ 搭乗券

攞 登機證
ló ~ // lo² ~
搭乗券をもらう。搭乗券を手にする

0517 □ 股票〔張〕
gwú piu // gwu² piu³
株券

買賣 股票
máaih maaih ~ // maai⁵ maai⁶ ~
株券を売買する

0518 □ 證書〔張〕
jing syù // dzing³ sy¹
証明書

證書 嘅 副本
~ ge fu bún // ~ ge³ fu³ bun²
証明書の副本

0519 □ 車牌〔個〕
chè pàaih // tse¹ paai⁴
運転免許証

攞 車牌 出嚟
ló ~ chèut làih // lo² ~ tsoet¹ lai⁴
運転免許証を取り出す

0520 □ 門票〔張〕
mùhn piu // mun⁴ piu³
入場券

動漫節 嘅 門票
duhng maahn jit ge ~ // dung⁶ maan⁶ dzit⁸ ge³ ~
アニメフェアの入場券

[名詞] ▶書物 / ▶資材　♪ CD-067　♪ CD-068

0521 □ 教科書　〔本〕
gaau fò syù // gaau³ fo¹ sy¹
教科書

指定 教科書
jí dihng ~ // dzi² ding⁶ ~
教科書を指定する

0522 □ 辭典　〔本〕
chìh dín // tsi⁴ din²
辞典

查 英漢辭典
chàh Yìng Hon ~ // tsa⁴ Jing¹ Hon³ ~
英中辞典を引いて調べる

0523 □ 雜誌　〔本〕
jaahp ji // dzaap⁹ dzi³
雑誌

呢本 娛樂雜誌 好 好睇
nì bún yùh lohk ~ hóu hóu tái // ni¹ bun² jyu⁴ lok⁶ ~ hou² hou² tai² この芸能誌は面白い

0524 □ 報紙　〔張, 份〕
bou jí // bou³ dzi²
新聞

嗰份 報紙 好 好賣
gó fahn ~ hóu hóu maaih // go² fan⁶ ~ hou² hou² maai⁶ あの新聞は売れ行きが良い

0525 □ 傳單　〔張〕
chyùhn dàan // tsyn⁴ daan¹
ビラ

喺 街度 派 傳單
hái gàai douh paai ~ // hai² gaai¹ dou⁶ paai³ ~
通りでチラシ・ビラを配る

0526 □ 材料　〔種, 類〕
chòih líu* // tsoi⁴ liu²*
資材

土木工程 嘅 材料
tóu muhk gùng chìhng ge ~ // tou² muk⁹ gung¹ tsing⁴ ge³ ~ 土木工事の資材

0527 □ 木材　〔塊, 堆, 種〕
muhk chòih // muk⁹ tsoi⁴
木材

用 貨車 搬運 木材
yuhng fo chè bùn wahn ~ // jung⁶ fo³ tse¹ bun¹ wan⁶ ~ トラックで木材を運搬する

0528 □ 鋼筋　〔支〕
gong gàn // gong³ gan¹
鉄筋

鋼筋水泥
~ séui nàih // ~ soey² nai⁴
鉄筋コンクリート

0529 □ 石屎　〔舊〕
sehk sí // sek⁹ si²
コンクリート

石屎 外牆
~ ngoih chèuhng // ~ ngoi⁶ tsoeng⁴
コンクリートの外壁

0530 □ 玻璃　〔塊〕
bò lèi // bo¹ lei¹
ガラス

玻璃窗
~ chèung // ~ tsoeng¹
ガラス窓

53

[名詞] ▶食材・調味料

0531 □ 海味 〔種〕
hói méi* // hoi² mei²*
海産物の乾物

海味舖
~ póu* // ~ pou²*
海産物の乾物屋

0532 □ 香草 〔啲〕
hèung chóu // hoeng¹ tsou²
ハーブ

用 香草 調味
yuhng ~ tìuh meih // jung⁶ ~ tiu⁴ mei⁶
ハーブで味付けをする

0533 □ (砂)糖 〔羮, 啲〕
(sà) tòhng // (sa¹) tong⁴
砂糖

落 (砂)糖
lohk ~ // lok⁹ ~
砂糖を入れる

0534 □ 鹽 〔羮, 樽, 啲〕
yìhm // jim⁴
塩

放 多啲 鹽
fong dò dì ~ // fong³ do¹ di¹ ~
もっと塩を入れる

0535 □ 豉油 〔支, 樽, 啲〕
sih yàuh // si⁶ jau⁴
醤油

點 豉油 食
dím ~ sihk // dim² ~ sik⁹
醤油に付けて食べる

0536 □ 醋 〔支, 樽, 啲〕
chou // tsou³
酢

落 少啲 醋
lohk síu dì ~ // lok⁹ siu² di¹ ~
酢を入れるのは控えめにする

0537 □ 汁 〔支, 樽, 啲〕
jàp // dzap⁷
ソース

食 牛扒 要 落 黑椒汁　sihk ngàuh pá* yiu
lohk hàk jìu ~ // sik⁹ ngau⁴ pa²* jiu³ lok⁹ hak⁷ dziu¹ ~
ビーフステーキを食べるなら黒胡椒ソースを掛けねば

0538 □ 茄汁 〔支, 樽, 啲〕
ké* jàp // ke²* dzap⁷
ケチャップ

食 薯條 嗰陣 點 茄汁
sihk syùh tíu* gó jahn dím ~ // sik⁹ sy⁴ tiu²* go² dzan⁶
dim² ~ ポテトフライを食べる時にケチャップに付ける

0539 □ 蛋黃醬 〔支, 樽, 啲〕
daahn wóng* jeung // daan⁶
wong²* dzoeng³　マヨネーズ

落 蛋黃醬 喺 沙律度
lohk ~ hái sà léut* douh // lok⁹ ~ hai² sa¹ loet²*
dou⁶　サラダにマヨネーズを掛ける

0540 □ 香料 〔粒, 啲〕
hèung líu* // hoeng¹ liu²*
香辛料

世界上 有 好多 種 香料　sai gaai seuhng
yáuh hóu dò júng ~ // sai³ gaai³ soeng⁶ jau⁵ hou²
do¹ dzung² ~ 世界には沢山の種類の香辛料が有る

54

[名詞] ▶飲料

0541	□ 水 〔杯, 支, 啖〕 séui // soey^2 水	倒咗 杯 水 dóu jó bùi ~ // dou^2 dzo^2 bui^1 ~ コップの水をこぼしてしまう
0542	□ 西茶 〔杯, 支〕 sài chàh // sai^1 tsa^4 紅茶	嗌 西茶 aai ~ // aai^3 ~ 紅茶を注文する
0543	□ 中茶 〔杯, 支〕 Jùng chàh // Dzung^1 tsa^4 中国茶	呢個 套餐 配 中茶 nì go tou chàan pui ~ // ni^1 go^3 tou^3 tsaan^1 pui^3 ~ このセットメニューには中国茶が付いている
0544	□ 果汁 〔杯, 支〕 gwó jàp // gwo^2 dzap^7 ジュース	果汁 嘅 種類 好 多 ~ ge júng leuih hóu dò // ~ ge^3 dzung^2 loey^6 hou^2 do^1 ジュースの種類は多い
0545	□ 汽水 〔杯, 支〕 hei séui // hei^3 soey^2 炭酸飲料	汽水 含有 好多 糖份 ~ hàhm yáuh hóu dò tòhng fahn // ~ ham^4 jau^5 hou^2 do^1 tong^4 fan^6 炭酸飲料には糖分が多く含まれている
0546	□ 豆奶 〔杯, 支, 樽〕 dauh náaih // dau^6 naai^5 豆乳飲料	未 試過 飲 豆奶 meih si gwo yám ~ // mei^6 si^3 gwo^3 jam^2 ~ 豆乳飲料を飲んだことがない
0547	□ 酒 〔杯, 樽〕 jáu // dzau^2 酒	呢樽 酒 好 掯 nì jèun ~ hóu kang // ni^1 dzoen^1 ~ hou^2 kang^3 この（瓶・徳利）の酒は強い。アルコール度が高い
0548	□ 啤酒 〔杯, 樽〕 bè jáu // be^1 dzau^2 ビール	斟 多杯 啤酒 jàm dò bùi ~ // dzam^1 do^1 bui^1 ~ ビールをもう1杯つぐ
0549	□ 咖啡 〔杯, 樽〕 ga fè // ga^3 fe^1 コーヒー	飲 咖啡 就 瞓唔着 yám ~ jauh fan m̀h jeuhk // jam^2 ~ dzau^6 fan^3 m^4 dzoek^9 コーヒーを飲むと寝つけなくなる
0550	□ 牛奶 〔杯, 支, 樽〕 ngàuh náaih // ngau^4 naai^5 牛乳	飲得 牛奶 多 就 會 肚疴 yám dàk ~ dò jauh wúih tóuh ò // jam^2 dak^7 ~ do^1 dzau^6 wui^5 tou^5 o^1 牛乳を沢山飲むとお腹を壊す

[名詞] ▶菓子・嗜好品 ♪ CD-071

0551 □ **糖** 〔粒〕
tóng* // tong²*
飴

嗒 糖
dèp ~ // dep⁷ ~
飴をしゃぶる

0552 □ **啫喱** 〔舊,杯〕
jè léi // dze¹ lei²
ゼリー

自己 整 啫喱
jih géi jíng ~ // dzi⁶ gei² dzing² ~
自分でゼリーを作る

0553 □ **朱古力** 〔粒,條,塊〕
jyù gwù lìk // dzy¹ gwu¹ lik⁷
チョコレート

明治 朱古力
Mìhng jih ~ // Ming⁴ dzi⁶ ~
明治のチョコレート

0554 □ **雪糕** 〔杯〕
syut gòu // syt⁸ gou¹
アイスクリーム

樂天 雪糕
Lohk tìn ~ // Lok⁹ tin¹ ~
ロッテのアイスクリーム

0555 □ **薯片** 〔塊,包〕
syùh pín* // sy⁴ pin²*
ポテトチップス

卡樂B 薯片
Kà lohk bì ~ // Ka¹ lok⁹ bi¹ ~
カルビーのポテトチップス

0556 □ **餅乾** 〔塊,件,盒〕
béng gòn // beng² gon¹
ビスケット

森永公司 嘅 餅乾
Sàm wíhng gùng sì ge ~ // Sam¹ wing⁵ gung¹ si¹ ge³
~ 森永のビスケット

0557 □ **克力架** 〔塊,包〕
hàk lihk gá // hak⁷ lik⁹ ga²
(海外産の) クラッカー

搽 牛油 喺 克力架度
chàh ngàuh yàuh hái ~ douh // tsa⁴ ngau⁴ jau⁴ hai²
~ dou⁶ クラッカーにバターを塗る

0558 □ **爆谷** 〔粒,包,袋〕
paau gùk // paau³ guk⁷
ポップコーン

一路 食 爆谷 一路 睇 戲
yàt louh sihk ~ yàt louh tái hei // jat⁷ lou⁶ sik⁹ ~ jat⁷
lou⁶ tai² hei³ ポップコーンを食べながら映画を見る

0559 □ **香口膠** 〔粒,塊,舊〕
hèung háu gàau // hoeng¹
hau² gaau¹ チューインガム

噍 香口膠
jehl ~ // dzeu⁶ ~
ガムをくちゃくちゃ噛む

0560 □ **煙** 〔枝,包,條〕
yìn // jin¹
タバコ

食 煙
sihk ~ // sik⁹ ~
タバコを吸う

56

[名詞] ▶中国料理 ♪ CD-072

0561 □ 廣東菜　〔味〕
Gwóng dùng choi // Gwong² dung¹ tsoi³　広東料理
廣東菜 好 甜
~ hóu tìhm // ~ hou² tim⁴
広東料理は甘い

0562 □ 潮州菜　〔味〕
Chìuh jàu choi // Tsiu⁴ dzau¹ tsoi³　潮州料理
水晶包 係 潮州菜
séui jìng bàau haih ~ // soey² dzing¹ baau¹ hai⁶ ~
水晶饅頭は潮州料理だ

0563 □ 客家菜　〔味〕
Haak gà choi // Haak⁸ ga¹ tsoi³　客家料理
客家菜館 比較 少
~ gwún béi gaau síu // ~ gwun² bei² gaau³ siu²
客家料理のレストランは比較的少ない

0564 □ 上海菜　〔味〕
Seuhng hói choi // Soeng⁶ hoi² tsoi³　上海料理
上海菜 好 淡
~ hóu táahm // ~ hou² taam⁵
上海料理は薄味だ

0565 □ 四川菜　〔味〕
Sei chyùn choi // Sei³ tsyn¹ tsoi³　四川料理
四川菜 好 辣
~ hóu laaht // ~ hou² laat⁹
四川料理は辛い

0566 □ 北京菜　〔味〕
Bàk gìng choi // Bak⁷ ging¹ tsoi³　北京料理
北京菜 好 鹹
~ hóu hàahm // ~ hou² haam⁴
北京料理は塩辛い

0567 □ 火鍋　〔個〕
fó wò // fo² wo¹
鍋料理
食 火鍋 又 叫做「打邊爐」　sihk ~ yauh giu jouh "dá bìn lòuh" // ~ sik⁹ ~ jau⁶ giu³ dzou⁶ "da² bin¹ lou⁴"　鍋料理を食べることを「打邊爐」とも言う

0568 □ 煲仔飯　〔個, 煲〕
bòu jái faahn // bou¹ dzai² faan⁶　土鍋ご飯
冬天 多數 食 煲仔飯
dùng tìn dò sou sihk ~ // dung¹ tin¹ do¹ sou³ sik⁹ ~
冬には大抵土鍋ご飯を食べる

0569 □ 點心　〔碟, 籠〕
dím sàm // dim² sam¹
点心
點心 又 有 甜嘅 又 有 鹹嘅 ~ yauh yáuh tìhm ge yauh yáuh hàahm ge // ~ jau⁶ jau⁵ tim⁴ ge³ jau⁶ jau⁵ haam⁴ ge³　点心には甘いのも塩辛いのも有る

0570 □ 湯　〔碗〕
tòng // tong¹
スープ
我 幫 你 揘 湯
ngóh bòng néih bàt ~ // ngo⁵ bong¹ nei⁵ bat⁷ ~
私があなたにスープをついであげる

57

[名詞] ▶中国以外の料理

0571	□ 西餐 sài chàan // sai¹ tsaan¹ 洋食	茶餐廳 都 有得 食 西餐　chàh chàan tèng dòu yáuh dàk sihk ~ // tsa⁴ tsaan¹ teng¹ dou¹ jau⁵ dak⁷ sik⁹ ~ 大衆食堂では洋食も食べることができる
0572	□ 扒　〔塊〕 pá* // pa²* ステーキ	西冷牛扒 sài làang ngàuh ~ // sai¹ laang¹ ngau⁴ ~ サーロインステーキ
0573	□ 意粉　〔條, 包, 碟〕 yi fán // ji³ fan² スパゲッティ	意粉 同 通心粉 唔同 ~ tùhng tùng sàm fán m̀h tùhng // ~ tung⁴ tung¹ sam¹ fan² m⁴ tung⁴ スパゲッティとマカロニは違う
0574	□ pizza　〔個, 塊, 件〕 pì sá // pi¹ sa² ピザ	pizza 又 叫做「薄餅」 ~ yauh giu jouh "bohk béng" // ~ jau⁶ giu³ dzou⁶ "bok⁹ beng²" ピザは「薄餅」とも言う
0575	□ 漢堡包　〔個〕 hon bóu bàau // hon³ bou² baau¹ ハンバーガー	去 麥當勞 食 漢堡包 heui Mahk dòng lòuh sihk ~ // hoey³ Mak⁹ dong¹ lou⁴ sik⁹ ~ マクドナルドにハンバーガーを食べに行く
0576	□ 咖喱　〔碟〕 ga lèi // ga³ lei¹ カレー	咖喱牛腩飯 ~ ngàuh náahm faahn // ~ ngau⁴ naam⁵ faan⁶ 牛スジカレー
0577	□ 沙嗲 sa dè // sa³ de¹ サテ	沙嗲 係 印尼菜 ~ haih Yan nèih choi // ~ hai⁶ Jan³ nei⁴ tsoi³ サテはインドネシア料理だ
0578	□ 河粉　〔碗〕 hó fán // ho² fan² フォー	河粉 係 越南菜 ~ haih Yuht nàahm choi // ~ hai⁶ Jyt⁹ naam⁴ tsoi³ フォーはベトナム料理だ
0579	□ 日本菜 Yaht bún choi // Jat⁹ bun² tsoi³ 日本料理	日本菜 唔 係 幾 鍾意 食 ~ m̀h haih géi jùng yi sihk // ~ m⁴ hai⁶ gei² dzung¹ ji³ sik⁹ 日本料理はあまり好きではない
0580	□ 壽司　〔舊, 件〕 sauh sì // sau⁶ si¹ 寿司	迴轉壽司 wùih jyún ~ // wui⁴ dzyn² ~ 回転寿司

[名詞] ▶住居 ／ ▶屋外設備　　♪ CD-074　♪ CD-075

0581 □ 房 〔間〕
fóng* // fong²*
部屋

呢間 房 細過 嗰間
nì gàan ~ sai gwo gó gàan // ni¹ gaan¹ ~ sai³ gwo³ go² gaan¹ この部屋はあの部屋より小さい

0582 □ 客廳 〔個〕
haak tèng // haak⁸ teng¹
リビング

客廳 有 二百幾平方呎　~ yáuh yih baak géi pìhng fòng chek // ~ jau⁵ ji⁶ baak⁸ gei² ping⁴ fong¹ tsek⁸ リビングは200数十平方フィート有る

0583 □ 廁所 〔個, 格〕
chi só // tsi³ so²
トイレ。便所

廁所 同 沖涼房 喺埋 一齊 ~ tùhng chùng lèuhng fóng* hái màaih yàt chàih // ~ tung⁴ tsung¹ loeng⁴ fong²* hai² maai⁴ jat⁷ tsai⁴ トイレとシャワーは一緒になっている

0584 □ 沖涼房 〔個, 格〕
chùng lèuhng fóng* // tsung¹ loeng⁴ fong²* シャワールーム

洗頭水 放喺 沖涼房度
sái tàuh séui fong hái ~ douh // sai² tau⁴ soey² fong³ hai² ~ dou⁶ シャンプーはシャワールームに置く

0585 □ 廚房 〔個〕
chyùh fóng* // tsy⁴ fong²*
台所

呢個 廚房 唔 係 好 大
nì go ~ m̀h haih hóu daaih // ni¹ go³ ~ m⁴ hai⁶ hou² daai⁶ この台所は大きくはない

0586 □ 入口 〔個〕
yahp háu // jap⁹ hau²
入り口

喺 入口 入去
hái ~ yahp heui // hai² ~ jap⁹ hoey³
入り口から入っていく

0587 □ 軚 〔部, 架〕
lìp // lip⁷
エレベーター

搭 軚
daap ~ // daap⁸ ~
エレベーターに乗る

0588 □ 樓梯 〔條, 級〕
làuh tài // lau⁴ tai¹
階段

行 樓梯
hàahng ~ // haang⁴ ~
階段を歩く

0589 □ 緊急出口 〔個〕
gán gàp chèut háu // gan² gap⁷ tsoet⁷ hau² 非常口

用 緊急出口
yuhng ~ // jung⁶ ~
非常口を使う

0590 □ 郵箱 〔個〕
yàuh sèung // jau⁴ soeng¹
郵便受け

開 郵箱 睇睇
hòi ~ tái tái // hoi¹ ~ tai² tai²
郵便受けを開けてちょっと見てみる

59

[名詞] ▶店舗 ／ ▶建築物名　　　♪ CD-076　♪ CD-077

0591 □ 卡位　〔個, 張〕
kà wái* // ka¹ wai²*
（壁際の）テーブル席

坐 卡位
chóh ~ // tso⁵ ~
テーブル席に座る

0592 □ 吧檯　〔張〕
bà tói* // ba¹ toi²*
カウンター（席）

吧檯 有 位 坐
~ yáuh wái* chóh ~ // ~ jau⁵ wai²* tso⁵
カウンター（席）に（空）席が有る

0593 □ 搭 // 檯
daap tói* // daap⁸ toi²*
相席（する）

搭 檯 都 得
~ dòu dàk // ~ dou¹ dak⁷
相席でも構わない

0594 □ 櫥窗　〔個〕
chyùh chèung // tsy⁴ tsoeng¹
ショーウィンドー

望住 櫥窗
mohng jyuh ~ // mong⁶ dzy⁶ ~
ショーウィンドーをのぞいている

0595 □ 收銀處　〔個〕
sàu ngán* chyu // sau¹ ngan²* tsy³
レジ

喺 收銀處 俾 錢
hái ~ béi chín* // hai² ~ bei² tsin²*
レジでお金を払う

0596 □ ×× 中心
jùng sàm // dzung¹ sam¹
××センター

國際金融中心
Gwok jai gàm yùhng ~ // Gwok⁸ dzai³ gam¹ jung⁴ ~
インターナショナル・ファイナンス・センター（IFC）

0597 □ ×× 廣場
gwóng chèuhng // gwong² tsoeng⁴
××スクエア。プラザ

環球貿易廣場
Wàahn kàuh mauh yihk ~ // Waan⁴ kau⁴ mau⁶ jik⁹ ~
インターナショナル・コマース・センター（ICC）

0598 □ ×× 大廈
daaih hah // daai⁶ ha⁶
××ビル。タワー。マンション

中銀大廈
Jùng ngàhn ~ // Dzung¹ ngan⁴ ~
中国銀行ビル（Bank of China Tower）

0599 □ ×× 樓
làuh // lau⁴
××ビル

啓勉樓
Kái míhn ~ // Kai² min⁵ ~
カイミン・ビル（Kai Min Building）

0600 □ ×× 閣
gok // gok⁸
××コート

帝豪閣
Dai hòuh ~ // Dai³ hou⁴ ~
インペリアル・コート（Imperial Court）

[名詞] ▶交通手段　　　♪ CD-078

0601 □ 港鐵
Góng tit // Gong² tit⁸
MTR（Mass Transit Railway）

港鐵 以前 係 地鐵公司　~ yíh chìhn haih Deih tit gùng sì // ~ ji⁵ tsin⁴ hai⁶ Dei⁶ tit⁸ gung¹ si¹
「香港鉄道」は以前は「地下鉄会社」（という名）だった

0602 □ 吊車　〔架〕
diu chè // diu³ tse¹
ロープウェイ

大嶼山 有 吊車
Daaih yùh sàan yáuh ~ // Daai⁶ jy⁴ saan¹ jau⁵ ~
ランタオ島にはロープウェーが有る

0603 □ 磁浮列車　〔架, 列〕
chìh fàuh liht chè // tsi⁴ fau⁴ lit⁹ tse¹
リニアモーターカー

未 搭過 磁浮列車
meih daap gwo ~ // mei⁶ daap⁸ gwo³ ~
リニアモーターカーに乗ったことがない

0604 □ 高鐵　〔架, 列〕
gòu tit // gou¹ tit⁸
（中国の）高速鉄道

搭 高鐵 返 內地
daap ~ fàan noih deih // daap⁸ ~ faan¹ noi⁶ dei⁶
高速鉄道で中国（本土）に行く

0605 □ van 仔　〔架, 部〕
wèn jái // wen¹ dzai²
ミニバス

van 仔 有 好多 路綫
~ yáuh hóu dò louh sin // ~ jau⁵ hou² do¹ lou⁶ sin³
ミニバスは多くの路線が有る

0606 □ 電單車　〔架, 部〕
dihn dàan chè // din⁶ daan¹ tse¹
オートバイ

揸 電單車
jà ~ // dza¹ ~
オートバイを運転する

0607 □ 單車　〔架, 部〕
dàan chè // daan¹ tse¹
自転車

踩 單車
cháai ~ // tsaai² ~
自転車をこぐ

0608 □ 渡輪　〔隻〕
douh lèuhn // dou⁶ loen⁴
フェリー

想 搭 渡輪
séung daap ~ // soeng² daap⁸ ~
フェリーに乗りたい

0609 □ 飛機　〔架〕
fèi gèi // fei¹ gei¹
飛行機

落 飛機
lohk ~ // lok⁹ ~
飛行機を降りる

0610 □ 行 //（路）
hàahng (louh) // haang⁴ (lou⁶)
徒歩（で行く）

行 路 返 工
~ fàan gùng // ~ faan¹ gung¹
徒歩で出勤する

[名詞] ▶交通機関　　　　　　　　　　　　♪ CD-079

0611 □ **車站** 〔個〕
chè jaahm // tse¹ dzaam⁶
駅

喺 車站 等 車
hái ~ dáng chè // hai² ~ dang² tse¹
駅で列車を待つ

0612 □ **尾站** 〔個〕
méih jaahm // mei⁵ dzaam⁶ 終着駅

喺 尾站 落 車
hái ~ lohk chè // hai² ~ lok⁹ tse¹
終着駅で下車する

0613 □ **巴士站** 〔個〕
bà sí jaahm // ba¹ si² dzaam⁶ バス停

喺 呢個 巴士站 搭 車
hái nì go ~ daap chè // hai² ni¹ go³ ~ daap⁸ tse¹
このバス停で乗車する

0614 □ **閘口** 〔個〕
jaahp háu // dzaap⁹ hau²
改札口

入 閘口
yahp ~ // jap⁹ ~
改札口を入る

0615 □ **售票機** 〔個〕
sauh piu gèi // sau⁶ piu³ gei¹ 自動券売機

喺 售票機度 買 飛
hái ~ douh máaih fèi // hai² ~ dou⁶ maai⁵ fei¹
自動券売機で切符を買う

0616 □ **月台** 〔個〕
yuht tòih // jyt⁹ toi⁴
プラットホーム

企喺 月台
kéih hái ~ // kei⁵ hai² ~
プラットホームに立つ

0617 □ **馬路** 〔條〕
máh louh // ma⁵ lou⁶
道路

過 馬路
gwo ~ // gwo³ ~
道路を渡る

0618 □ **行人路** 〔條〕
hàhng yàhn louh // hang⁴ jan⁴ lou⁶ 歩道

行 行人路
hàahng ~ // haang⁴ ~
歩道を歩く

0619 □ **斑馬綫** 〔條〕
bàan máh sin // baan¹ ma⁵ sin³ 横断歩道

過 斑馬綫
gwo ~ // gwo³ ~
横断歩道を渡る

0620 □ **紅綠燈** 〔個〕
hùhng luhk dàng // hung⁴ luk⁹ dang¹ 信号機

紅綠燈 轉咗
~ jyun jó // ~ dzyn³ dzo²
信号（の色）が変わった

[名詞] ▶商業施設 / ▶文化施設 ♪ CD-080 ♪ CD-081

0621 □ 百貨公司 〔間〕
baak fo gùng sì // baak⁸ fo³ gung¹ si¹ デパート

去 百貨公司 掃 貨
heui ~ sou fo // hoey³ ~ sou³ fo³
デパートに商品をあさりに行く

0622 □ 商場 〔個〕
sèung chèuhng // soeng¹ tsoeng⁴ ショッピングモール

約 朋友 喺 商場 見
yeuk pàhng yáuh hái ~ gin // joek⁸ pang⁴ jau⁵ hai² ~ gin³ 友達とショッピングモールで会う約束をする

0623 □ 熟食中心 〔個〕
suhk sihk jùng sàm // suk⁹ sik⁹ dzung¹ sam¹ フードコート

呢棟 樓 入面 有 熟食中心
nì duhng láu* yahp mihn yáuh ~ // ni¹ dung⁶ lau²* jap⁹ min⁶ jau⁵ ~ このビルの中にフードコートが有る

0624 □ 娛樂場所 〔個,間〕
yùh lohk chèuhng só // jy⁴ lok⁹ tsoeng⁴ so² 遊技場

喺 娛樂場所 俾 警察 拉咗
hái ~ béi gíng chaat làai jó // hai² ~ bei² ging² tsaat⁸ laai¹ dzo² 遊技場で警察に連行された

0625 □ 大牌檔 〔間〕
daaih pàaih dong // daai⁶ paai⁴ dong³ 屋台

喺 大牌檔 食 嘢 好 平
hái ~ sihk yéh hóu pèhng // hai² ~ sik⁹ je⁵ hou² peng⁴ 屋台で食べると安い

0626 □ 圖書館 〔間〕
tòuh syù gwún // tou⁴ sy¹ gwun² 図書館

喺 圖書館 唔 可以 大聲 講 嘢   hái ~ m̀h hó yíh daaih sèng góng yéh // hai² ~ m⁴ ho² ji⁵ daai⁶ seng¹ gong² je⁵ 図書館では大声で話してはいけない

0627 □ 戲院 〔間〕
hei yún* // hei³ jyn² 映画館

呢間 戲院 而家 上緊 呢套 戲   nì gàan ~ yìh gà séuhng gán nì tou hei // ni¹ gaan¹ ~ ji⁴ ga¹ soeng⁵ gan² ni¹ tou³ hei³ この映画館ではこの映画を上映中だ

0628 □ 劇場 〔間〕
kehk chèuhng // kek⁹ tsoeng⁴ 劇場

嗰齣舞台劇喺呢間劇場演出 gó chèut móuh tòih kehk hái nì gàan ~ yín chèut // go² tsoet⁷ mou⁵ toi⁴ kek⁹ hai² ni¹ gaan¹ ~ jin² tsoet⁷ その舞台はこの劇場で公演される

0629 □ 文化中心 〔個〕
màhn fa jùng sàm // man⁴ fa³ dzung¹ sam¹ 文化センター

去 文化中心 攞 音樂會 嘅 飛   heui ~ ló yàm ngohk wúi* ge fèi // hoey³ ~ lo² jam¹ ngok⁹ wui²* ge³ fei¹ 文化センターにコンサートのチケットを取りに行く

0630 □ 資料室 〔個,間〕
jì líu* sàt // dzi¹ liu²* sat⁷ 資料室

資料室 四點半 閂 門
~ sei dím bun sàan mùhn // ~ sei³ dim² bun³ saan¹ mun⁴ 資料室は4時半に閉まる

[名詞] ▶土木施設 / ▶道路名　　♪ CD-082　♪ CD-083

0631 □ 隧道 〔條〕
seuih douh // soey⁶ dou⁶
トンネル

過 隧道 返 九龍
gwo ~ fàan Gáu lùhng // gwo³ ~ faan¹ Gau² lung⁴
トンネルを通って九龍に戻る

0632 □ 橋 〔條〕
kiùh // kiu⁴
橋

喺 呢條 河 起 條 橋
hái nì tiùh hòh héi tiùh ~ // hai² ni¹ tiu⁴ ho⁴ hei² tiu⁴ ~
この川に橋を架ける

0633 □ 廣場 〔個〕
gwóng chèuhng // gwong² tsoeng⁴ 広場

喺 廣場 舉行 示威
hái ~ géui hàhng sih wài // hai² ~ goey² hang⁴ si⁶ wai¹
広場でデモを行う

0634 □ 碼頭 〔個〕
máh tàuh // ma⁵ tau⁴
埠頭

去 碼頭 搭 噴射船
heui ~ daap pan seh syùhn // hoey³ ~ daap⁸ pan³ se⁶ syn⁴ 埠頭に行ってジェットフォイルに乗る

0635 □ 泳池 〔個〕
wihng chìh // wing⁶ tsi⁴
プール

花園 入便 有 泳池
fà yún* yahp bihn yáuh ~ // fa¹ jyn²* jap⁹ bin⁶ jau⁵ ~
マンションの敷地内にプールが有る

0636 □ ××道
douh // dou⁶
××ロード

英皇道
Yìng wòhng ~ // Jing¹ wong⁴ ~
キングス・ロード（King's Road）

0637 □ ××街
gàai // gaai¹
××ストリート

亞皆老街
A gàai lóuh ~ // A³ gaai¹ lou⁵ ~
アーガイル・ストリート（Argyle Street）

0638 □ ××里
léih // lei⁵
××レーン

永星里
Wíhng sìng ~ // Wing⁵ sing¹ ~
ウェンセン・レーン（Wing Sing Lane）

0639 □ ××徑
ging // ging³
××ドライブ

九龍公園徑
Gáu lùhng gùng yún* ~ // Gau² lung⁴ gung¹ jyn²* ~
カオルーン・パーク・ドライブ（Kowloon Park Drive）

0640 □ ××公路
gùng louh // gung¹ lou⁶
××ロード

青山公路
Chìng sàan ~ // Tsing¹ saan¹ ~
キャッスル・ピーク・ロード（Castle Peak Road）

	[名詞] ▶地名（香港） ／ ▶地名（珠江三角洲）	♪ CD-084　♪ CD-085
0641	□ 中環	Jùng wàahn // Dzung^1 waan^4	セントラル
0642	□ 柴灣	Chàaih wàan // Tsaai^4 waan^1	チャイワン
0643	□ 堅尼地城	Gìn nèih deih sìhng // Gin^1 nei^4 dei^6 sing^4	ケネディ・タウン
0644	□ 尖沙咀	Jìm sà jéui // Dzim^1 sa^1 dzoey^2	チムサーチョイ
0645	□ 荃灣	Chyùhn wàan // Tsyn^4 waan^1	チュンワン
0646	□ 觀塘	Gwùn tòhng // Gwun^1 tong^4	クントン
0647	□ 將軍澳	Jèung gwàn ou // Dzoeng^1 gwan^1 ou^3	チョンクワンオウ
0648	□ 粉嶺	Fán léhng // Fan^2 leng^5	ファンリン
0649	□ 天水圍	Tìn séui wàih // Tin^1 soey^2 wai^4	ティンシュイワイ
0650	□ 東涌	Dùng chùng // Dung^1 tsung^1	トンチョン
0651	□ 廣州	Gwóng jàu // Gwong^2 dzau^1	こうしゅう
0652	□ 番禺	Pùn yùh // Pun^1 jy^4	はんぐう
0653	□ 佛山	Faht sàan // Fat^9 saan^1	ぶつざん
0654	□ 南海	Nàahm hói // Naam^4 hoi^2	なんかい
0655	□ 順德	Seuhn dàk // Soen^6 dak^7	じゅんとく
0656	□ 高明	Gòu mìhng // Gou^1 ming^4	こうめい
0657	□ 中山	Jùng sàan // Dzung^1 saan^1	ちゅうざん
0658	□ 珠海	Jyù hói // Dzy^1 hoi^2	しゅかい
0659	□ 東莞	Dùng gwún // Dung^1 gwun^2	とうかん
0660	□ 深圳	Sàm jan // Sam^1 dzan^3	しんせん

[名詞] ▶人種・エスニシティ　♪ CD-086

0661 □ **種族** 〔個〕
júng juhk // dzung² dzuk⁹
人種
種族歧視
~ kèih sih // ~ kei⁴ si⁶
人種差別

0662 □ **民族** 〔個〕
màhn juhk // man⁴ dzuk⁹
民族
民族主義
~ jyú yih // ~ dzy² ji⁶
民族主義

0663 □ **西人** 〔個〕
sài yàhn // sai¹ jan⁴
欧米人
西人 嘅 睇法
~ ge tái faat // ~ ge³ tai² faat⁸
欧米人の見方

0664 □ **鬼佬** 〔個〕
gwái lóu // gwai² lou²
白人
我 波士 係 鬼佬
ngóh bò sí haih ~ // ngo⁵ bo¹ si² hai⁶ ~
私のボスは白人だ

0665 □ **黑鬼** 〔個〕
hàk gwái // hak⁷ gwai²
黒人
佢 下屬 有 個 黑鬼
kéuih hah suhk yáuh go ~ // koey⁵ ha⁶ suk⁹ jau⁵ go³ ~
彼の部下に黒人がいる

0666 □ **華人** 〔個〕
Wàh yàhn // Wa⁴ jan⁴
華人
華人 要 團結
~ yiu tyùhn git // ~ jiu³ tyn⁴ git⁸
華人は団結せねば

0667 □ **亞洲人** 〔個〕
A jàu yàhn // A³ dzau¹ jan⁴
アジア人
亞洲人 嘅 感性
~ ge gám sing // ~ ge³ gam² sing³
アジア人の感性

0668 □ **香港人** 〔個〕
Hèung góng yàhn // Hoeng¹ gong² jan⁴
香港人
香港人 嘅 願望
~ ge yuhn mohng // ~ ge³ jyn⁶ mong⁶
香港人の願い

0669 □ **澳門人** 〔個〕
Ou mún* yàhn // Ou³ mun²* jan⁴
マカオ人
澳門人 嘅 習慣
~ ge jaahp gwaan // ~ ge³ dzaap⁹ gwaan³
マカオ人の習慣

0670 □ **台灣人** 〔個〕
Tòih wàan yàhn // Toi⁴ waan¹ jan⁴
台湾人
台灣人 嘅 驕傲
~ ge gìu ngouh // ~ ge³ giu¹ ngou⁶
台湾人（にとって）の誇り

| [名詞] ▶国家 | ♪ CD-087 |

0671	□ 日本 Yaht bún // Jat⁹ bun² 日本	去 日本 讀 書 heui ~ duhk syù // hoey³ ~ duk⁹ sy¹ 日本に留学する
0672	□ 中國 Jùng gwok // Dzung¹ gwok⁸ 中国	去 中國 做 生意 heui ~ jouh sàang yi // hoey³ ~ dzou⁶ saang¹ ji³ 商売のため中国に行く
0673	□ 韓國 Hòhn gwok // Hon⁴ gwok⁸ 韓国	去 韓國 滑 雪 heui ~ waaht syut // hoey³ ~ waat⁹ syt⁸ 韓国に行ってスキーをする
0674	□ 越南 Yuht nàahm // Jyt⁹ naam⁴ ベトナム	訪問 越南 領事館 fóng mahn ~ líhng sih gwún // fong² man⁶ ~ ling⁵ si⁶ gwun² ベトナム領事館を訪問する
0675	□ 新加坡 Sàn ga bò // San¹ ga³ bo¹ シンガポール	嚟 新加坡 探親 làih ~ taam chàn // lai⁴ ~ taam³ tsan¹ シンガポールに帰省しに来る
0676	□ 馬來西亞 Máh lòih sài a // Ma⁵ loi⁴ sai¹ a³ マレーシア	去 馬來西亞 渡假 heui ~ douh ga // hoey³ ~ dou⁶ ga³ 休暇を過ごしにマレーシアに行く
0677	□ 泰國 Taai gwok // Taai³ gwok⁸ タイ	喺 泰國 住咗 十幾年 hái ~ jyuh jó sahp géi nìhn // hai² ~ dzy⁶ dzo² sap⁹ gei² nin⁴ タイに十数年住んでいる
0678	□ 印度 Yan douh // Jan³ dou⁶ インド	印度 有 種姓制度 ~ yáuh júng sing jai douh // ~ jau⁵ dzung² sing³ dzai³ dou⁶ インドにはカースト制が有る
0679	□ 英國 Ying gwok // Jing¹ gwok⁸ イギリス	去 英國 參加 會議 heui ~ chàam gà wuih yíh // hoey³ ~ tsaam¹ ga¹ wui⁶ ji⁵ 会議に参加するためイギリスへ行く
0680	□ 美國 Méih gwok // Mei⁵ gwok⁸ アメリカ	美國 我 仲 未 去過 ~ ngóh juhng meih heui gwo // ~ ngo⁵ dzung⁶ mei⁶ hoey³ gwo³ アメリカには私はまだ行ったことがない

67

[名詞] ▶行政区画 / ▶政府機関	♪ CD-088 ♪ CD-089
0681 □ 國家 〔個〕 gwok gà // gwok⁸ ga¹ 国	國家 嘅 主權 ~ ge jyú kyùhn // ~ ge³ dzy² kyn⁴ 国家の主権
0682 □ 地區 〔個〕 deih kèui // dei⁶ koey¹ 地域	地區文化 ~ màhn fa // ~ man⁴ fa³ 地域の文化
0683 □ 內地 noih deih // noi⁶ dei⁶ 内地。中国本土	內地 嘅 經濟發展 ~ ge gìng jai faat jín // ~ ge³ ging¹ dzai³ faat⁸ dzin² 内地の経済発展
0684 □ 首都 sáu dòu // sau² dou¹ 首都	中國 嘅 首都 Jùng gwok ge ~ // Dzung¹ gwok⁸ ge³ ~ 中国の首都
0685 □ 地方 〔個〕 deih fòng // dei⁶ fong¹ 地方	地方語言 ~ yúh yìhn // ~ jy⁵ jin⁴ 地域言語。方言
0686 □ 政府 〔個〕 jing fú // dzing³ fu² 政府	政府 嘅 措施 ~ ge chou sì // ~ ge³ tsou³ si¹ 政府の措置
0687 □ 行政 hàhng jing // hang⁴ dzing³ 行政	行政長官 ~ jéung gwùn // ~ dzoeng² gwun¹ （香港やマカオの）行政長官
0688 □ 機構 〔個〕 gèi kau // gei¹ kau³ 機関	教育機構 gaau yuhk ~ // gaau³ juk⁹ ~ 教育機関
0689 □ 立法會 〔個,屆〕 laahp faat wúi* // laap⁹ faat⁸ wui²* 立法府	立法會 議員 ~ yíh yùhn // ~ ji⁵ jyn⁴ 立法府・立法議会の議員
0690 □ 政府機關 〔個〕 jing fú gèi gwàan // dzing³ fu² gei¹ gwaan¹ 役所	政府機關 嘅 服務態度 ~ ge fuhk mouh taai douh // ~ ge³ fuk⁹ mou⁶ taai³ dou⁶ 役所の態度・対応

[名詞] ▶公共機関 / ▶非政府組織　　　♪ CD-090　♪ CD-091

0691 □ **警察**
gíng chaat // ging² tsaat⁸
警察

警察 拉咗 疑犯
~ làai jó yìh fáan* // ~ laai¹ dzo² ji⁴ faan²*
警察が容疑者を捕まえた

0692 □ **法院** 〔個〕
faat yún* // faat⁸ jyn²*
裁判所

呢件 案件 向 法院 提堂　　nì gihn on gín* heung ~ tàih tòhng // ni¹ gin⁶ on³ gin²* hoeng ~ tai⁴ tong⁴ この事案は裁判所で口頭弁論が行われる

0693 □ **入境處**
yahp gíng chyu // jap⁹ ging² tsy³ 入国管理局

去 入境處 申請 身份証
heui ~ sàn chíng sàn fán* jing // hoey³ ~ san¹ tsing² san¹ fan²* dzing³ 入管に身分証を申請しに行く

0694 □ **稅務局**
seui mouh gúk* // soey³ mou⁶ guk²* 稅務署

搵 稅務局 嘅 網站 交 稅　　wán ~ ge móhng jaahm gàau seui // wan² ~ ge³ mong⁵ dzaam⁶ gaau¹ soey³ 稅務署のウェブサイトを探して納税する

0695 □ **消防處**
siu fòhng chyu // siu¹ fong⁴ tsy³ 消防署

消防處 派 消防車 去 救火　　 ~ paai siù fòhng chè heui gau fó // ~ paai³ siu¹ fong⁴ tse¹ hoey³ gau³ fo² 消防署が消防車を消火に向かわせる

0696 □ **非政府組織** 〔個〕
fèi jing fú jóu jik // fei¹ dzing³ fu² dzou² dzik⁷ NGO

參加 一個 非政府組織
chàam gà yàt go ~ // tsaam¹ ga¹ jat⁷ go³ ~
あるNGOに参加している

0697 □ **非牟利組織** 〔個〕
fèi màuh leih jóu jìk // fei¹ mau⁴ lei⁶ dzou² dzik⁷ NPO

創辦 一個 非牟利組織
chong baahn yàt go ~ // tsong³ baan⁶ jat⁷ go³ ~
NPOを創設する

0698 □ **民間組織** 〔個〕
màhn gàan jóu jik // man⁴ gaan¹ dzou² dzik⁷ 市民団体

有 民間組織 批評 政府
yáuh ~ pài pìhng jing fú // jau⁵ ~ pai¹ ping⁴ dzing³ fu² 政府を批判する市民団体が有る

0699 □ **義工** 〔個, 份〕
yih gùng // ji⁶ gung¹
ボランティア

喺 宗教團體 做 義工
hái jùng gaau tyùhn tái jouh ~ // hai² dzung¹ gaau³ tyn⁴ tai² dzou⁶ ~ 宗教団体でボランティアをする

0700 □ **環保組織** 〔個〕
wàahn bóu jóu jìk // waan⁴ bou² dzou² dzik⁷ 環境保護団体

綠色和平 係 環保組織
Luhk sìk wòh pìhng haih ~ // Luk⁹ sik⁷ wo⁴ ping⁴ hai⁶ ~ グリーンピースは環境保護団体だ

[名詞] ▶団体　　♪ CD-092

0701 □ **團體** 〔個〕
tyùhn tái // tyn⁴ tai²
団体

佢哋 係 一個 慈善團體
kéuih deih haih yàt go chìh sihn ~ // koey⁵ dei⁶ hai⁶ jat⁷ go³ tsi⁴ sin⁶ ~ 彼女らは慈善団体だ

0702 □ **組織** 〔個〕
jóu jik // dzou² dzik⁷
組織

喺 一個 國際組織 做 嘢
hái yàt go gwok jai ~ jouh yéh // hai² jat⁷ go³ gwok⁸ dzai³ ~ dzou⁶ je⁵ ある国際的な組織で働いている

0703 □ **法人**
faat yàhn // faat⁸ jan⁴
法人

同鄉會 係 屬於 社團法人 tùhng hèung wúi* haih suhk yù séh tyùhn ~ // tung⁴ hoeng¹ wui²* hai⁶ suk⁹ jy¹ se⁵ tyn⁴ ~ 県人会は社団法人というカテゴリーに入る

0704 □ **工會** 〔個〕
gùng wúi* // gung¹ wui²*
労働組合

工會 宣布 罷工
~ syùn bou bah gùng // ~ syn¹ bou³ ba⁶ gung¹
労働組合がストを宣言する

0705 □ **政黨** 〔個〕
jing dóng // dzing³ dong²
政党

嗰個 政黨 分裂咗
gó go ~ fàn liht jó // go² go³ ~ fan¹ lit⁹ dzo²
あの政党は分裂してしまった

0706 □ **club** 〔個〕
kàp // kap⁷
クラブ

參加 呢個 club 識咗 好多 friend　chàam gà nì go ~ sìk jó hóu dò fèn // tsaam¹ ga¹ ni¹ go³ ~ sik⁷ dzo² hou² do¹ fen¹ このクラブに入って沢山の友達ができた

0707 □ **學會** 〔個〕
hohk wúi* // hok⁹ wui²*
サークル

諗吓 入 乜嘢 學會 好
nám háh yahp màt yéh ~ hóu // nam² ha⁵ jap⁹ mat⁷ je⁵ ~ hou² 何のサークルに入ったら良いか考えてみる

0708 □ **小組** 〔個〕
síu jóu // siu² dzou²
グループ

呢個 小組 研究 治安問題　　nì go ~ yìhn gau jih òn mahn tàih // ni¹ go³ ~ jin⁴ gau³ dzi⁶ on¹ man⁶ tai⁴ このグループでは治安問題を研究している

0709 □ **隊**
deuih // doey⁶
チーム【量詞】

分 兩隊 比賽
fàn léuhng ~ béi choi // fan¹ loeng⁵ ~ bei² tsoi³
2チームに分かれて試合をする

0710 □ **班**
bàan // baan¹
クラス【量詞】

一屆 有 五班
yàt gaai yáuh ńgh ~ // jat⁷ gaai³ jau⁵ ng⁵ ~
1学年に5クラス有る

[名詞] ▶国際機関　　　　　　　　　　　　　　　　　　　♪ CD-093

0711	□ 聯合國 Lyùhn hahp gwok // Lyn[4] hap[9] gwok[8] 国連	聯合國　安全理事會 ~ òn chyùhn léih sih wúi* // ~ on[1] tsyn[4] lei[5] si[6] wui[2]* 国連安全保障理事会
0712	□ 世界銀行 Sai gaai ngàhn hòhng // Sai[3] gaai[3] ngan[4] hong[4] 世界銀行	世界銀行　嘅　總行 ~ ge júng hóng* // ~ ge[3] dzung[2] hong[2]* 世界銀行の本部
0713	□ 世貿組織 Sai mauh jóu jìk // Sai[3] mau[6] dzou[2] dzik[7] 世界貿易機関	參加　世貿組織　嘅　國家 chàam gà ~ ge gwok gà // tsaam[1] ga[1] ~ ge[3] gwok[8] ga[1] 世界貿易機関（WTO）の加盟国
0714	□ 歐盟 Àu màhng // Au[1] mang[4] 欧州連合（EU）	歐盟　召集　緊急會議 ~ jiuh jaahp gán gàp wuih yíh // ~ dziu[6] dzaap[9] gan[2] gap[7] wui[6] ji[5] 欧州連合が緊急会議を招集する
0715	□ 東盟 Dùng màhng // Dung[1] mang[4] 東南アジア諸国連合（ASEAN）	東盟　嘅　總部　喺　雅加達　　~ ge júng bouh hái Ngáh gà daaht // ~ ge[3] dzung[2] bou[6] hai[2] Nga[5] ga[1] daat[9] アセアンの本部はジャカルタに在る

学生サークルのポスター（香港大学）

71

[名詞] ▶統治・行政

0716 □ 統治
túng jih // tung² dzi⁶
統治

統治階級
~ gàai kàp // ~ gaai¹ kap⁷
統治者階級

0717 □ 管理
gwún léih // gwun² lei⁵
管理

管理方式
~ fòng sìk // ~ fong¹ sik⁷
管理方法

0718 □ 獨裁
duhk chòih // duk⁹ tsoi⁴
独裁

一黨獨裁
yàt dóng ~ // jat⁷ dong² ~
一党独裁

0719 □ 自治
jih jih // dzi⁶ dzi⁶
自治

高度自治
gòu douh ~ // gou¹ dou⁶ ~
高度な自治

0720 □ 民主化
màhn jyú fa // man⁴ dzy² fa³
民主化

要求 民主化
yìu kàuh ~ // jiu¹ kau⁴ ~
民主化（を）要求（する）

0721 □ 革命
gaak mihng // gaak⁸ ming⁶
革命

發起 革命
faat héi ~ // faat⁸ hei² ~
革命を起こす

0722 □ 獨立
duhk laahp // duk⁹ laap⁹
独立

宣布 獨立
syùn bou ~ // syn¹ bou³ ~
独立（を）宣言（する）

0723 □ 法治
faat jih // faat⁸ dzi⁶
法治

法治國家
~ gwok gà // ~ gwok⁸ ga¹
法治国家

0724 □ 內政
noih jing // noi⁶ dzing³
内政

干涉 內政
gòn sip ~ // gon¹ sip⁸ ~
内政（に）干渉（する）

0725 □ 外交
ngoih gàau // ngoi⁶ gaau¹
外交

外交政策
~ jing chaak // ~ dzing³ tsaak⁸
外交政策

[名詞] ▶法律・刑罰・制度・しきたり　　♪ CD-095

0726	□ 法律　〔條〕 faat leuht // faat⁸ loet⁹ 法律	精通 香港 啲 法律 jìng tùng Hèung góng dì ~ // dzing¹ tung¹ Hoeng¹ gong² di¹ ~ 香港の諸々の法律に通じている
0727	□ 條例　〔個〕 tìuh laih // tiu⁴ lai⁶ 条例	呢個 條例 今日 生效 nì go ~ gàm yaht sàng haauh // ni¹ go³ ~ gam¹ jat⁹ sang¹ haau⁶ この条例は今日から効力を有する
0728	□ 坐監 chóh gàam // tso⁵ gaam¹ 禁固刑（を受ける）	判處 坐監 半年 pun chyúh ~ bun nìhn // pun³ tsy⁵ ~ bun³ nin⁴ 半年の禁固刑を言い渡す
0729	□ 緩刑 wuhn yìhng // wun⁶ jing⁴ 執行猶予（を与える）	判處 緩刑 兩年 pun chyúh ~ léuhng nìhn // pun³ tsy⁵ ~ loeng⁵ nin⁴ 2 年の執行猶予を言い渡す
0730	□ 罰 // 錢 faht chín* // fat⁹ tsin²* 罰金（を課す）	喺 呢度 泊 車 會 俾 罰 錢 hái nì douh paak chè wúih béi ~ // hai² ni¹ dou⁶ paak⁸ tse¹ wui⁵ bei² ~ ここに駐車すると罰金を取られる
0731	□ 保釋 bóu sìk // bou² sik⁷ 保釈（する）	疑犯 得到 保釋 yìh fáan* dàk dou ~ // ji⁴ faan²* dak⁷ dou³ ~ 被疑者は保釈された
0732	□ 制度　〔個, 種〕 jai douh // dzai³ dou⁶ 制度	教育制度 嘅 轉換期 gaau yuhk ~ ge jyun wuhn kèih // gaau³ juk⁹ ~ ge³ dzyn³ wun⁶ kei⁴ 教育制度の転換期
0733	□ 填寫格式　〔個〕 tìhn sé gaak sìk // tin⁴ se² gaak⁸ sik⁷ 書式	要 注意 入境表格 嘅 填寫格式 yiu jyu yi yahp gíng bíu gaak ge ~ // jiu³ dzy³ ji³ jap⁹ ging² biu² gaak⁸ ge³ ~ 入国カードの書式に注意しないと
0734	□ 慣例　〔個〕 gwaan laih // gwaan³ lai⁶ しきたり	依照 慣例 做事 yì jiu ~ jouh sih // ji¹ dziu³ ~ dzou⁶ si⁶ しきたりに従って事を運ぶ
0735	□ 禮儀　〔啲〕 láih yìh // lai⁵ ji⁴ マナー	一啲 禮儀 都 唔 識 yàt dì ~ dòu m̀h sìk // jat⁷ di¹ ~ dou¹ m⁴ sik⁷ 少しもマナーを知らない

73

[名詞] ▶国民・住民 / ▶人品など		♪ CD-096　♪ CD-097

0736	□ **國民** 〔個〕 gwok màhn // gwok⁸ man⁴　国民	國民 嘅 質素 ~ ge jàt sou // ~ ge³ dzat⁷ sou³ 民度
0737	□ **本地人** 〔個〕 bún deih yàhn // bun² dei⁶ jan⁴　現地人	本地人 嘅 權利 ~ ge kyùhn leih // ~ ge³ kyn⁴ lei⁶ 現地人の権利
0738	□ **外國人** 〔個〕 ngoih gwok yàhn // ngoi⁶ gwok⁸ jan⁴　外国人	同 外國人 結婚 tùhng ~ git fàn // tung⁴ ~ git⁸ fan¹ 外国人と結婚する
0739	□ **移民** 〔個〕 yìh màhn // ji⁴ man⁴ 移民（する）	準備 移民 去 加拿大 jéun beih ~ heui Gà nàh daaih // dzoen² bei⁶ ~ hoey³ Ga¹ na⁴ daai⁶　カナダに移民する予定だ
0740	□ **平民** 〔個〕 pìhng màhn // ping⁴ man⁴ 庶民	平民 嘅 生活水準 ~ ge sàng wuht séui jéun // ~ ge³ sang¹ wut⁹ soey² dzoen²　庶民の生活水準
0741	□ **專家** 〔個〕 jyùn gà // dzyn¹ ga¹ 専門家	靠 專家 解決 問題 kaau ~ gáai kyut mahn tàih // kaau³ ~ gaai² kyt⁸ man⁶ tai⁴　専門家に問題の解決を頼る
0742	□ **食家** 〔個〕 sihk gà // sik⁹ ga¹ グルメ	佢 係 一個 食家 kéuih haih yàt go ~ // koey⁵ hai⁶ jat⁷ go³ ~ 彼女はグルメだ
0743	□ **外行** 〔個〕 ngoih hòhng // ngoi⁶ hong⁴　門外漢	經濟 我 完全 係 外行 gìng jai ngóh yùhn chyùhn haih ~ // ging¹ dzai³ ngo⁵ jyn⁴ tsyn⁴ hai⁶ ~　経済は私は全くの門外漢だ
0744	□ **蠢材** 〔個〕 chéun chòih // tsoen² tsoi⁴ 馬鹿	唔使 理 呢個 蠢材 m̀h sái léih nì go ~ // m⁴ sai² lei⁵ ni¹ go³ ~ こんな馬鹿は相手にしなくてよい
0745	□ **主角** 〔個〕 jyú gok // dzy² gok⁸ 主役	喺 呢套 戲 做 主角 hái nì tou hei jouh ~ // hai² ni¹ tou³ hei³ dzou⁶ ~ この映画で主役を演じる

[名詞] ▶職位　　　　　　　　　　　　　♪ CD-098

0746 □ **董事**　〔個, 位〕
dúng sih // dung² si⁶
理事。取締役

董事會 選 佢 做 董事
dúng sih wúi* syún kéuih jouh ~ // dung² si⁶ wui²* syn² koey⁵ dzou⁶ ~ 理事会で彼を取締役に選出する

0747 □ **老總**　〔個, 位〕
lóuh júng // lou⁵ dzung²
社長

老總 唔 批 個 budget
~ m̀h pài go bàt jihk // ~ m⁴ pai¹ go³ bat⁷ dzik⁹
社長が予算案を突き返す

0748 □ **會長**　〔個, 位〕
wuih jéung // wui⁶ dzoeng²
会長

會長 嘅 任期 係 兩年
~ ge yahm kèih haih léuhng nìhn // ~ ge³ jam⁶ kei⁴ hai⁶ loeng⁵ nin⁴ 会長の任期は2年だ

0749 □ **經理**　〔個, 位〕
gìng léih // ging¹ lei⁵
マネージャー

經理 嘅 意見
~ ge yi gin // ~ ge³ ji³ gin³
マネージャーの意見

0750 □ **隊長**　〔個, 位〕
deuih jéung // doey⁶ dzoeng²
キャプテン

球隊 隊長
kàuh déui* ~ // kau⁴ doey²* ~
球技のチームのキャプテン

0751 □ **主席**　〔個, 位〕
jyú jihk // dzy² dzik⁹
主席

政黨 嘅 主席
jing dóng ge ~ // dzing³ dong² ge³ ~
政党の主席

0752 □ **領導人**　〔個, 位〕
líhng douh yàhn // ling⁵ dou⁶ jan⁴ リーダー

新一代 嘅 領導人
sàn yàt doih ge ~ // san¹ jat⁷ doi⁶ ge³ ~
新しい時代のリーダー

0753 □ **主任**　〔個, 位〕
jyú yahm // dzy² jam⁶
主任

會計部 嘅 主任
wuih gai bouh ge ~ // wui⁶ gai³ bou⁶ ge³ ~
会計部の主任

0754 □ **委員**　〔個〕
wáih yùhn // wai⁵ jyn⁴
委員

委員會 嘅 成員
~ wúi* ge sìhng yùhn // ~ wui²* ge³ sing⁴ jyn⁴
委員会の構成員

0755 □ **家長**　〔個, 位, 名〕
gà jéung // ga¹ dzoeng²
家長。父兄

家長 投訴 學校
~ tàuh sou hohk haauh // ~ tau⁴ sou³ hok⁹ haau⁶
(生徒の) 父兄が学校にクレームをつける

75

[名詞] ▶職種・職業（1） ♪ CD-099

0756 □ 公務員 〔個〕
gùng mouh yùhn // gung¹ mou⁶ jyn⁴ 公務員

公務員 宿舍
~ sùk séh // ~ suk⁷ se⁵
公務員宿舎

0757 □ 老師 〔個, 位〕
lóuh sì // lou⁵ si¹
先生

老師 講 書
~ góng syù // ~ gong² sy¹
先生が（授業で）話・説明をする

0758 □ 醫生 〔個, 位〕
yì sàng // ji¹ sang¹
医者

醫生 睇 病人
~ tái behng yàhn // ~ tai² beng⁶ jan⁴
医者が患者を診察する

0759 □ 護士 〔個〕
wuh sih // wu⁶ si⁶
看護士

護士 打 針
~ dá jàm // ~ da² dzam¹
看護師が注射を打つ

0760 □ 作家 〔個〕
jok gà // dzok⁸ ga¹
作家

訪問 作家
fóng mahn ~ // fong² man⁶ ~
作家を訪問する

0761 □ 藝人 〔個〕
ngaih yàhn // ngai⁶ jan⁴
芸能人

藝人 唱 歌
~ cheung gò // ~ tsoeng³ go¹
芸能人が歌を歌う

0762 □ 傳譯 〔個〕
chyùhn yihk // tsyn⁴ jik⁹
通訳

做 會議傳譯
jouh wuih yíh ~ // dzou⁶ wui⁶ ji⁵ ~
会議の通訳をする

0763 □ 會計師 〔個〕
wuih gai sì // wui⁶ gai³ si¹
会計士

同 會計師 商量
tùhng ~ sèung lèuhng // tung⁴ ~ soeng¹ loeng⁴
会計士に相談する

0764 □ 工程師 〔個〕
gùng chìhng sì // gung¹ tsing⁴ si¹ エンジニア

見習 工程師
gin jaahp ~ // gin³ dzaap⁹ ~
見習いのエンジニア

0765 □ 記者 〔個〕
gei jé // gei³ dze²
記者

記者招待會
~ jiu doih wúi* // ~ dziu¹ doi⁶ wui²*
記者会見

76

[名詞] ▶職種・職業（2） ♪ CD-100

0766 導游 〔個〕
douh yàuh // dou⁶ jau⁴
旅行ガイド

要 聽清楚 導游 講 嘅 嘢　yiu tèng chìng chó ~ góng ge yéh // jiu³ teng¹ tsing¹ tso² ~ gong² ge³ je⁵
旅行ガイドの言うことをちゃんと聞いておかないと

0767 司機 〔個〕
sì gèi // si¹ gei¹
運転手

同 司機 講 喺 邊度 落 車　tùhng ~ góng hái bìn douh lohk chè // tung⁴ ~ gong² hai² bin¹ dou⁶ lok⁹ tse¹　どこで下車するか運転手に言う

0768 空姐 〔個〕
hùng jé // hung¹ dze²
スチュワーデス

叫 空姐 拎 杯 水 過嚟　giu ~ lìng bùi séui gwo làih // giu³ ~ ling¹ bui¹ soey² gwo³ lai⁴　スチュワーデスを呼んで水を持ってきてもらう

0769 石 Q 〔個〕
sehk kìu // sek⁹ kiu¹
警備員

俾 石 Q 趕走　béi ~ gón jáu // bei² ~ gon² dzau²
警備員に追い出される

0770 文員 〔個〕
màhn yùhn // man⁴ jyn⁴
事務職

喺 律師行 做 文員　hái leuht sì hóng* jouh ~ // hai² loet⁹ si¹ hong²* dzou⁶ ~ 法律事務所で事務職を務める

0771 家庭傭工 〔個〕
gà tìhng yùhng gùng // ga¹ ting⁴ jung⁴ gung¹ 家政婦

請 家庭傭工 嚟 做 家務　chéng ~ làih jouh gà mouh // tseng² ~ lai⁴ dzou⁶ ga¹ mou⁶ 家政婦を雇って家事をしにきてもらう

0772 美容師 〔個〕
méih yùhng sì // mei⁵ jung⁴ si¹ 美容師

同 美容師 講清楚 想 點　tùhng ~ góng chìng chó séung dím // tung⁴ ~ gong² tsing¹ tso² soeng² dim² どのようにしたいか美容師にはっきり伝える

0773 侍應 〔個〕
sih ying // si⁶ jing³
給仕

喺 餐廳 做 侍應　hái chàan tèng jouh ~ // hai² tsaan¹ teng¹ dzou⁶ ~ レストランで給仕をする

0774 模特兒 〔個〕
mòuh dahk yìh // mou⁴ dak⁹ ji⁴ モデル

羨慕 模特兒 嘅 身材 咁 好　sihn mouh ~ ge sàn chòih gam hóu // sin⁶ mou⁶ ~ ge³ san¹ tsoi⁴ gam³ hou² モデルのスタイルが良いのを羨む

0775 tutor 〔個〕
tyù tàh // ty¹ ta⁴
家庭教師

同 個仔 搵 tutor 補習 數學　tùhng go jái wán ~ bóu jaahp sou hohk // tung⁴ go³ dzai² wan² ~ bou² dzaap⁹ sou¹ hok⁹ 息子に数学を教えてくれる家庭教師を探す

[名詞] ▶人間関係　　♪ CD-101

0776 □ **對方**
deui fòng // doey³ fong¹
相手。先方

問 對方 覺得 點
mahn ~ gok dàk dím // man⁶ ~ gok⁸ dak⁷ dim²
相手にどう思うか尋ねる

0777 □ **對頭人**〔個〕
deui tàuh yàhn // doey³ tau⁴ jan⁴
ライバル。敵

同 對頭人 競爭
tùhng ~ gihng jàng // tung⁴ ~ ging⁶ dzang¹
ライバルと競争する

0778 □ **自己人**〔個〕
jih géi yàhn // dzi⁶ gei² jan⁴
味方

唔好 出賣 自己人
m̀h hóu chèut maaih ~ // m⁴ hou² tsoet⁷ maai⁶ ~
味方を裏切らないように

0779 □ **同事**〔個〕
tùhng sih // tung⁴ si⁶
同僚

呢件 事 要 問 同事
nì gihn sih yiu mahn ~ // ni¹ gin⁶ si⁶ jiu³ man⁶ ~
この事は同僚に聞かないと

0780 □ **拍拿**〔個〕
pàat nàh // paat⁷ na⁴
パートナー

取消 拍拿 嘅 關係
chéui sìu ~ ge gwàan haih // tsoey² siu¹ ~ ge³ gwaan¹ hai⁶ パートナーの関係を取り消す

0781 □ **roommate**〔個〕
rùm mèih // rum¹ mei⁴
ルームメート

我把 遮 俾 roommate 攞走咗　ngóh bá jè béi ~ ló jáu jó // ngo⁵ ba² dze¹ bei² ~ lo² dzau² dzo²
私の傘はルームメートが持って行ってしまった

0782 □ **friend**〔個〕
fèn // fen¹
友達

同 幾個 friend 一齊 去
tùhng géi go ~ yàt chàih heui // tung⁴ gei² go³ ~ jat⁷ tsai⁴ hoey³ 友達数人と一緒に行く

0783 □ **hi-bye friend**〔個〕
hàai bàai fèn // haai¹ baai¹ fen¹ 顔見知り

我 同 佢 係 hi-bye friend
ngóh tùhng kéuih haih ~ // ngo⁵ tung⁴ koey⁵ hai⁶ ~
私と彼女は顔見知り（挨拶する程度の間柄）だ

0784 □ **情婦**〔個〕
chìhng fúh // tsing⁴ fu⁵
愛人（女）

查清楚 邊個 係 老公 嘅 情婦　chàh chìng chó bìn go haih lóuh gùng ge ~ // tsa⁴ tsing¹ tso² bin¹ go³ hai⁶ lou⁵ gung¹ ge³ ~ 夫の愛人が誰か割り出す

0785 □ **客人**〔個, 位〕
haak yàhn // haak⁸ jan⁴
客

頭先 有 一位 客人 嚟咗　tàuh sìn yáuh yàt wái* ~ làih jó // tau⁴ sin¹ jau⁵ jat⁷ wai²* ~ lai⁴ dzo² 先ほどお客さんが1人いらっしゃった

[名詞] ▶祖父母・親兄弟／配偶者・子孫／親類　♪ CD-102 ♪ CD-103 ♪ CD-104

0786	□ 阿爺	〔個〕	a yèh // a³ je⁴	祖父（父方）
0787	□ 阿嫲	〔個〕	a màh // a³ ma⁴	祖母（父方）
0788	□ 阿公	〔個〕	a gùng // a³ gung¹	祖父（母方）
0789	□ 阿婆	〔個〕	a pòh // a³ po⁴	祖母（母方）
0790	□ 阿爸	〔個〕	a bàh // a³ ba⁴	父
0791	□ 阿媽	〔個〕	a mà // a³ ma¹	母
0792	□ 哥哥	〔個〕	gòh* gò // go⁴* go¹	兄
0793	□ 家姐	〔個〕	gà jè* // ga¹ dze¹*	姉
0794	□ 細佬	〔個〕	sai lóu // sai³ lou²	弟
0795	□ 細妹	〔個〕	sai múi* // sai³ mui²*	妹
0796	□ 老公	〔個〕	lóuh gùng // lou⁵ gung¹	夫
0797	□ 老婆	〔個〕	lóuh pòh // lou⁵ po⁴	妻
0798	□ 仔女	〔個〕	jái néui* // dzai² noey²*	息子や娘
0799	□ 孫仔	〔個〕	syùn jái // syn¹ dzai²	孫（男）
0800	□ 孫女	〔個〕	syùn néui* // syn¹ noey²*	孫（女）
0801	□ 親戚	〔個〕	chàn chìk // tsan¹ tsik⁷	親戚
0802	□ 阿伯	〔個〕	a baak // a³ baak⁸	伯父
0803	□ 阿姨	〔個〕	a yì* // a³ ji¹*	叔母
0804	□ 堂阿哥 / 堂細佬	〔個〕	tòhng a gò, tòhng sai lóu // tong⁴ a³ go¹, tong⁴ sai³ lou²	従兄 / 従弟
0805	□ 堂家姐 / 堂細妹	〔個〕	tòhng gà jè*, tòhng sai múi* // tong⁴ ga¹ dze¹*, tong⁴ sai³ mui²*	従姉 / 従妹

[名詞] ▶取得・所有　♪ CD-105

0806 □ 収入 〔筆, 啲〕
sàu yahp // sau¹ jap⁹
所得

今年 嘅 収入
gàm nìhn ge ~ // gam¹ nin⁴ ge³ ~
今年の所得

0807 □ 盈利 〔筆, 啲〕
yìhng leih // jing⁴ lei⁶
もうけ。収益

上一季 嘅 盈利
seuhng yàt gwai ge ~ // soeng⁶ jat⁷ gwai³ ge³ ~
先期の収益

0808 □ 徴収
jìng sàu // dzing¹ sau¹
徴収（する）

政府 徴収 差餉
jing fú ~ chàai héung // dzing³ fu² ~ tsaai¹ hoeng²
政府が固定資産税を徴収する

0809 □ 放棄
fong hei // fong³ hei³
放棄（する）

放棄 自己 嘅 權益
~ jih géi ge kyùhn yìk // ~ dzi⁶ gei² ge³ kyn⁴ jik⁷
自分自身の権益を放棄する

0810 □ 持有
chìh yáuh // tsi⁴ jau⁵
所持（する）

持有 特區 護照
~ dahk kèui wuh jiu // ~ dak⁹ koey¹ wu⁶ dziu³
香港やマカオ特別行政区のパスポートを所持する

0811 □ keep
kìp // kip⁷
キープ（する）

keep 住 朋友 關係
~ jyuh pàhng yáuh gwàan haih // ~ dzy⁶ pang⁴ jau⁵ gwaan¹ hai⁶
友人関係を保つ

0812 □ 壟斷
lúhng dyuhn // lung⁵ dyn⁶
独占（する）

壟斷 市場
~ síh chèuhng // ~ si⁵ tsoeng⁴
市場を独占する

0813 □ 分擔
fàn dàam // fan¹ daam¹
分担（する）

分擔 要 做 嘅 嘢
~ yiu jouh ge yéh // ~ jiu³ dzou⁶ ge³ je⁵
仕事を分担する

0814 □ 儲 // 錢
chóuh chín* // tsou⁵ tsin²*
預金（をする）

喺 銀行 戶口度 儲 錢
hái ngàhn hòhng wuh háu douh ~ // hai² ngan⁴ hong⁴ wu⁶ hau² dou⁶ ~
銀行口座に預金をする

0815 □ 份
fahn // fan⁶
分【量詞】

唔 記得 攞 自己 嗰份
m̀h gei dàk ló jih géi gó ~ // m⁴ gei³ dak⁷ lo² dzi⁶ gei² go² ~
自分の分をもらうのを忘れる

[名詞] ▶資本 ／ [名詞] ▶収支 ♪ CD-106 ♪ CD-107

0816 □ **資金** 〔筆〕
jì gàm // dzi¹ gam¹
資金

問 人 攞 資金
mahn yàhn ló ~ // man⁶ jan⁴ lo² ~
誰かに資金の提供をお願いする

0817 □ **本錢**
bún chìhn // bun² tsin⁴
元金。もとで

冇 本錢 開 公司
móuh ~ hòi gùng sì // mou⁵ ~ hoi¹ gung¹ si¹
会社を立ち上げる元金が無い

0818 □ **基金** 〔個〕
gèi gàm // gei¹ gam¹
基金

問 基金 借 錢
mahn ~ je chín* // man⁶ ~ dze³ tsin²*
基金からお金を借りる

0819 □ **財產** 〔筆, 啲〕
chòih cháan // tsoi⁴ tsaan²
財産

賣晒 自己 啲 財產
maaih saai jih géi dì ~ // maai⁶ saai³ dzi⁶ gei² di¹ ~
自分の財産を売り払う

0820 □ **大筆錢**
daaih bàt chín* // daai⁶ bat⁷ tsin²* 大金

賺咗 一大筆錢
jaahn jó yàt ~ // dzaan⁶ dzo² jat⁷ ~
大金を儲けた

0821 □ **收入** 〔筆〕
sàu yahp // sau¹ jap⁹
収入

收入 減少咗
~ gáam síu jó // ~ gaam² siu² dzo²
収入が減った

0822 □ **支出** 〔筆〕
jì chèut // dzi¹ tsoet⁷
支出

支出 超過 收入
~ chìu gwo sàu yahp // ~ tsiu¹ gwo³ sau¹ jap⁹
支出が収入を超える

0823 □ **消費**
sìu fai // siu¹ fai³
消費

增加咗 消費額
jàng gà jó ~ ngáak* // dzang¹ ga¹ dzo² ~ ngaak²*
消費額が増加している

0824 □ **慳**
hàan // haan¹
節約（する）

要 慳 多啲 錢
yiu ~ dò dì chín* // jiu³ ~ do¹ di¹ tsin²*
もっと節約しなければ

0825 □ **預算** 〔個, 筆〕
yuh syun // jy⁶ syn³
予算

因住 個 預算 去 揀 嘢
yàn jyuh go ~ heui gáan yéh // jan¹ dzy⁶ go³ ~ hoey³ gaan² je⁵ 予算に合わせて品物を選ぶ

| [名詞] ▶需給 ／ [名詞] ▶金銭その他 | ♪ CD-108　♪ CD-109 |

0826	□ 需求　〔啲〕 sèui kàuh // soey¹ kau⁴ 需要	需求 同 供應 ~ tùhng gùng ying // ~ tung⁴ gung¹ jing³ 需要と供給
0827	□ 必需 bit sèui // bit⁷ soey¹ 必需	必需品 ~ bán // ~ ban² 必需品
0828	□ 訂 dehng // deng⁶ （予約）注文（する）	訂 飛 ~ fèi // ~ fei¹ チケットを注文する
0829	□ 柯打　〔個, 張〕 ò dá // o¹ da² オーダー	落 柯打 lohk ~ // lok⁹ ~ オーダーを出す
0830	□ 供應 gùng ying // gung¹ jing³ 供給（する）	供應 食品 ~ sihk bán // ~ sik⁹ ban² 食料品を供給する
0831	□ 地產　〔間〕 deih cháan // dei⁶ tsaan² 不動産	地產公司 ~ gùng sì // ~ gung¹ si¹ 不動産会社
0832	□ 訂金　〔筆〕 dehng gàm // deng⁶ gam¹ 前金	需要 訂金 sèui yiu ~ // soey¹ jiu³ ~ 前金が必要だ
0833	□ 手續費　〔筆〕 sáu juhk fai // sau² dzuk⁹ fai³ 手数料	俾 手續費 béi ~ // bei² ~ 手数料を払う
0834	□ 保費　〔筆〕 bóu fai // bou² fai³ 保険金	交 保費 gàau ~ // gaau¹ ~ 保険金を納める
0835	□ 找 // 數 jáau sou // dzaau² sou³ お釣り（を渡す）	唔 記得 找 數 m̀h gei dàk ~ // m⁴ gei³ dak⁷ ~ お釣りを渡すのを忘れる

[名詞] ▶価格・費用　♪ CD-110

0836	□ 價值 ga jihk // ga³ dzik⁹ 価値	古董 越 舊 越 有 價值 gwú dúng yuht gauh yuht yáuh ~ // gwu² dung² jyt⁹ gau⁶ jyt⁹ jau⁵ ~ 骨董品は古いほど価値が有る
0837	□ 價錢　〔個〕 ga chìhn // ga³ tsin⁴ 値段	睇 價錢 先 決定 買唔買　tái ~ sìn kyut dihng máaih m̀h máaih // tai² ~ sin¹ kyt⁸ ding⁶ maai⁵ m⁴ maai⁵ 値段を見てから買うかどうか決める
0838	□ 物價　〔啲〕 maht ga // mat⁹ ga³ 物価	當時 嘅 物價 平過 而家 dòng sìh ge ~ pèhng gwo yìh gà // dong¹ si⁴ ge³ ~ peng⁴ gwo³ ji⁴ ga¹ 当時の物価は今よりも安かった
0839	□ 市價　〔個〕 síh ga // si⁵ ga³ 相場	呢隻 手錶 嘅 市價 賣 二百蚊 nì jek sáu bíu ge ~ maaih yih baak màn // ni¹ dzek⁸ sau² biu¹ ge³ ~ maai⁶ ji⁶ baak⁸ man¹ この腕時計は相場200ドルで売られている
0840	□ 特價 dahk ga // dak⁹ ga³ 特価	呢啲 全部 都 係 特價 nì dì chyùhn bouh dòu haih ~ // ni¹ di¹ tsyn⁴ bou⁶ dou¹ hai⁶ ~ これ（複数）は全て特価です
0841	□ 升 sìng // sing¹ 上昇（する）	噚日 股價 升咗 chàhm yaht gwú ga ~ jó // tsam⁴ jat⁹ gwu² ga³ ~ dzo² 昨日株価は上昇した
0842	□ 跌 dit // dit⁸ 下落（する）	今日 日圓 跌咗 gàm yaht yaht yùhn ~ jó // gam¹ jat⁹ jat⁹ jyn⁴ ~ dzo² 今日日本円は下落した
0843	□ 加價 gà ga // ga¹ ga³ 値上げ（する）	聽日起 電費 加價 tìng yaht héi dihn fai ~ // ting¹ jat⁹ hei² din⁶ fai³ ~ 明日から電気代が値上げされる
0844	□ 折扣 jit kau // dzit⁸ kau³ ディスカウント	呢啲 有 折扣 nì dì yáuh ~ // ni¹ di¹ jau⁵ ~ これ（複数）は割引対象品だ
0845	□ 費用　〔筆〕 fai yuhng // fai³ jung⁶ 費用	問 點樣 籌 費用 mahn dím yéung* chàuh ~ // man⁶ dim² joeng²* tsau⁴ ~ どのように費用を工面するか尋ねる

[名詞] ▶給与・料金・利子　　♪ CD-111

0846	□ 人工　〔份〕 yàhn gùng // jan⁴ gung¹ 給料	一個月 嘅 人工 yàt go yuht ge ~ // jat⁷ go³ jyt⁹ ge³ ~ 1ヶ月の給料
0847	□ reward　〔個〕 ri wòt // ri³ wot⁷ 報酬	呢份 工 嘅 reward nì fahn gùng ge ~ // ni¹ fan⁶ gung¹ ge³ ~ この仕事の報酬
0848	□ 花紅　〔次〕 fà hùhng // fa¹ hung⁴ ボーナス	一年 發 兩次 花紅 yàt nìhn faat léuhng chi ~ // jat⁷ nin⁴ faat⁸ loeng⁵ tsi³ ~ 年に2回ボーナスが出る
0849	□ 免費 míhn fai // min⁵ fai³ 無料	免費 送 貨 ~ sung fo // ~ sung³ fo³ （商品の）送料無料
0850	□ 利息　〔啲〕 leih sìk // lei⁶ sik⁷ 利子。利息	每個 月 嘅 利息 múih go yuht ge ~ // mui⁵ go³ jyt⁹ ge³ ~ 毎月の利息

「賬單 咁 多，點算？」
（伝票がこんなに沢山、どうしよう？）

[名詞] ▶取引・売買・授受・貸借　　　♪ CD-112

0851 □ **交易** 〔宗, 單〕
gàau yihk // gaau¹ jik⁹
取引

檯底交易
tói* dái ~ // toi²* dai² ~
闇取引

0852 □ **輸出**
syù chèut // sy¹ tsoet⁷
輸出（する）

輸出 產品
~ cháan bán // ~ tsaan² ban²
生産品を輸出する

0853 □ **輸入**
syù yahp // sy¹ jap⁹
輸入（する）

輸入 材料
~ chòih líu* // ~ tsoi⁴ liu²*
材料を輸入する

0854 □ **落 // 訂**
lohk dehng // lok⁹ deng⁶
発注（する）

正式 落 訂
jing sik ~ // dzing³ sik⁷ ~
正式に発注する

0855 □ **買賣**
máaih maaih // maai⁵ maai⁶
売買（する）

買賣 珠寶
~ jyù bóu // ~ dzy¹ bou²
宝石を売買する

0856 □ **減價** 〔次〕
gáam ga // gaam² ga³
バーゲン

清貨減價
chìng fo ~ // tsing¹ fo³ ~
クリアランス・バーゲン

0857 □ **傾銷**
kìng sìu // king¹ siu¹
ダンピング

壓制 傾銷
aat jai ~ // aat⁸ dzai³ ~
ダンピングを抑制する

0858 □ **禮物** 〔件, 份〕
láih maht // lai⁵ mat⁹
プレゼント

送 禮物
sung ~ // sung³ ~
プレゼントを贈る

0859 □ **賄賂**
kwúi louh // kwui² lou⁶
賄賂

收受 賄賂
sàu sauh ~ // sau¹ sau⁶ ~
贈収賄（を働く）

0860 □ **債** 〔筆〕
jaai // dzaai³
ローン

還清 啲 債
wàahn chìng dì ~ // waan⁴ tsing¹ di¹ ~
ローンを完済する

85

[名詞] ▶企業　　　　　　　　　　　　　　♪ CD-113

0861 □ **公司** 〔間〕
gùng sì // gung¹ si¹
企業。会社

公司職員
~ jìk yùhn // ~ dzik⁷ jyn⁴
会社員。企業の職員

0862 □ **大公司** 〔間〕
daaih gùng sì // daai⁶ gung¹ si¹　大企業

佢 喺 大公司 返 工
kéuih hái ~ fàan gùng // koey⁵ hai² ~ faan¹ gung¹
彼は大企業に勤めている

0863 □ **細公司** 〔間〕
sai gùng sì // sai³ gung¹ si¹
零細企業

細公司 嘅 員工 好 少
~ ge yùhn gùng hóu síu // ~ ge³ jyn⁴ gung¹ hou² siu²
零細企業の従業員は少ない

0864 □ **起 // 家**
héi gà // hei² ga¹
起業（する）

佢 靠 自己 起家
kéuih kaau jih géi ~ // koey⁵ kaau³ dzi⁶ gei² ~
彼は人に頼らず起業する

0865 □ **開 // 舖頭**
hòi pou táu* // hoi¹ pou³ tau²*　出店（する）

喺 旺角 開 舖頭
hái Wohng gok ~ // hai² Wong⁶ gok⁸ ~
モンコックに出店する

0866 □ **合併**
hahp ping // hap⁹ ping³
合併（する）

兩間 公司 合併咗
léuhng gàan gùng sì ~ jó // loeng⁵ gaan¹ gung¹ si¹ ~ dzo²　2 社が合併した

0867 □ **收購**
sàu kau // sau¹ kau³
買収（する）

建議 收購 嗰間 公司
gin yíh ~ gó gàan gùng sì // gin³ ji⁵ ~ go² gaan¹ gung¹ si¹　あの企業の買収を提案する

0868 □ **停 // 業**
tìhng yihp // ting⁴ jip⁹
廃業（する）

「停業」口語 叫做 「執笠」
"~" háu yúh giu jouh "jàp làp" // "~" hau² jy⁵ giu³ dzou⁶ "dzap⁷ lap⁷"　廃業を口語では「執笠」と言う

0869 □ **事業** 〔個〕
sih yihp // si⁶ jip⁹
事業

公共事業
gùng guhng ~ // gung¹ gung⁶ ~
公共事業

0870 □ **產業** 〔個〕
cháan yihp // tsaan² jip⁹
産業

科技產業
fò geih ~ // fo¹ gei⁶ ~
ハイテク産業

[名詞] ▶工業 ／ ▶商業 ♪ CD-114 ♪ CD-115

0871 □ **製造**
jai jouh // dzai³ dzou⁶
製造
製造業
~ yihp // ~ jip⁹
製造業

0872 □ **鋼鐵**
gong tit // gong³ tit⁸
鉄鋼
鋼鐵廠
~ chóng // ~ tsong²
製鉄所

0873 □ **建設**
gin chit // gin³ tsit⁸
建設
建設公司
~ gùng sì // ~ gung¹ si¹
建設会社

0874 □ **建築**
gin jùk // gin³ dzuk⁷
建築
建築業
~ yihp // ~ jip⁹
建築業

0875 □ **印刷**
yan chaat // jan³ tsaat⁸
印刷
印刷廠
~ chóng // ~ tsong²
印刷所

0876 □ **商人** 〔個〕
sèung yàhn // soeng¹ jan⁴
商人
商人 掛住 賺錢
~ gwa jyuh jaahn chín* // ~ gwa³ dzy⁶ dzaan⁶ tsin²*
商人はもうけが気になる

0877 □ **經紀** 〔個〕
ging géi // ging¹ gei²
ブローカー
冇 通過 經紀 買賣
móuh tùng gwo ~ máaih maaih // mou⁵ tung¹ gwo³ ~ maai⁵ maai⁶
ブローカーを通さずに売買している

0878 □ **批發商** 〔個,間〕
pài faat sèung // pai¹ faat⁸ soeng¹
問屋
向 批發商 入 貨
heung ~ yahp fo // hoeng³ ~ jap⁹ fo³
問屋から商品を仕入れる

0879 □ **sales** 〔個〕
sèl sí // seu¹ si²
セールスマン
做 sales 賣 衫
jouh ~ maaih sàam // dzou⁶ ~ maai⁶ saam¹
セールスマンになって衣料を販売する

0880 □ **agent** 〔個〕
èi jéun // ei¹ dzoen²
エージェント
agent 會 收 佣金
~ wúih sàu yúng gàm // ~ wui⁵ sau¹ jung² gam¹
エージェントは手数料を取るだろう

87

[名詞] ▶犯罪 ♪ CD-116

0881 □ 犯 // 罪 〔宗〕
faahn jeuih // faan⁶ dzoey⁶
犯罪（を犯す）

買賣 翻版 係 犯罪
máaih maaih fàan báan haih ~ // maai⁵ maai⁶ faan¹ baan² hai⁶ ~ 海賊版を売買するのは犯罪だ

0882 □ 貪污
tàam wù // taam¹ wu¹
汚職

涉嫌 貪污
sip yìhm ~ // sip⁸ jim⁴ ~
汚職の嫌疑がかかる

0883 □ 打劫
dá gip // da² gip⁸
強盗（を働く）

銀行 俾 賊 打劫
ngàhn hòhng béi cháak* ~ // ngan⁴ hong⁴ bei² tsaak²* ~ 銀行が強盗被害に遭う

0884 □ 爆竊
baau sit // baau³ sit⁸
空き巣（を働く）

屋企 俾 人 爆竊
ùk kéi* béi yàhn ~ // uk⁷ kei²* bei² jan⁴ ~
家が空き巣に遭う

0885 □ 扒
pàh // pa⁴
掏る【動詞】

銀包 好似 俾 人 扒咗　ngàhn bàau hóu chíh béi yàhn ~ jó // ngan⁴ baau¹ hou² tsi⁵ bei² jan⁴ ~ dzo² 財布は何者かに掏られたようだ

0886 □ 偷拍
tàu paak // tau¹ paak⁸
盗撮（する）

小心 有 人 偷拍
síu sàm yáuh yàhn ~ // siu² sam¹ jau⁵ jan⁴ ~
盗撮している人がいるので気をつける

0887 □ 性騷擾
sing sòu yíu // sing³ sou¹ jiu²
セクハラ

性騷擾 都 算 係 犯罪
~ dòu syun haih faahn jeuih // ~ dou¹ syn³ hai⁶ faan⁶ dzoey⁶ セクハラも犯罪の内に入る

0888 □ 劫 // 機
gip gèi // gip⁸ gei¹
ハイジャック（する）

恐怖份子 劫 機
húng bou fahn jí ~ // hung² bou³ fan⁶ dzi² ~
テロリストがハイジャックをする

0889 □ 虐兒
yeuhk yìh // joek⁹ ji⁴
児童虐待（をする）

見倒 有人 虐兒 就 要 報案　gin dóu yáuh yàhn ~ jauh yiu bou on // gin³ dou² jau⁵ jan⁴ ~ dzau⁶ jiu³ bou³ on³ 児童虐待をしている人を見つけたら通報しないと

0890 □ hack
hèk // hek⁷
ハッキング（する）

學校個網頁 俾人 hack 咗　hohk haauh go móhng yihp béi yàhn ~ jó // hok⁹ haau⁶ go³ mong⁵ jip⁹ bei² jan⁴ ~ dzo² 学校のホームページが何者かにハッキングされた

88

[名詞] ▶信仰 ／ ▶道徳　　♪ CD-117　♪ CD-118

0891 □ 信仰　〔種〕
seun yéuhng // soen³ joeng⁵ 信仰
信仰

尊重 信仰 嘅 自由
jyùn juhng ~ ge jih yàuh // dzyn¹ dzung⁶ ~ ge³ dzi⁶ jau⁴
信仰の自由を尊重する

0892 □ 宗教　〔個〕
jùng gaau // dzung¹ gaau³
宗教

宗教問題 好 敏感
~ mahn tàih hóu máhn gám // ~ man⁶ tai⁴ hou² man⁵ gam² 宗教問題は敏感だ

0893 □ 入 // 教
yahp gaau // jap⁹ gaau³
入信（する）

入咗 教 冇幾耐 退出
~ jó ~ móuh géi nói* teui chèut // ~ dzo² ~ mou⁵ gei² noi²* toey³ tsoet⁷ 入信したが程なくして脱会した

0894 □ 祈禱
kèih tóu // kei⁴ tou²
祈り（祈る）

食飯前 祈禱
sihk faahn chìhn ~ // sik⁹ faan⁶ tsin⁴ ~
食前に祈りを捧げる

0895 □ 洗禮　〔次〕
sái láih // sai² lai⁵
洗礼

細個嗰陣 受過 洗禮
sai go gó jahn sauh gwo ~ // sai³ go³ go² dzan⁶ sau⁶ gwo³ ~ 幼い頃に洗礼を受けたことがある

0896 □ 公德心　〔啲〕
gùng dàk sàm // gung¹ dak⁷ sam¹ 道徳（心）

冇 公德心
móuh ~ // mou⁵ ~
道徳（心）が無い

0897 □ 人道
yàhn douh // jan⁴ dou⁶
人道

由 人道 立場 出發
yàuh ~ laahp chèuhng chèut faat // jau⁴ ~ laap⁹ tsoeng⁴ tsoet⁷ faat⁸ 人道的見地から

0898 □ 義氣
yih hei // ji⁶ hei³
仁義

唔 夠 義氣
m̀h gau ~ // m⁴ gau³ ~
仁義に欠ける

0899 □ 出 // 貓
chèut màau // tsoet⁷ maau¹ カンニング（する）

唔 可以 出 貓
m̀h hó yíh ~ // m⁴ ho² ji⁵ ~
カンニングをしてはいけない

0900 □ 婚外情
fàn ngoih chìhng // fan¹ ngoi⁶ tsing⁴ 不倫

唔 准 老公 搞 婚外情
m̀h jéun lóuh gùng gáau ~ // m⁴ dzoen² lou⁵ gung¹ gaau² ~ 夫に不倫をさせない

89

[名詞] ▶教育制度・カリキュラム　♪ CD-119

0901 □ 教育制度　〔個, 種〕
gaau yuhk jai douh // gaau³ juk⁹ dzai³ dou⁶ 教育制度
改革 教育制度
gói gaak ~ // goi² gaak⁸ ~
教育制度を改革する

0902 □ course　〔個〕
kò sí // ko¹ si²
コース
tick 呢個 course
tìk nì go ~ // tik⁷ ni¹ go³ ~
このコースを履修する

0903 □ 堂　〔節〕
tòhng // tong⁴
授業
呢一節 兩點鐘 落 堂
nì yàt jit léuhng dím jùng lohk ~ // ni¹ jat⁷ dzit⁸ loeng⁵ dim² dzung¹ lok⁹ ~ この授業は2時に終わる

0904 □ 成績　〔個〕
sìhng jik // sing⁴ dzik⁷
成績
今個 學期 嘅 成績
gàm go hohk kèih ge ~ // gam¹ go³ hok⁹ kei⁴ ge³ ~
今学期の成績

0905 □ 期終試　〔個〕
kèih jùng síh // kei⁴ dzung¹ si⁵ 期末試験
冇 考 期終試
móuh háau ~ // mou⁵ haau² ~
期末試験を受けていない

0906 □ 入學(考)試　〔次〕
yahp hohk (háau) síh // jap⁹ hok⁹ (haau²) si⁵ 入試
考 入學(考)試
háau ~ // haau² ~
入試を受ける

0907 □ 入 // 學
yahp hohk // jap⁹ hok⁹
入学(する)
入咗 學，但係 冇 上 堂　~ jó ~, daahn haih móuh séuhng tòhng // ~ dzo² ~, daan⁶ hai⁶ mou⁵ soeng⁵ tong⁴ 入学はしたが，授業に出ていない

0908 □ 畢 // 業
bàt yihp // bat⁷ jip⁹
卒業(する)
喺 香港大學 畢 業
hái Hèung góng daaih hohk ~ // hai² Hoeng¹ gong² daai⁶ hok⁹ ~ 香港大学を卒業した

0909 □ 退 // 學
teui hohk // toey³ hok⁹
中退(する)
由於 經濟 原因 退 學
yàuh yù gìng jai yùhn yàn ~ // jau⁴ jy¹ ging¹ dzai³ jyn⁴ jan¹ ~ 経済的理由から退学する

0910 □ 開除
hòi chèuih // hoi¹ tsoey⁴
除籍(する)
俾 學校 開除
béi hohk haauh ~ // bei² hok⁹ haau⁶ ~
(学生が) 学校から除籍される

[名詞] ▶教育機関　　　♪ CD-120

0911 □ 幼稚園　〔間〕
yau jih yún* // jau³ dzi⁶ jyn²* 幼稚園
返 幼稚園
fàan ~ // faan¹ ~
幼稚園に通う

0912 □ 小學　〔間〕
síu hohk // siu² hok⁹
小学校
升上 小學
sìng séuhng ~ // sing¹ soeng⁵ ~
小学校に上がる

0913 □ 中學　〔間〕
jùng hohk // dzung¹ hok⁹
中学校
讀 中學 一年班
duhk ~ yàt nìhn bàan // duk⁹ ~ jat⁷ nin⁴ baan¹
中学1年生だ

0914 □ 大學　〔間〕
daaih hohk // daai⁶ hok⁹
大学
考唔倒 大學
háau m̀h dóu ~ // haau² m⁴ dou² ~
大学受験に落ちる

0915 □ 研究院　〔個, 間〕
yìhn gau yún* // jin⁴ gau³ jyn²* 大学院
開設 研究院
hòi chit ~ // hoi¹ tsit⁸ ~
大学院を設置する

0916 □ 夜校　〔間〕
yeh haauh // je⁶ haau⁶
夜間学校
攞 津貼 返 夜校
ló jèun tip fàan ~ // lo² dzoen¹ tip⁸ faan¹ ~
補助金をもらって夜間学校に通う

0917 □ 補習社　〔間〕
bóu jaahp séh // bou² dzaap⁹ se⁵ 予備校
補習社 嘅 星級名師
~ ge sing kàp mìhng sì // ~ ge³ sing¹ kap⁷ ming⁴ si¹
予備校のカリスマ講師

0918 □ 官(立學)校　〔間〕
gwùn (laahp hohk) haauh // gwun¹ (laap⁹ hok⁹) haau⁶ 公立校
呢間 係 官(立學)校
nì gàan haih ~ // ni¹ gaan¹ hai⁶ ~
ここは公立校だ

0919 □ 私(立學)校　〔間〕
sì (laahp hohk) haauh // si¹ (laap⁹ hok⁹) haau⁶ 私立校
私(立學)校 冇 政府 資助
~ móuh jing fú jì joh // ~ mou⁵ dzing³ fu² dzi¹ dzo⁶
私立校には政府の助成がない

0920 □ 女校　〔間〕
néuih haauh // noey⁵ haau⁶
女子校
我間 母校 係 女校
ngóh gàan móuh haauh haih ~ // ngo⁵ gaan¹ mou⁵ haau⁶ hai⁶ ~
私の母校は女子校だ

| [名詞] ▶軍事 / ▶科学技術 | ♪ CD-121　♪ CD-122 |

0921 □ **軍隊** 〔支〕
gwàn déui* // gwan¹ doey²*
軍隊

軍隊 嘅 裝備
~ ge jòng beih // ~ ge³ dzong¹ bei⁶
軍隊の裝備

0922 □ **陸軍**
luhk gwàn // luk⁹ gwan¹
陸軍

陸軍、海軍 同 空軍
~, hói gwàn tùhng hùng gwàn // ~, hoi² gwan¹ tung⁴ hung¹ gwan¹ 陸軍と海軍と空軍

0923 □ **美軍**
Méih gwàn // Mei⁵ gwan¹
米軍

美軍 基地
~ gèi deih // ~ gei¹ dei⁶
米軍の基地

0924 □ **戰機** 〔架〕
jin gèi // dzin³ gei¹
戰鬪機

戰機 起飛
~ héi fèi // ~ hei² fei¹
戰鬪機が離陸する

0925 □ **導彈** 〔枚〕
douh dáan* // dou⁶ daan²*
ミサイル

發射 導彈
faat seh ~ // faat⁸ se⁶ ~
ミサイルを發射する

0926 □ **高科技** 〔種〕
gòu fò geih // gou¹ fo¹ gei⁶
ハイテク

引入 高科技
yáhn yahp ~ // jan⁵ jap⁹ ~
ハイテクを導入する

0927 □ **資訊科技** 〔種〕
jì seun fò geih // dzi¹ soen³ fo¹ gei⁶ 情報技術

最 先進 嘅 資訊科技
jeui sìn jeun ge ~ // dzoey³ sin¹ dzoen³ ge³ ~
最新の情報技術

0928 □ **機械人** 〔個〕
gèi haaih yàhn // gei¹ haai⁶ jan⁴ ロボット

開發 機械人
hòi faat ~ // hoi¹ faat⁸ ~
ロボットを開發する

0929 □ **電腦軟件** 〔個〕
dihn nóuh yúhn gín* // din⁶ nou⁵ jyn⁵ gin²* ソフトウェア

安裝 電腦軟件
òn jòng ~ // on¹ dzong¹ ~
ソフトウェアをインストールする

0930 □ **電腦病毒** 〔個, 種〕
dihn nóuh behng duhk // din⁶ nou⁵ beng⁶ duk⁹ ウイルス

預防 電腦病毒 入侵
yuh fòhng ~ yahp chàm // jy⁶ fong⁴ ~ jap⁹ tsam¹
コンピューターウイルスに感染しないよう予防する

[名詞] ▶イベント　♪ CD-123

0931 □ 活動　〔個, 項〕
wuht duhng // wut^9 dung^6
イベント

舉行 活動
géui hàhng ~ // goey^2 hang^4 ~
イベントを行う

0932 □ 高峰會　〔個, 屆〕
gòu fùng wúi* // gou^1 fung^1 wui^{2*} サミット

參加 高峰會
chàam gà ~ // tsaam^1 ga^1 ~
サミットに参加する

0933 □ 奧運（會）〔屆, 次〕
Ou wahn (wúi*) // Ou^3 wan^6 (wui^{2*}) オリンピック

攞 奧運（會）嘅 飛
ló ~ ge fèi // lo^2 ~ ge^3 fei^1
オリンピックのチケットを手にする

0934 □ 世界盃　〔屆, 次〕
Sai gaai bùi // Sai^3 gaai^3 bui^1
ワールドカップ

睇 世界盃 嘅 直播
tái ~ ge jihk bo // tai^2 ~ ge^3 dzik^9 bo^3
ワールドカップの生放送を見る

0935 □ 研討會　〔個, 屆〕
yìhn tóu wúi* // jin^4 tou^2 wui^{2*} 学会

喺 研討會 present
hái ~ pi sèn // hai^2 ~ pi^3 sen^1
学会で口頭発表を行う

0936 □ 電影節　〔個, 屆〕
dihn yíng jit // din^6 jing^2 dzit^8 映画祭

香港電影節 三月 開幕
Hèung góng ~ sàam yuht hòi mohk // Hoeng^1 gong^2 ~ saam^1 jyt^9 hoi^1 mok^9 香港映画祭は3月に開幕する

0937 □ 展覽會　〔個, 屆〕
jín láahm wúi* // dzin^2 laam^5 wui^{2*} 展覧会

喺 展覽會 攞 獎
hái ~ ló jéung // hai^2 ~ lo^2 dzoeng^2
展覧会で賞を取る

0938 □ 選美活動　〔個, 屆〕
syún méih wuht duhng // syn^2 mei^5 wut^9 dung^6 ミスコン

反對 舉行 選美活動
fáan deui géui hàhng ~ // faan^2 doey^3 goey^2 hang^4 ~
ミスコンの開催に反対する

0939 □ 派對/party　〔個〕
paai deui, pà tìh // paai^3 doey^3, pa^1 ti^4 パーティー

開 派對 慶祝 生日
hòi ~ hing jùk sàang yaht // hoi^1 ~ hing^3 dzuk^7 saang^1 jat^9 パーティーを開いて誕生日を祝う

0940 □ 嘉年華　〔個〕
gà nìhn wàh // ga^1 nin^4 wa^4
祭り

舉辦 嘉年華
géui baahn ~ // goey^2 baan^6 ~
お祭りを催す

93

[名詞] ▶交易 ／ ▶文芸　　　♪ CD-124　♪ CD-125

0941 □ **動漫節** 〔屆〕
duhng maahn jit // dung⁶ maan⁶ dzit⁸ アニメフェア

喺 動漫節 擺 攤位
hái ~ báai tàan wái* // hai² ~ baai² taan¹ wai²*
アニメフェアで出展する

0942 □ **博覽會** 〔個, 屆〕
bok láahm wúi* // bok⁸ laam⁵ wui²* 博覧会

邀請 嚟 參觀 博覽會
yiu chíng làih chàam gwùn ~ // jiu¹ tsing² lai⁴ tsaam¹ gwun¹ ~ 博覧会の見学に招く

0943 □ **車展** 〔屆〕
chè jín // tse¹ dzin² モーターショー

東京車展 開到 後日　Dùng gìng ~ hòi dou hauh yaht // Dung¹ ging¹ ~ hoi¹ dou³ hau⁶ jat⁹ 東京モーターショーは明後日まで開催される

0944 □ **時裝表演** 〔場, 屆〕
sìh jòng bíu yín // si⁴ dzong¹ biu² jin² ファッションショー

聽日 搞 時裝表演
tìng yaht gáau ~ // ting¹ jat⁹ gaau² ~
明日ファッションショーが催される

0945 □ **書展** 〔屆〕
syù jín // sy¹ dzin²
ブックフェア

書展期間會有幾萬人到場 ~ kèih gàan wúih yáuh géi maahn yàhn dou chèuhng // ~ kei⁴ gaan¹ wui⁵ jau⁵ gei² maan⁶ jan⁴ dou³ tsoeng⁴ ブックフェアに数万人が来場の見込

0946 □ **藝術**
ngaih seuht // ngai⁶ soet⁹
芸術

對 藝術 有 興趣
deui ~ yáuh hing cheui // doey³ ~ jau⁵ hing³ tsoey³
芸術に興味が有る

0947 □ **音樂**
yàm ngohk // jam¹ ngok⁹
音楽

對 我 嚟 講 音樂 好 重要　deui ngóh làih góng ~ hóu juhng yiu // doey³ ngo⁵ lai⁴ gong² ~ hou² dzung⁶ jiu³ 私にとって音楽は重要だ

0948 □ **美術**
méih seuht // mei⁵ soet⁹
美術

主修 美術
jyú sàu ~ // dzy² sau¹ ~
美術を主専攻とする

0949 □ **電影**
dihn yíng // din⁶ jing²
映画

研究 電影
yìhn gau ~ // jin⁴ gau³ ~
映画を研究する

0950 □ **文學**
màhn hohk // man⁴ hok⁹
文学

講解 文學作品
góng gáai ~ jok bán // gong² gaai² ~ dzok⁸ ban²
文学作品の解説をする

[名詞] ▶スポーツ ／ ▶趣味・娯楽

0951	□ 運動 wahn duhng // wan⁶ dung⁶ スポーツ	做 運動 jouh ~ // dzou⁶ ~ スポーツをする
0952	□ 籃球 〔場〕 làahm kàuh // laam⁴ kau⁴ バスケットボール	打 籃球 dá ~ // da² ~ バスケットボールをする
0953	□ 乒乓波 〔場〕 bìng bàm bò // bing¹ bam¹ bo¹ 卓球	打 乒乓波 dá ~ // da² ~ 卓球をする
0954	□ 壁球 〔場〕 bìk kàuh // bik⁷ kau⁴ スカッシュ	打 壁球 dá ~ // da² ~ スカッシュをする
0955	□ 滑浪風帆 〔場〕waaht lohng fùng fàahn // waat⁹ long⁶ fung¹ faan⁴ ウィンドサーフィン	玩 滑浪風帆 wáan ~ // waan² ~ ウィンドサーフィンをする
0956	□ 愛好 〔個〕 oi hou // oi³ hou³ 趣味	打 波 係 我 嘅 個人 愛好 dá bò haih ngóh ge go yàhn ~ // da² bo¹ hai⁶ ngo⁵ ge³ go³ jan⁴ ~　球技は私の個人的な趣味だ
0957	□ 啤牌 〔局 , 鋪〕 pè páai* // pe¹ paai²* トランプ	一齊 玩 啤牌 yàt chàih wáan ~ // jat⁷ tsai⁴ waan² ~ 一緒にトランプをする
0958	□ 圍棋 〔局〕 wàih kéi* // wai⁴ kei²* 囲碁	同 人哋 捉 圍棋 tùhng yàhn deih jùk ~ // tung⁴ jan⁴ dei⁶ dzuk⁷ ~ 人と碁を打つ
0959	□ 波子機 bò jí gèi // bo¹ dzi² gei¹ パチンコ （台）	一個人 打 波子機 yàt go yàhn dá ~ // jat⁷ go³ jan⁴ da² ~ 一人でパチンコをする
0960	□ 打 // 牌 〔局 , 鋪〕 dá páai* // da² paai²* マージャン（をする）	争 一個 人 打牌 jàang yàt go yàhn ~ // dzaang¹ jat⁷ go³ jan⁴ ~ マージャンをするのに 1 人足りない

95

[動詞] ▶挨拶・合図 / ▶伝達・報知　♪ CD-128　♪ CD-129

0961 □ 敲
hàau // haau¹
ノックする

敲 門
~ mùhn // ~ mun⁴
ドアをノックする

0962 □ 嗌
aai // aai³
呼ぶ

嗌 人
~ yàhn // ~ jan⁴
人を呼ぶ

0963 □ 打 // 招呼
dá jìu fù // da² dziu¹ fu¹
声を掛ける

同 老師 打 招呼
tùhng lóuh sì ~ // tung⁴ lou⁵ si¹ ~
先生に声を掛ける

0964 □ 講 // 多謝
góng dò jeh // gong² do¹ dze⁶
礼を言う

同 佢哋 講 多謝
tùhng kéuih deih ~ // tung⁴ koey⁵ dei⁶ ~
彼らに礼を言う

0965 □ 發出 // 信號
faat chèut seun houh // faat⁸ tsoet⁷ soen³ hou⁶ 合図する

向 隊友 發出 信號
heung deuih yáu* ~ // hoeng doey⁶ jau²* ~
チームメイトに合図を送る

0966 □ 話 (俾) ~ 知
wah (béi) ~ jì // wa⁶ (bei²) ~ dzi¹ (話して) 伝える

話 俾 屋企人 知
~ ùk kéi* yàhn ~ // ~ uk⁷ kei²* jan⁴ ~
家族に（話して）伝える

0967 □ 留 // 口信
làuh háu seun // lau⁴ hau² soen³ 伝言を預かる

幫 人 留 口信
bòng yàhn ~ // bong¹ jan⁴ ~
人からの伝言を預かる

0968 □ 通知
tùng jì // tung¹ dzi¹
通知する

收倒 政府 嘅 通知
sàu dóu jing fú ge ~ // sau¹ dou² dzing³ fu² ge³ ~
政府からの通知を受け取る

0969 □ 報導
bou douh // bou³ dou⁶
リポートする

喺 現場 報導
hái yihn chèuhng ~ // hai² jin⁶ tsoeng⁴ ~
現場でリポートする

0970 □ 宣傳
syùn chyùhn // syn¹ tsyn⁴
宣伝する

宣傳 新貨品
~ sàn fo bán // ~ san¹ fo³ ban²
新商品を宣伝する

[動詞] ▶談話 / ▶問答・論議　　♪ CD-130　♪ CD-131

0971 □ **講**
góng // gong²
話す

講 呢個 話題
~ nì go wah tàih // ~ ni¹ go³ wa⁶ tai⁴
この話題について話す

0972 □ **傾** //（偈）
kìng (gái*) // king¹ (gai²*)
会話する

同 仔女 傾 偈
tùhng jái néui* ~ // tung⁴ dzai² noey²* ~
子供たちと会話する

0973 □ **暢談**
cheung tàahm // tsoeng taam⁴
談笑する

一路 飲 酒 一路 暢談
yàt louh yám jáu yàt louh ~ // jat⁷ lou⁶ jam² dzau² jat⁷ lou⁶ ~ 酒を飲みながら談笑する

0974 □ **當面傾**
dòng mín* kìng // dong¹ min²* king¹
面談する

同 學生 家長 當面傾
tùhng hohk sàang gà jéung ~ // tung⁴ hok⁹ saang¹ ga¹ dzoeng² ~ 学生の父兄と面談する

0975 □ **演講**
yín góng // jin² gong²
講演する

喺 大會度 演講
hái daaih wúi* douh ~ // hai² daai⁶ wui²* dou⁶ ~
大会で講演する

0976 □ **問**
mahn // man⁶
問う

問吓 附近 有冇 酒店
~ háh fuh gahn yáuh móuh jáu dim // ~ ha⁵ fu⁶ gan⁶ jau⁵ mou⁵ dzau² dim³ 近くにホテルが無いか尋ねてみる

0977 □ **叫住**
giu jyuh // giu³ dzy⁶
呼び止める。誰何する

行 街 嗰陣 俾 人 叫住
hàahng gàai gó jahn béi yàhn ~ // haang⁴ gaai¹ go² dzan⁶ bei² jan⁴ ~ 歩いている時に人に呼び止められた

0978 □ **追究**
jèui gau // dzoey¹ gau³
追及する

追究 今次 事件 嘅 責任
~ gàm chi sih gín* ge jaak yahm // ~ gam¹ tsi³ si⁶ gin²* ge³ dzaak⁸ jam⁶ 今回の事件の責任を追及する

0979 □ **答**
daap // daap⁸
答える

佢 即刻 答返 我
kéuih jìk hàak ~ fàan ngóh // koey⁵ dzik⁷ haak⁷ ~ faan¹ ngo⁵ 彼女は即座に私に返答した

0980 □ **答啱**
daap àam // daap⁸ aam¹
正答する

大家 都 仲 未 答啱
daaih gà dòu juhng meih ~ // daai⁶ ga¹ dou¹ dzung⁶ mei⁶ ~ 皆まだ正答するには到っていない

[動詞] ▶批評 / ▶説明

0981 批評
pài pìhng // pai¹ ping⁴
批判する

批評 政府 嘅 回應
~ jing fú ge wùih ying // ~ dzing³ fu² ge³ wui⁴ jing³
政府の回答を批判する

0982 讚
jaan // dzaan³
評価する

老細 讚 你 做得 好
lóuh sai ~ néih jouh dàk hóu // lou⁵ sai³ ~ nei⁵ dzou⁶ dak⁷ hou² 上司が君は良くやっていると褒めている

0983 怪
gwaai // gwaai³
とがめる

都 怪 你哋 冇負責任
dòu ~ néih deih móuh fuh jaak yahm // dou¹ ~ nei⁵ dei⁶ mou⁵ fu⁶ dzaak⁸ jam⁶ 君たちを皆無責任だと責める

0984 發 // 牢騷
faat lòuh sòu // faat⁸ lou⁴ sou¹ 文句を言う

員工 向 經理 發 牢騷
yùhn gùng heung gìng léih ~ // jyn⁴ gung¹ hoeng³ ging¹ lei⁵ ~ 従業員がマネージャーに文句を言う

0985 指出
jí chèut // dzi² tsoet⁷
指摘する

指出 有啲 數字 唔 啱
~ yáuh dì sou jih m̀h àam // ~ jau⁵ di¹ sou³ dzi⁶ m⁴ aam¹ 数値に誤りが（複数）有ると指摘する

0986 解釋
gáai sìk // gaai² sik⁷
説明する

解釋 員工 嘅 意願 俾 我 聽
~ yùhn gùng ge yi yuhn béi ngóh tèng // ~ jyn⁴ gung¹ ge³ ji³ jyn⁶ bei² ngo⁵ teng¹ 従業員の希望を私に説明してくれる

0987 講起
góng héi // gong² hei²
説き起こす

由 經濟 背景 講起
yàuh gìng jai bui gíng ~ // jau⁴ ging¹ dzai³ bui³ ging² ~ 経済のバックグラウンドから説き起こす

0988 註解
jyu gáai // dzy³ gaai²
注釈する

呢一行 需要 註解
nì yàt hòhng sèui yiu ~ // ni¹ jat⁷ hong⁴ soey¹ jiu³ ~ この行には注釈が必要だ

0989 解開 // 迷底
gáai hòi màih dái // gaai² hoi¹ mai⁴ dai² 種明かしする

解開 呢個 現象 嘅 迷底
~ nì go yihn jeuhng ge ~ // ~ ni¹ go³ jin⁶ dzoeng⁶ ge³ ~ その現象の種明かしをする

0990 得出 // 結論
dàk chèut git leuhn // dak⁷ tsoet⁷ git⁸ loen⁶ 結論づける

得出 結論 佢 係 幕後黑手
~ kéuih haih mohk hauh hàk sáu // ~ koey⁵ hai⁶ mok⁹ hau⁶ hak⁷ sau² 黒幕が彼であると結論づける

[動詞] ▶発表

0991	□ 宣布 syùn bou // syn¹ bou³ 宣言する	宣布 辭職 ~ chìh jìk // ~ tsi⁴ dzik⁷ 辞任を表明する
0992	□ 公布 gùng bou // gung¹ bou³ 公表する	公布 投票 結果 ~ tàuh piu git gwó // ~ tau⁴ piu³ git⁸ gwo² 投票結果を公表する
0993	□ 發表 faat bíu // faat⁸ biu² 発表する	發表 意見 ~ yi gin // ~ ji³ gin³ 意見を発表する
0994	□ 提倡 tàih cheung // tai⁴ tsoeng³ 提唱する	提倡 新 嘅 概念 ~ sàn ge koi nihm // ~ san¹ ge³ koi³ nim⁶ 新しい概念を提唱する
0995	□ 俾～睇 béi ~ tái // bei² ~ tai² 見せる	俾 人哋 睇 ~ yàhn deih ~ // ~ jan⁴ dei⁶ ~ 他人に見せる

政府に対する批判

[動詞] ▶読み書き ♪ CD-135

0996 □ 睇
tái // tai²
見る

睇 電視節目
~ dihn sih jit muhk // ~ din⁶ si⁶ dzit⁸ muk⁹
テレビ番組を見る

0997 □ 睇
tái // tai²
黙読する

睇 小説
~ síu syut // ~ siu² syt⁸
小説を読む

0998 □ 讀
duhk // duk⁹
音読する

試吓 讀 第二節
si háh ~ daih yih jit // si³ ha⁵ ~ dai⁶ ji⁶ dzit⁸
第2節を試しに音読してみる

0999 □ 讀錯
duhk cho // duk⁹ tso³
誤読する

讀錯咗 呢個 字
~ jó nì go jih // ~ dzo² ni¹ go³ dzi⁶
この字を誤読している

1000 □ 背
buih // bui⁶
暗唱する

背 第一章
~ daih yèung // ~ dai⁶ jat⁷ dzoeng¹
第1章を暗唱する

1001 □ 寫
sé // se²
書く

寫 答案 喺 黑板 上面
~ daap on hái hàk báan seuhng mihn // ~ daap⁸ on³ hai² hak⁷ baan² soeng⁶ min⁶
答えを黒板に書く

1002 □ 抄寫
chàau sé // tsaau¹ se²
書き写す

抄寫 老師 嘅 答案
~ lóuh sì ge daap on // ~ lou⁵ si¹ ge³ daap⁸ on³
先生の解答を書き写す

1003 □ 寫低
sé dài // se² dai¹
メモを取る

喺 筆記簿度 寫低
hái bàt gei bóu* douh ~ // hai² bat⁷ gei³ bou²* dou⁶
~ ノートにメモを取る

1004 □ copy
kòp // kop⁷
コピーする

幫 你 copy 呢張 form
bòng néih ~ nì jèung fòm // bong¹ nei⁵ ~ ni¹ dzoeng¹ fom¹
あなたの代わりにこの用紙をコピーする

1005 □ scan
s kèn // s³ ken¹
スキャンする

scan 咗 呢啲 相
~ jó nì dì séung* // ~ dzo² ni¹ di¹ soeng²*
この（複数）写真をスキャンした

[動詞] ▶認知・判断・推測 ／ ▶解決・決心　♪ CD-136　♪ CD-137

1006 □ 知
jì // dzi[1]
知っている

唔 知 車站 喺 邊度
m̀h ~ chè jaahm hái bìn douh // m[4] ~ tse[1] dzaam[6] hai[2] bin[1] dou[6] 駅がどこに在るか知らない

1007 □ 判斷
pun dyuhn // pun[3] dyn[6]
判断する

呢個 問題 好 難 判斷
nì go mahn tàih hóu nàahn ~ // ni[1] go[3] man[6] tai[4] hou[2] naan[4] ~ この問題は判断するのが難しい

1008 □ 想像
séung jeuhng // soeng[2] dzoeng[6]
想像する

想像 未來 嘅 世界
~ meih lòih ge sai gaai // ~ mei[6] loi[4] ge[3] sai[3] gaai[3]
未来の世界を想像する

1009 □ 估
gwú // gwu[2]
推測する

我 估 附近 有 超市
ngóh ~ fuh gahn yáuh chìu síh // ngo[5] ~ fu[6] gan[6] jau[5] tsiu[1] si[5] 私は近くにスーパーが在ると推測する

1010 □ 係
haih // hai[6]
～である

對面 係 公園
deui mihn ~ gùng yún* // doey[3] min[6] ~ gung[1] jyn[2]*
向かい側は公園だ

1011 □ 解決
gáai kyut // gaai[2] kyt[8]
解決する

搵 方法 解決
wán fòng faat ~ // wan[2] fong[1] faat[8] ~
解決するための方法を探す

1012 □ 揸 // 主意
jà jyú yi // dza[1] dzy[2] ji[3]
考えを決める

你 揸 主意 去 邊間 食飯
néih ~ heui bìn gàan sihk faahn // nei[5] ~ hoey[3] bin[1] gaan[1] sik[9] faan[6] どの店に食事に行くか君が決める

1013 □ 決定
kyut dihng // kyt[8] ding[6]
決心する。決定する

我 決定 去 德國 讀書
ngóh ~ heui Dàk gwok duhk syù // ngo[5] ~ hoey[3] Dak[7] gwok[8] duk[9] sy[1] 私はドイツに留学に行こうと決心した

1014 □ 未揸定 // 主意
meih jà dihng jyú yi // mei[6] dza[1] ding[6] dzy[2] ji[3] 迷う

買 邊隻 好，未 揸定 主意
máaih bìn jek hóu, ~ // maai[5] bin[1] dzek[8] hou[2], ~
どれを買ったら良いか迷っている

1015 □ 算數
syun sou // syn[3] sou[3]
諦める

算數啦，都係冇時間去旅行 ~ là, dòu haih móuh sìh gaan heui léuih hàhng // ~ la[1], dou[1] hai[6] mou[5] si[4] gaan[3] hoey[3] loey[5] hang[4] やはり旅行に行く時間は無いので諦めよう

[動詞] ▶感情

1016 開心
hòi sàm // hoi¹ sam¹
喜ぶ

攞倒 獎學金 好 開心
ló dóu jéung hohk gàm hóu ~ // lo² dou² dzoeng² hok⁹ gam¹ hou² ~ 奨学金をもらえて喜ぶ

1017 享受
héung sauh // hoeng² sau⁶
楽しむ

享受 呢個 假期
~ nì go ga kèih // ~ ni¹ go³ ga³ kei⁴
このバカンスを楽しむ

1018 驚
gèng // geng¹
恐れる

我 最 驚 蛇蟲鼠蟻
ngóh jeui ~ sèh chùhng syú ngáih // ngo⁵ dzoey³ ~ se⁴ tsung⁴ sy² ngai⁵ 私は虫やヘビが一番嫌いだ

1019 嬲
nàu // nau¹
怒る

佢 無端端 嬲 我
kéuih mòuh dyùn dyùn ~ ngóh // koey⁵ mou⁴ dyn¹ dyn¹ ~ ngo⁵ 彼女はわけもなく私に対して怒っている

1020 唔忿氣
m̀h fahn hei // m⁴ fan⁶ hei³
悔しがる

輸咗 場 比賽 好 唔忿氣
syù jó chèuhng béi choi hóu ~ // sy¹ dzo² tsoeng⁴ bei² tsoi³ hou² ~ 試合に負けて悔しい

1021 失望
sàt mohng // sat⁷ mong⁶
残念に思う

對 今次 嘅 結果 好 失望
deui gàm chi ge git gwó hóu ~ // doey³ gam¹ tsi³ ge³ git⁸ gwo² hou² ~ 今回の結果については残念だ

1022 放心
fong sàm // fong³ sam¹
安心する

請 你 放心
chéng néih ~ // tseng² nei⁵ ~
どうか安心されたい

1023 介意
gaai yi // gaai³ ji³
気にする

我 唔 介意 你 食 煙
ngóh m̀h ~ néih sihk yìn // ngo⁵ m⁴ ~ nei⁵ sik⁹ jin¹
君が喫煙しても私は気にしない

1024 急
gàp // gap⁷
焦る

好 急，趕唔切
hóu ~, gón m̀h chit // hou² ~, gon² m⁴ tsit⁸
間に合わないので，焦っている

1025 鍾意
jùng yi // dzung¹ ji³
好む

鍾意 食 白飯
~ sihk baahk faahn // ~ sik⁹ baak⁹ faan⁶
白飯（を食べるの）が好きだ

	[動詞] ▶生理感覚 / ▶心理	♪ CD-139 ♪ CD-140
1026	□ **覺得** gok dàk // gok⁸ dak⁷ 感じる	覺得 噉樣 寫 好 奇怪 ~ gám yéung* sé hóu kèih gwaai // ~ gam² joeng²* se² hou² kei⁴ gwaai³ この様に書くと変だと思う
1027	□ **肚餓** tóuh ngoh // tou⁵ ngo⁶ 空腹である	好 肚餓，想 食 嘢 hóu ~, séung sihk yéh // hou² ~, soeng² sik⁹ je⁵ 空腹なので何か食べたい
1028	□ **口渴** háu hot // hau² hot⁸ 喉が渇く	好 口渴，要 飲 嘢 hóu ~, yiu yám yéh // hou² ~, jiu³ jam² je⁵ 喉が渇いているので何か飲まないと
1029	□ **醉** jeui // dzoey³ 酒に酔う	飲醉咗 yám ~ jó // jam² ~ dzo² （酒を飲んで）酔っぱらっている
1030	□ **癐** gwuih // gwui⁶ 疲れる	覺得 好 癐 gok dàk hóu ~ // gok⁸ dak⁷ hou² ~ 疲れを感じる
1031	□ **投入** tàuh yahp // tau⁴ jap⁹ 専念する	對 呢份 工 好 投入 deui nì fahn gùng hóu ~ // doey³ ni¹ fan⁶ gung¹ hou² ~ この仕事に専念している
1032	□ **努力** nóuh lihk // nou⁵ lik⁹ 努力する	爲咗 自己 嘅 前途 努力 waih jó jih géi ge chìhn tòuh ~ // wai⁶ dzo² dzi⁶ gei² ge³ tsin⁴ tou⁴ ~ 自分の前途のために努力する
1033	□ **後悔** hauh fui // hau⁶ fui³ 後悔する	好 後悔 同 佢 分咗 手 hóu ~ tùhng kéuih fàn jó sáu // hou² ~ tung⁴ koey⁵ fan¹ dzo² sau² 彼女と別れてしまったことを後悔する
1034	□ **想要** séung yiu // soeng² jiu³ 欲する	想要 嗰樣 嘢 ~ gó yeuhng yéh // ~ go² joeng⁶ je⁵ あの様な物が欲しい
1035	□ **希望** hèi mohng // hei¹ mong⁶ 希望する	希望 你 俾 心機 讀 書 ~ néih béi sàm gèi duhk syù // ~ nei⁵ bei² sam¹ gei¹ duk⁹ sy¹ 君が頑張って勉強するよう希望する

[動詞] ▶学習・記憶　♪ CD-141

1036	□ 學 hohk // hok⁹ 習う	學 煮 飯 ~ jyú faahn // ~ dzy² faan⁶ 料理を習う
1037	□ 練 lihn // lin⁶ 練習する	練 跳 舞 ~ tiu móuh // ~ tiu³ mou⁵ ダンスの練習をする
1038	□ 扮 baahn // baan⁶ まねる	扮 明星 唱 歌 ~ mìhng sìng cheung gò // ~ ming⁴ sing¹ tsoeng³ go¹ スターのまねをして歌う
1039	□ 讀 //（書） duhk (syù) // duk⁹ (sy¹) 勉強する	睇吓 佢 讀緊 乜嘢 書　tái háh kéuih ~ gán màt yéh ~ // tai² ha⁵ koey⁵ ~ gan² mat⁷ je⁵ ~ 彼が何の勉強をしているところかのぞいてみる
1040	□ 學倒 hohk dóu // hok⁹ dou² 習得する	學倒 好多 生字 ~ hóu dò sàang jih // ~ hou² do¹ saang¹ dzi⁶ 沢山の新出漢字を習得する
1041	□ 進步 jeun bouh // dzoen³ bou⁶ 上達する	進步咗 好多 ~ jó hóu dò // ~ dzo² hou² do¹ 随分と上達した
1042	□ 慣 gwaan // gwaan³ 慣れる	未 慣 香港 嘅 生活 meih ~ Hèung góng ge sàng wuht // mei⁶ ~ Hoeng¹ gong² ge³ sang¹ wut⁹ 香港の生活に慣れていない
1043	□ 記 gei // gei³ 覚える	要 記晒 呢啲 嘢 yiu ~ saai nì dì yéh // jiu³ ~ saai³ ni¹ di¹ je⁵ これ（複数）を全部覚えねば
1044	□ 唔記得 m̀h gei dàk // m⁴ gei³ dak⁷ 忘れる	唔 記得 約咗 幾點鐘 ~ yeuk jó géi dím jùng // ~ joek⁸ dzo² gei² dim² dzung¹ 何時に約束したか忘れる
1045	□ 漏 lauh // lau⁶ 置き忘れる	漏咗 把 遮 喺 餐廳度 ~ jó bá jè hái chàan tèng douh // ~ dzo² ba² dze¹ hai² tsaan¹ teng¹ dou⁶ 傘をレストランに置き忘れた

[動詞] ▶思考　　♪ CD-142

1046 話
wah // wa⁶
思う

我 話 噉樣 做 好啲
ngóh ~ gám yéung* jouh hóu dī // ngo⁵ ~ gam² joeng²* dzou⁶ hou² di¹ この様にした方が良いと思う

1047 諗倒
nám dóu // nam² dou²
思いつく

諗倒 個 idea
~ go aai dì àh // ~ go³ aai³ di¹ a⁴
アイデアを一つ思いつく

1048 考慮
háau leuih // haau² loey⁶
考慮する

要 考慮 各種 因素
yiu ~ gok júng yàn sou // jiu³ ~ gok⁸ dzung² jan¹ sou³ 様々な要素を考慮しなければ

1049 諗 // 辦法
nám baahn faat // nam² baan⁶ faat⁸
工夫する

諗 辦法 慳 電
~ hàan dihn // ~ haan¹ din⁶
工夫して節電する

1050 信
seun // soen³
信じる

我 信 出年 市面 會 好返
ngóh ~ chèut nín* síh mihn wúih hóu fàan // ngo⁵ ~ tsoet⁷ nin²* si⁵ min⁶ wui⁵ hou² faan¹ 来年は市況が好転すると信じる

1051 懷疑
wàaih yìh // waai⁴ ji⁴
疑う

懷疑 佢哋 嘅 技術
~ kéuih deih ge geih seuht // ~ koey⁵ dei⁶ ge³ gei⁶ soet⁹ 彼らの技術を疑う

1052 掛住
gwa jyuh // gwa³ dzy⁶
案ずる

好 掛住 喺 海外 嘅 家人
hóu ~ hái hói ngoih ge gà yàhn // hou² ~ hai² hoi² ngoi⁶ ge³ ga¹ jan⁴ 海外にいる家族のことを案ずる

1053 擔心
dàam sàm // daam¹ sam¹
心配する

擔心 今年 嘅 成績 好 差
~ gàm nín* ge sìhng jìk hóu chà // ~ gam¹ nin²* ge³ sing⁴ dzik⁷ hou² tsa¹ 今年の成績が悪いことを心配する

1054 小心
síu sàm // siu² sam¹
気をつける

小心 俾 人 呃
~ béi yàhn àak // ~ bei² jan⁴ aak⁷
誰かに騙されないよう気をつける

1055 承認
sìhng yihng // sing⁴ jing⁶
認める

承認 以前 偷過 嘢
~ yíh chìhn tàu gwo yéh // ~ ji⁵ tsin⁴ tau¹ gwo³ je⁵ 以前に盗みを働いたことがあることを認める

105

[動詞] ▶弁別

1056 □ **比較**
béi gaau // bei² gaau³
比べる

比較 呢兩個 樣本
~ nì léuhng go yeuhng bún // ~ ni¹ loeng⁵ go³ joeng⁶ bun² この 2 つのサンプルを比べる

1057 □ **參考**
chàam háau // tsaam¹ haau²
参照する

參考 以前 啲 人 嘅 做法
~ yíh chìhn dì yàhn ge jouh faat // ~ ji⁵ tsin⁴ di¹ jan¹ ge³ dzou⁶ faat⁸ 先人のやり方を参考にする

1058 □ **區分**
kèui fàn // koey¹ fan¹
区別する

區分 金錢 同 時間 嘅 問題 ~ gàm chìhn tùhng sìh gaan ge mahn tàih // ~ gam¹ tsin⁴ tung⁴ si⁴ gaan³ ge³ man⁶ tai⁴ 金錢と時間の問題を区別する

1059 □ **分類**
fàn leuih // fan¹ loey⁶
分類する

揼 垃圾 之前 要 分類
dám laahp saap jì chìhn yiu ~ // dam² laap⁹ saap⁸ dzi¹ tsin⁴ jiu³ ~ ゴミを捨てる前に分類せねば

1060 □ **撈埋**
lòu màaih // lou¹ maai⁴
混同する

撈埋 政治問題 同 經濟問題 ~ jing jih mahn tàih tùhng gìng jai mahn tàih // ~ dzing³ dzi⁶ man⁶ tai⁴ tung⁴ ging¹ dzai³ man⁶ tai⁴ 政治問題と経済問題を混同する

「飲 可口可樂 食得 更 滋味」

[動詞] ▶身体動作　　　♪ CD-144

1061	□ 笑 siu // siu³ 笑う	俾 人 笑 béi yàhn ~ // bei² jan⁴ ~ 人に笑われる
1062	□ 食 sihk // sik⁹ 食べる	食 早餐 ~ jóu chàan // ~ dzou² tsaan¹ 朝食を取る
1063	□ 飲 yám // jam² 飲む	飲 忌廉湯 ~ geih lìm tòng // ~ gei⁶ lim¹ tong¹ （クリーム）シチューを食べる
1064	□ 揸 jà // dza¹ 手に持つ	揸住 枝 筆 ~ jyuh jì bàt // ~ dzy⁶ dzi¹ bat⁷ ペンを手に握りしめる
1065	□ 推 tèui // toey¹ 押す	推 輪椅 ~ lèuhn yí // ~ loen⁴ ji² 車椅子を押す
1066	□ 拉 làai // laai¹ 引く	拉 門 ~ mùhn // ~ mun⁴ ドアを（手前に）引く
1067	□ 踩 cháai // tsaai² 踏む	踩 逼力 ~ bihk lìk // ~ bik⁹ lik⁷ ブレーキを踏む
1068	□ 踢 tek // tek⁸ 蹴る	踢 一腳 ~ yàt geuk // ~ jat⁷ goek⁸ （足で）1回蹴る
1069	□ 企 kéih // kei⁵ 立つ	企喺 門口 ~ hái mùhn háu // ~ hai² mun⁴ hau² 入り口に立つ
1070	□ 坐 chóh // tso⁵ 座る	坐喺 卡位 ~ hái kà wái* // ~ hai² ka¹ wai²* テーブル席に座る

[動詞] ▶移動 / ▶開閉 ♪ CD-145 ♪ CD-146

1071	□ 去 heui // hoey³ 行く	去 外國 ~ ngoih gwok // ~ ngoi⁶ gwok⁸ 外国に行く
1072	□ 嚟 làih // lai⁴ 来る	嚟 醫院 ~ yì yún* // ~ ji¹ jyn²* 病院に来る
1073	□ 返 fàan // faan¹ 戻る	返 屋企 ~ ùk kéi* // ~ uk⁷ kei²* 帰宅する
1074	□ 到 dou // dou³ 着く	到 領事館 ~ líhng sih gwún // ~ ling⁵ si⁶ gwun² 領事館に着く
1075	□ 離開 lèih hòi // lei⁴ hoi¹ 離れる	離開 香港 ~ Hèung góng // ~ Hoeng¹ gong² 香港を離れる
1076	□ 開 hòi // hoi¹ （ドアを）開ける	開 門 ~ mùhn // ~ mun⁴ ドアを開ける
1077	□ 打開 dá hòi // da² hoi¹ （箱などを）開ける	打開 包裹 ~ bàau gwó // ~ baau¹ gwo² 小包を開ける
1078	□ 閂 sàan // saan¹ （ドアを）閉める	閂 門 ~ mùhn // ~ mun⁴ ドアを閉める
1079	□ 封埋 fùng màaih // fung¹ maai⁴ （箱などを）閉じる	封埋 個 盒 ~ go háp* // ~ go³ hap²* 箱を閉じる
1080	□ lock lòk // lok⁷ 施錠する。ロックする	lock 咗 度 門 ~ jó douh mùhn // ~ dzo² dou⁶ mun⁴ ドアをロックした

	[動詞] ▶調理		♪ CD-147
1081	□ 煮 jyú // dzy² 調理する	煮 嘢食 ~ yéh sihk // ~ je⁵ sik⁹ 食べ物を作る。何か作って食べる	
1082	□ 切 chit // tsit⁸ 切る	切 白菜 ~ baahk choi // ~ baak⁹ tsoi³ 白菜を切る	
1083	□ 焗 guhk // guk⁹ オーブンで焼く	焗 麵包 ~ mihn bàau // ~ min⁶ baau¹ パンをオーブンで焼く	
1084	□ 炒 cháau // tsaau² 炒める	炒 米粉 ~ máih fán // ~ mai⁵ fan² ビーフンを炒める	
1085	□ 蒸 jìng // dzing¹ 蒸す	放喺 蒸籠 入面 蒸 fong hái jìng lùhng yahp mihn ~ // fong hai² dzing¹ lung⁴ jap⁹ min⁶ ~ 蒸籠の中に入れて蒸す	

「返 屋企 食 飯」

109

[動詞] ▶生活行為　♪ CD-148

1086 □ 起 // 身
héi sàn // hei² san¹
起きる

咁 早 起 身
gam jóu ~ // gam³ dzou² ~
こんなに早く起きる

1087 □ 洗 // 面
sái mihn // sai² min⁶
洗面する

食 早餐 之前 洗 面
sihk jóu chàan jì chìhn ~ // sik⁹ dzou² tsaan¹ dzi¹ tsin⁴ ~ 朝食の前に顔を洗う

1088 □ 食 // 飯
sihk faahn // sik⁹ faan⁶
食事をする

快啲 食 飯
faai dì ~ // faai³ di¹ ~
早く食事をする

1089 □ 打掃
dá sou // da² sou³
掃除する

打掃 我間 房
~ ngóh gàan fóng* // ~ ngo⁵ gaan¹ fong²*
私の部屋を掃除する

1090 □ 湊
chau // tsau³
（乳幼児の）面倒を見る

同時 湊 兩個 BB
tùhng sìh ~ léuhng go bìh bì // tung⁴ si⁴ ~ loeng⁵ go³ bi⁴ bi¹ 同時に赤ん坊2人の面倒を見る

1091 □ 休息
yàu sìk // jau¹ sik⁷
休む

休息 一陣
~ yàt jahn // ~ jat⁷ dzan⁶
一休みする

1092 □ 換 // 衫
wuhn sàam // wun⁶ saam¹
服を着替える

幾日 都 冇 換 衫
géi yaht dòu móuh ~ // gei² jat⁹ dou¹ mou⁵ ~
数日間服を着替えていない

1093 □ 沖 // 涼
chùng lèuhng // tsung¹ loeng⁴
入浴する

食完 晚飯 之後 沖 涼　sihk yùhn máahn faahn jì hauh ~ // sik⁹ jyn⁴ maan⁵ faan⁶ dzi¹ hau⁶ ~ 夕食を済ませた後にシャワーを浴びる

1094 □ 刷 // 牙
chaat ngàh // tsaat⁸ nga⁴
歯を磨く

未 刷 牙 就 唔 可以 瞓
meih ~ jauh m̀h hó yíh fan // mei⁶ ~ dzau⁶ m⁴ ho² ji⁵ fan³ 歯を磨いていなければ寝てはいけない

1095 □ 瞓 //（覺）
fan (gaau) // fan³ (gaau³)
寝る

咁 夜 先 瞓（覺）
gam yeh sìn ~ // gam³ je⁶ sin¹ ~
こんなに遅くにならないと寝ない

110

[動詞] ▶人間関係 / ▶通信・交流　♪ CD-149　♪ CD-150

1096 □ **商量**
sèung lèuhng // soeng¹ loeng⁴　相談する
同 同事 商量吓
tùhng tùhng sih ~ háh // tung⁴ tung⁴ si⁶ ~ ha⁵
同僚と相談してみる

1097 □ **抗議**
kong yíh // kong³ ji⁵　抗議する
對 政府 抗議
deui jing fú ~ // doey³ dzing³ fu² ~
政府に対して抗議する

1098 □ **贊成**
jaan sìhng // dzaan³ sing⁴　賛成する
贊成 邊個 方案
~ bin go fòng on // ~ bin¹ go³ fong¹ on³
どの案に賛成するか

1099 □ **反對**
fáan deui // faan² doey³　反対する
好多 人 都 反對
hóu dò yàhn dòu ~ // hou² do¹ jan⁴ dou¹ ~
多くの人が反対している

1100 □ **合作**
hahp jok // hap⁹ dzok⁸　協力する
同 其他人 合作
tùhng kèih tà yàhn ~ // tung⁴ kei⁴ ta¹ jan⁴ ~
他の人に協力する

1101 □ **寄 // 信**
gei seun // gei³ soen³　手紙を出す
寄 信 嗰陣 要 黏 郵票
~ gó jahn yiu nìhm yàuh piu // ~ go² dzan⁶ jiu³ nim⁴ jau⁴ piu³
手紙を出す時は切手を貼らないと

1102 □ **打 // 電話**
dá dihn wá* // da² din⁶ wa²*　電話を掛ける
打 電話 俾 老婆
~ béi lóuh pòh // ~ bei² lou⁵ po⁴
妻に電話を掛ける

1103 □ **send**
sèn // sen¹　送信する
send e-mail 俾 你
~ yì mèl béi néih // ~ ji¹ meu¹ bei² nei⁵
電子メールを君に送る

1104 □ **download**
dàan lòu // daan¹ lou²　ダウンロードする
download 咗 快勞
~ jó fàai lóu // ~ dzo² faai¹ lou²
ファイルをダウンロードした

1105 □ **返**
fàan // faan¹　通う
禮拜六 要 返 教會
láih baai luhk yiu ~ gaau wúi* // lai⁵ baai³ luk⁹ jiu³ ~ gaau³ wui²*
土曜日は教会に通う

111

[動詞] ▶授受 / ▶教育

♪ CD-151 ♪ CD-152

1106 □ 買
máaih // maai⁵
買う

買 六合彩
~ luhk hahp chói // ~ luk⁹ hap⁹ tsoi²
ロトくじを買う

1107 □ 賣
maaih // maai⁶
売る

賣 生果
~ sàang gwó // ~ saang¹ gwo²
果物を売る

1108 □ 借
je // dze³
借りる

向 銀行 借 錢
heung ngàhn hòhng ~ chín* // hoeng³ ngan⁴ hong⁴ ~ tsin²* 銀行からお金を借りる

1109 □ 借～俾
je ~ béi // dze³ ~ bei²
貸す

借 一大筆錢 俾 佢
~ yàt daaih bàt chín* ~ kéuih // ~ jat⁷ daai⁶ bat⁷ tsin²* ~ koey⁵ 大金を彼女に貸す

1110 □ 俾返
béi fàan // bei² faan¹
返す

俾返 啲 錢 你
~ dì chín* néih // ~ di¹ tsin²* nei⁵
(借りた) 金をあなたに返す

1111 □ 教 //(書)
gaau (syù) // gaau³ (sy¹)
教える

教 書 教得 好 好
~ gaau dàk hóu hóu // ~ gaau³ dak⁷ hou² hou²
教えるのが上手い

1112 □ 建議
gin yíh // gin³ ji⁵
アドバイスする

建議 佢 戒 酒
~ kéuih gaai jáu // ~ koey⁵ gaai³ dzau²
彼に酒を断つようアドバイスする

1113 □ 鬧
naauh // naau⁶
叱る

俾 父母 鬧
béi fuh móuh ~ // bei² fu⁶ mou⁵ ~
両親に叱られる

1114 □ 讚
jaan // dzaan³
褒める

老師 讚 你
lóuh sì ~ néih // lou⁵ si¹ ~ nei⁵
先生があなたを褒めている

1115 □ 改 // 卷
gói gyún // goi² gyn²
採点する

幫 學生 改 卷
bòng hohk sàang ~ // bong¹ hok⁹ saang¹ ~
学生の答案を採点する

［動詞］ ▶存在 ／ ▶生死　　♪ CD-153　♪ CD-154

1116 □ 開始
hòi chí // hoi¹ tsi²
始まる

準時 開始
jéun sìh ~ // dzoen² si⁴ ~
定刻に始まる

1117 □ 結束
git chùk // git⁸ tsuk⁷
終わる

就嚟 結束
jauh làih ~ // dzau⁶ lai⁴ ~
もうすぐ終了する

1118 □ 出現
chèut yihn // tsoet⁷ jin⁶
現れる

出現 問題
~ mahn tàih // ~ man⁶ tai⁴
問題が現れる

1119 □ 消失
sìu sàt // siu¹ sat⁷
消える

啲 記錄 消失咗
dì gei luhk ~ jó // di¹ gei³ luk⁹ ~ dzo²
（有るはずの）記録が消えている

1120 □ 繼續
gai juhk // gai³ dzuk⁹
続ける

繼續 討論
~ tóu leuhn // ~ tou² loen⁶
討論を継続する

1121 □ 出 // 世
chèut sai // tsoet⁷ sai³
生まれる

前年 出 世
chìhn nín* ~ // tsin⁴ nin²* ~
一昨年生まれた

1122 □ 生
sàang // saang¹
生む

生 第一個 BB
~ daih yàt go bìh bì // ~ dai⁶ jat⁷ go³ bi⁴ bi¹
最初の赤ちゃんを出産する

1123 □ 老
lóuh // lou⁵
老いる

老咗 記性 會 差啲
~ jó gei sing wúih chà dì // ~ dzo² gei³ sing wui⁵ tsa¹ di¹
年をとると記憶力が衰える

1124 □ 過 // 身
gwo sàn // gwo³ san¹
亡くなる

噚日 過咗 身
chàhm yaht ~ jó ~ // tsam⁴ jat⁹ ~ dzo² ~
昨日亡くなった

1125 □ 翻生
fàan sàang // faan¹ saang¹
生き返る

死咗 三日 之後 翻生
séi jó sàam yaht jì hauh ~ // sei² dzo² saam¹ jat⁹ dzi¹ hau⁶ ~
死んで3日目に生き返る

[形容詞] ▶長短・大小など (1)　♪ CD-155

1126 □ 長
chèuhng // tsoeng⁴
長い

佢 嘅 頭髮 好 長
kéuih ge tàuh faat hóu ~ // koey⁵ ge³ tau⁴ faat⁸ hou²
~ 彼女の髪の毛は長い

1127 □ 短
dyún // dyn²
短い

呢篇 文章 好 短
nì pìn màhn jèung hóu ~ // ni¹ pin¹ man⁴ dzoeng¹ hou² ~ この文章は短い

1128 □ 高
gòu // gou¹
高い

呢座 大廈 特別 高
nì joh daaih hah dahk biht ~ // ni¹ dzo⁶ daai⁶ ha⁶ dak⁹ bit⁹ ~ このビルは特に高い

1129 □ 低
dài // dai¹
（高さ・水準が）低い

佢 對 我哋 嘅 評價 好 低　kéuih deui ngóh deih ge pìhng ga hóu ~ // koey⁵ doey³ ngo⁵ dei⁶ ge³ ping⁴ ga³ hou² ~ 彼の僕らに対する評価は低い

1130 □ 深
sàm // sam¹
深い

呢個 問題 你 研究得 好 深　nì go mahn tàih néih yìhn gau dàk hóu ~ // ni¹ go³ man⁶ tai⁴ nei⁵ jin⁴ gau³ dak⁷ hou² ~ この問題は君が深く研究している

1131 □ 淺
chín // tsin²
浅い

佢哋 嘅 見識 好 淺
kéuih deih ge gin sìk hóu ~ // koey⁵ dei⁶ ge³ gin³ sik⁷ hou² ~ 彼女らの見識は浅い

1132 □ 厚
háuh // hau⁵
厚い

對 絲襪 質地 好 厚
deui sì maht jàt déi* hóu ~ // doey³ si¹ mat⁹ dzat⁷ dei²* hou² ~ そのストッキングは生地が厚い

1133 □ 薄
bohk // bok⁹
薄い

我 想要 塊 再 薄啲 嘅 木板　ngóh séung yiu faai joi ~ dì ge muhk báan // ngo⁵ soeng² jiu³ faai³ dzoi³ ~ di¹ ge³ muk⁹ baan² 私はもう少し薄い木板が欲しい

1134 □ 遠
yúhn // jyn⁵
遠い

我 屋企 唔 係 好 遠
ngóh ùk kéi* m̀h haih hóu ~ // ngo⁵ uk⁷ kei²* m⁴ hai⁶ hou² ~ 私の家は遠くはない

1135 □ 近
káhn // kan⁵
近い

紅磡 離 呢度 好 近
Hùhng ham lèih nì douh hóu ~ // Hung⁴ ham³ lei⁴ ni¹ dou⁶ hou² ~ ホンハムはここから近い

[形容詞] ▶長短・大小など (2)　　♪ CD-156

1136 □ 粗
chòu // tsou¹
太い

呢條 綫 粗過 嗰條
nì tiùh sin ~ gwo gó tiùh // ni¹ tiu⁴ sin³ ~ gwo³ go²
tiu⁴ この線はあの線よりも太い

1137 □ 幼
yau // jau³
細い

我 想 試吓 食 幼麵
ngóh séung si háh sihk ~ mihn // ngo⁵ soeng² si³
ha⁵ sik⁹ ~ min⁶ 私は細麺を試食してみたい

1138 □ 大
daaih // daai⁶
大きい

呢間 屋 好 大
nì gàan ùk hóu ~ // ni¹ gaan¹ uk⁷ hou² ~
この家は大きい

1139 □ 細
sai // sai³
小さい

我間 房 好 細
ngóh gàan fóng* hóu ~ // ngo⁵ gaan¹ fong²* hou² ~
私の部屋は小さい

1140 □ 快
faai // faai³
速い

你 做 嘢 好 快
néih jouh yéh hóu ~ // nei⁵ dzou⁶ je⁵ hou² ~
あなたは仕事（するの）が早い

1141 □ 慢
maahn // maan⁶
遅い

佢 行得 好 慢
kéuih hàahng dàk hóu ~ // koey⁵ haang⁴ dak⁷ hou²
~ 彼は歩き方が遅い

1142 □ 重
chúhng // tsung⁵
重い

你件 行李 好 重
néih gihn hàhng léih hóu ~ // nei⁵ gin⁶ hang⁴ lei⁵
hou² ~ あなたの荷物は重い

1143 □ 輕
hèng // heng¹
軽い

呢張 被 又 輕 又 軟
nì jèung péih yauh ~ yauh yúhn // ni¹ dzoeng¹ pei⁵
jau⁶ ~ jau⁶ jyn⁵ この布団は軽いし柔らかい

1144 □ 硬
ngaahng // ngaang⁶
硬い

呢塊 布 好 硬
nì faai bou hóu ~ // ni¹ faai³ bou³ hou² ~
この布は硬い

1145 □ 軟
yúhn // jyn⁵
柔らかい

嗰張 床褥 好 軟
gó jèung chòhng yúk* hóu ~ // go² dzoeng¹ tsong⁴
juk²* hou² ~ あのマットレスは柔らかい

[形容詞] ▶能力・人格　♪ CD-157

1146 □ **聰明**
chùng mìhng // tsung¹ ming⁴
頭が良い

我 家姐 好 聰明
ngóh gà jè* hóu ~ // ngo⁵ ga¹ dze¹* hou² ~
私の姉は頭が良い

1147 □ **蠢**
chéun // tsoen²
頭が悪い

我 細佬 好 蠢
ngóh sai lóu hóu ~ // ngo⁵ sai³ lou² hou² ~
私の弟は頭が悪い

1148 □ **老實**
lóuh saht // lou⁵ sat⁹
正直な

我 細妹 好 老實
ngóh sai múi* hóu ~ // ngo⁵ sai³ mui²* hou² ~
私の妹は正直だ

1149 □ **細路仔脾氣**
sai louh jái pèih hei // sai³ lou⁶ dzai² pei⁴ hei³ 子供っぽい

我 老公 好 細路仔脾氣
ngóh lóuh gùng hóu ~ // ngo⁵ lou⁵ gung¹ hou² ~
私の夫は子供っぽい

1150 □ **笨手笨腳**
bahn sáu bahn geuk // ban⁶ sau² ban⁶ goek⁸ 不器用な

我 老婆 笨手笨腳
ngóh lóuh pòh ~ // ngo⁵ lou⁵ po⁴ ~
私の妻は不器用だ

1151 □ **有禮貌**
yáuh láih maauh // jau⁵ lai⁵ maau⁶ 礼儀正しい

你 哥哥 好 有禮貌
néih gòh* gò hóu ~ // nei⁵ go⁴* go¹ hou² ~
あなたのお兄さんは礼儀正しい

1152 □ **溫柔**
wàn yàuh // wan¹ jau⁴
優しい

你個 女 好 溫柔
néih go néui* hóu ~ // nei⁵ go³ noey²* hou² ~
あなたの娘は優しい

1153 □ **粗魯**
chòu lóuh // tsou¹ lou⁵
がさつな

你 老細 好 粗魯
néih lóuh sai hóu ~ // nei⁵ lou⁵ sai³ hou² ~
あなたの上司はがさつだ

1154 □ **奸**
gàan // gaan¹
ずるい

我 女友 好 奸
ngóh néuih yáuh hóu ~ // ngo⁵ noey⁵ jau⁵ hou² ~
僕のガールフレンドはずるい

1155 □ **鹹濕**
hàahm sàp // haam⁴ sap⁷
スケベな

我 男友 好 鹹濕
ngóh nàahm yáuh hóu ~ // ngo⁵ naam⁴ jau⁵ hou² ~
私のボーイフレンドはスケベだ

[形容詞] ▶態度 / ▶心理狀態　　♪ CD-158　♪ CD-159

1156 □ **熱心**
yiht sàm // jit⁹ sam¹
熱心な

熱心 討論
~ tóu leuhn // ~ tou² loen⁶
熱心に討論する

1157 □ **認真**
yihng jàn // jing⁶ dzan¹
真面目な

態度 好 認真
taai douh hóu ~ // taai³ dou⁶ hou² ~
態度が真面目だ

1158 □ **懶惰**
láahn doh // laan⁵ do⁶
怠惰な

做 嘢 唔 可以 咁 懶惰
jouh yéh m̀h hó yíh gam ~ // dzou⁶ je⁵ m⁴ ho² ji⁵ gam³ ~
かくも仕事に怠惰であってはならない

1159 □ **唔知醜**
m̀h jì cháu // m⁴ dzi¹ tsau²
厚かましい

嗰個 人 好 唔知醜
gó go yàhn hóu ~ // go² go³ jan⁴ hou² ~
あの人は厚かましい

1160 □ **自私**
jih sì // dzi⁶ si¹
わがままな

個個 都 好 自私
go go dòu hóu ~ // go³ go³ dou¹ hou² ~
誰も彼も皆わがままだ

1161 □ **開心**
hòi sàm // hoi¹ sam¹
嬉しい

見倒 你 好 開心
gin dóu néih hóu ~ // gin³ dou² nei⁵ hou² ~
あなたにお目にかかれて嬉しい

1162 □ **唔開心**
m̀h hòi sàm // m⁴ hoi¹ sam¹
不機嫌な

呢幾日 好 唔開心
nì géi yaht hóu ~ // ni¹ gei² jat⁹ hou² ~
ここ数日機嫌が悪い

1163 □ **悶**
muhn // mun⁶
退屈な

聽 政客 講 嘢 好 悶
tèng jing haak góng yéh hóu ~ // teng¹ dzing³ haak⁸ gong² je⁵ hou² ~
政治家の話を聞くのは退屈だ

1164 □ **慘**
cháam // tsaam²
悲しい

考試 肥佬 好 慘
háau si fèih lóu hóu ~ // haau² si³ fei⁴ lou² hou² ~
試験に落ちて悲しい

1165 □ **難過**
nàahn gwo // naan⁴ gwo³
辛い

屋企人 死咗 好 難過
ùk kéi* yàhn séi jó hóu ~ // uk⁷ kei²* jan⁴ sei² dzo² hou² ~
家族が死んで辛い

[形容詞] ▶体調 ／ ▶寒暖・乾湿 ♪ CD-160 ♪ CD-161

1166	□ 舒服 syù fuhk // sy¹ fuk⁹ 心地よい	坐 商務客位 好 舒服　chóh sèung mouh haak wái* hóu ~ // tso⁵ soeng¹ mou⁶ haak⁸ wai²* hou² ~（飛行機の）ビジネスクラスに乗ると心地よい
1167	□ 癐癐哋 gwuih gwúi* déi // gwui⁶ gwui²* dei² だるい	起 身 嗰陣 覺得 癐癐哋 héi sàn gó jahn gok dàk ~ // hei² san¹ go² dzan⁶ gok⁸ dak⁷ ~ 起きた時（体が）だるい
1168	□ 痛 tung // tung³ 痛い	又 頭痛 又 想 嘔 yauh tàuh ~ yauh séung áu // jau⁶ tau⁴ ~ jau⁶ soeng² au² 頭痛もするし吐き気もする
1169	□ 痕 hàhn // han⁴ 痒い	痕咗 好 耐，忍唔住 □　~ jó hóu noih, yán m̀h jyuh àau // ~ dzo² hou² noi⁶, jan² m⁴ dzy⁶ aau¹ 痒みが長く続いたので、たまらず掻いた
1170	□ 辛苦 sàn fú // san¹ fu² 苦しい	覺得 行 幾步 路 都 好 辛苦　gok dàk hàahng géi bouh louh dòu hóu ~ // gok⁸ dak⁷ haang⁴ gei² bou⁶ lou⁶ dou¹ hou² ~ 数歩歩くだけでも苦しい
1171	□ 熱 yiht // jit⁹ 暑い	今日 都 好 熱 gàm yaht dòu hóu ~ // gam¹ jat⁹ dou¹ hou² ~ 今日も暑い
1172	□ 凍 dung // dung³ 寒い	最 凍 係 一月 jeui ~ haih yàt yuht // dzoey³ ~ hai⁶ jat⁷ jyt⁹ 最も寒いのは1月だ
1173	□ 冰凍 bìng dung // bing¹ dung³ キンキンに冷えた	冰凍 嘅 啤酒 ~ ge bè jáu // ~ ge³ be¹ dzau² キンキンに冷えたビール
1174	□ 乾 gòn // gon¹ 乾いた	用 風筒 吹乾 yuhng fùng túng chèui ~ // jung⁶ fung¹ tung² tsoey¹ ~ ドライヤーで乾かす
1175	□ 濕 sàp // sap⁷ 湿った	呢條 毛巾 要 整濕啲 nì tiuh mòuh gàn yiu jíng ~ dì // ni¹ tiu⁴ mou⁴ gan¹ jiu³ dzing² ~ di¹ このタオルは湿しておく必要がある

| [形容詞] ▶美醜・難易・正否 | ♪ CD-162 |

1176	□ 靚 leng // leng^3 綺麗な	呢幅 畫 劃得 好 靚 nì fùk wá* waahk dàk hóu ~ // ni^1 fuk^7 wa^2* waak^9 dak^7 hou^2 ~ この絵はきれいに描かれている
1177	□ 乾淨 gòn jehng // gon^1 dzeng^6 清潔な	洗得 好 乾淨 sái dàk hóu ~ // sai^2 dak^7 hou^2 ~ きれいに洗う
1178	□ 汚糟 wù jòu // wu^1 dzou^1 汚れた	呢張 檯 好 汚糟 nì jèung tói* hóu ~ // ni^1 dzoeng^1 toi^2* hou^2 ~ このテーブルは汚い
1179	□ (容)易 (yùhng) yih // (jung^4) ji^6 容易な	呢樣嘢講就容易，做就好難 nì yeuhng yéh góng jauh ~, jouh jauh hóu nàahn // ni^1 joeng^6 je^5 gong^2 dzau^6 ~, dzou^6 dzau^6 hou^2 naan^4 この様な事は言うのは簡単だがやるのは難しい
1180	□ 啱 àam // aam^1 正しい	你講得啱，佢講得唔啱　néih góng dàk ~, kéuih góng dàk mh ~ // nei^5 gong^2 dak^7 ~, koey^5 gong^2 dak^7 m^4 ~ 君の言うとおりで，彼の言い分は間違っている

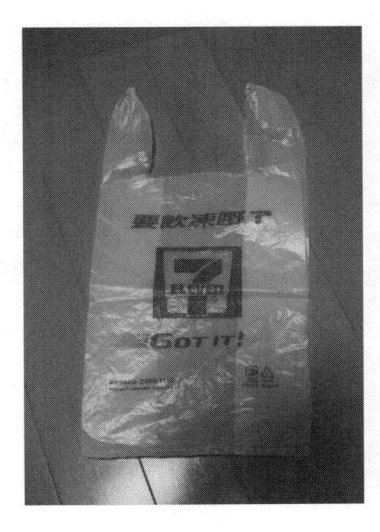

「要 飲 凍嘢」
（冷たいものが飲みたい？）

[形容詞] ▶色彩 ♪ CD-163

1181	□ 黑色 hàk sìk // hak⁷ sik⁷ 黒い	黑色 手襪 ~ sáu maht // ~ sau² mat⁹ 黒い手袋
1182	□ 白色 baahk sìk // baak⁹ sik⁷ 白い	白色 手機 ~ sáu gèi // ~ sau² gei¹ 白い携帯電話
1183	□ 紅色 hùhng sìk // hung⁴ sik⁷ 赤い	紅色 小巴 ~ síu bà // ~ siu² ba¹ 赤いミニバス
1184	□ 藍色 làahm sìk // laam⁴ sik⁷ 青い	藍色 的士 ~ dìk sí // ~ dik⁷ si² 青いタクシー
1185	□ 綠色 luhk sìk // luk⁹ sik⁷ 緑色の	綠色 掣 ~ jai // ~ dzai³ 緑色のスイッチ
1186	□ 黃色 wòhng sìk // wong⁴ sik⁷ 黄色の	黃色 花 ~ fà // ~ fa¹ 黄色の花
1187	□ 淺色 chín sìk // tsin² sik⁷ 明るい	淺色 啲 嘅 布 ~ dì ge bou // ~ di¹ ge³ bou³ 明るめの色の布
1188	□ 深色 sàm sìk // sam¹ sik⁷ 暗い	深色 啲 嘅 衫 ~ dì ge sàam // ~ di¹ ge³ saam¹ 暗めの色の服
1189	□ 彩色 chói sìk // tsoi² sik⁷ カラーの	彩色 菲林 ~ fèi lám // ~ fei¹ lam² カラーフイルム
1190	□ 冇色 móuh sìk // mou⁵ sik⁷ 無色の	冇色 嘅 液體 ~ ge yihk tái // ~ ge³ jik⁹ tai² 無色の液体

[形容詞] ▶聴覚・嗅覚・味覚 ♪ CD-164

1191 靜
jihng // dzing⁶
静かな

呢便 好 靜
nì bihn hóu ~ // ni¹ bin⁶ hou² ~
こちら側は静かだ

1192 嘈
chòuh // tsou⁴
うるさい

電視機 嘅 聲 好 嘈
dihn sih gèi ge sèng hóu ~ // din⁶ si⁶ gei¹ ge³ seng¹ hou² ~
テレビの音がうるさい

1193 香
hèung // hoeng¹
香しい

呢啲 香水 好 香
nì dì hèung séui hóu ~ // ni¹ di¹ hoeng¹ soey² hou² ~
この香水は良いにおいがする

1194 臭
chau // tsau³
臭い

呢條 褲 好 臭
nì tìuh fu hóu ~ // ni¹ tiu⁴ fu³ hou² ~
このズボンは臭う

1195 甜
tìhm // tim⁴
甘い

呢啲 點心 好 甜
nì dì dím sàm hóu ~ // ni¹ di¹ dim² sam¹ hou² ~
この（複数の）点心は甘い

1196 鹹
hàahm // haam⁴
塩辛い

呢碟 菜 非常之 鹹
nì dihp choi fèi sèuhng jì ~ // ni¹ dip⁹ tsoi³ fei¹ soeng⁴ dzi¹ ~
この（小皿の）料理は非常に塩辛い

1197 辣
laaht // laat⁹
辛い

嗰味 餸 可能 好 辣
gó meih sung hó nàhng hóu ~ // go² mei⁶ sung³ ho² nang⁴ hou² ~
そのおかずは多分辛い

1198 酸
syùn // syn¹
酸っぱい

呢啲 菜 多數 都 好 酸
nì dì choi dò sou dòu hóu ~ // ni¹ di¹ tsoi³ do¹ sou³ dou¹ hou² ~
この（複数の）料理は多くは酸っぱい

1199 苦
fú // fu²
苦い

我 覺得 呢碟 菜 好 苦
ngóh gok dàk nì dihp choi hóu ~ // ngo⁵ gok⁸ dak⁷ ni¹ dip⁹ tsoi³ hou² ~
この(小皿の)料理は苦いと思う

1200 淡
táahm // taam⁵
薄味の

鍾意 食 淡啲 嘅 餸
jùng yi sihk ~ dì ge sung // dzung¹ ji³ sik⁹ ~ di¹ ge³ sung³
薄味のおかず（を食べるの）が好きだ

[形容詞] ▶多少／[副詞] ▶多少　　♪ CD-165　♪ CD-166

1201	□ 多 dò // do¹ 多い	而家 有 好多 新移民 yìh gà yáuh hóu ~ sàn yìh màhn // ji⁴ ga¹ jau⁵ hou² ~ san¹ ji⁴ man⁴　今や新たに来た移民が沢山いる
1202	□ 豐富 fùng fu // fung¹ fu³ 豊かな	有 好 豐富 嘅 資源 yáuh hóu ~ ge jì yùhn // jau⁵ hou² ~ ge³ dzi¹ jyn⁴ 豊富な資源を有する
1203	□ 少 síu // siu² 少ない	參與 捐款 嘅 人 好 少 chàam yúh gyùn fún ge yàhn hóu ~ // tsaam¹ jy⁵ gyn¹ fun² ge³ jan⁴ hou² ~　募金に協力する人は少ない
1204	□ 得 dàk // dak⁷ 僅かな【動詞】	得 幾個 人 開 OT ~ géi go yàhn hòi òu tì // ~ gei² go³ jan⁴ hoi¹ ou¹ ti¹ 僅か数名が残業をする
1205	□ 個別 go biht // go³ bit⁹ 稀な	今次 係 個別 事件 gàm chi haih ~ sih gín* // gam¹ tsi³ hai⁶ ~ si⁶ gin²* 今回のはまれな出来事だ
1206	□ 多啲 dò dì // do¹ di¹ 多め（に）	今日 想 食 多啲 gàm yaht séung sihk ~ // gam¹ jat⁹ soeng² sik⁹ ~ 今日は多めに食べたい
1207	□ 少啲 síu dì // siu² di¹ 少なめ（に）	慳 錢，要 買 少啲 hàan chín*, yiu máaih ~ // haan¹ tsin²*, jiu³ maai⁵ ~ 節約のため，買い控えねば
1208	□ 少少 síu síu // siu² siu² 少々	糖漿 放 少少 就 得 tòhng jèung fong ~ jauh dàk // tong⁴ dzoeng¹ fong ~ dzau⁶ dak⁷　シロップは少々入れればよい
1209	□ 倍 púih // pui⁵ 倍【量詞】	貴過 呢隻 一倍 gwai gwo nì jek yàt ~ // gwai³ gwo³ ni¹ dzek⁸ jat⁷ ~ これよりも倍高い
1210	□ 幾多 géi dò // gei² do¹ 幾ら。どのくらい	知道 孖展 收 幾多 jì dou mà jín sàu ~ // dzi¹ dou³ ma¹ dzin² sau¹ ~ マージンが幾ら取られるか分かっている

[副詞]　▶頻度　／　▶時機　　♪ CD-167　♪ CD-168

1211　□ **成日**
sèhng yaht // seng⁴ jat⁹
しょっちゅう

成日 都 喺 屋企 打 機
~ dòu hái ùk kéi* dá gèi // ~ dou¹ hai² uk⁷ kei²* da² gei¹　しょっちゅう家で電子ゲームをしている

1212　□ **時時**
sìh sìh // si⁴ si⁴
よく〜する

時時 都 去 旺角 玩
~ dòu heui Wohng gok wáan // ~ dou¹ hoey³ Wong⁶ gok⁸ waan²　よくモンコックに遊びに行く

1213　□ **有時**
yáuh sìh // jau⁵ si⁴
〜なこともある

有時 會 喺 呢度 蕩失 路
~ wúih hái nì douh dohng sàt louh // ~ wui⁵ hai² ni¹ dou⁶ dong⁶ sat⁷ lou⁶　ここで道に迷うこともある

1214　□ **久唔久**
gáu m̀h gáu // gau² m⁴ gau²　たまに

久唔久 send e-mail 嚟
~ sèn yì mèl làih // ~ sen¹ ji¹ meu¹ lai⁴　たまに電子メールを送ってくる

1215　□ **好少**
hóu síu // hou² siu²
めったに〜ない

好少 聽倒 佢 嘅 消息
~ tèng dóu kéuih ge sìu sìk // ~ teng¹ dou² koey⁵ ge³ siu¹ sik⁷　彼の消息はほとんど聞かない

1216　□ **嗰陣時**
gó jahn sìh // go² dzan⁶ si⁴　その時（に）

嗰陣時 我 喺 澳門
~ ngóh hái Ou mún* // ~ ngo⁵ hai² Ou³ mun²*　その時私はマカオにいた

1217　□ **到時**
dou sìh // dou³ si⁴
その時・状況（が来たら）

到時 我 會 話 你 知
~ ngóh wúih wah néih jì // ~ ngo⁵ wui⁵ wa⁶ nei⁵ dzi¹　その時が来たら君に話そう

1218　□ **嘅時候**
ge sìh hauh // ge³ si⁴ hau⁶
〜する時（に）

過 馬路 嘅 時候
gwo máh louh ~ // gwo³ ma⁵ lou⁶ ~　道路を横断する時

1219　□ **嗰日**
gó yaht // go² jat⁹
当日（に）

考試 嗰日
háau síh ~ // haau² si⁵ ~　試験当日に

1220　□ **準時**
jéun sìh // dzoen² si⁴
定刻（に）

準時 開始
~ hòi chí // ~ hoi¹ tsi²　定刻に始める

123

[副詞] ▶時間　　　　　　　　　　　　　♪ CD-169

1221 □ 一陣
yàt jahn // jat⁷ dzan⁶
暫く

同 佢 嗌咗 一陣 交
tùhng kéuih aai jó ~ gàau // tung⁴ koey⁵ aai³ dzo² ~ gaau¹ 彼と暫く口喧嘩をした

1222 □ 好耐
hóu noih // hou² noi⁶
長らく

等 好耐 要 耐性
dáng ~ yiu noih sing // dang² ~ jiu³ noi⁶ sing³
長く待つには忍耐力が必要だ

1223 □ 幾時
géi sìh // gei² si⁴
いつだって

幾時 嚟 都 OK
~ làih dòu òu kèi // ~ lai⁴ dou¹ ou¹ kei¹
いつ来てもらっても大丈夫だ

1224 □ 平時
pìhng sìh // ping⁴ si⁴
普段

平時 冇 嚟到 呢度
~ móuh làih dou nì douh // ~ mou⁵ lai⁴ dou³ ni¹ dou⁶ 普段はここまでは来ない

1225 □ 通常
tùng sèuhng // tung¹ soeng⁴
通常

通常 唔使 俾 錢
~ m̀h sái béi chín* // ~ m⁴ sai² bei² tsin²*
通常は金を支払う必要は無い

1226 □ 不嬲
bàt nàu // bat⁷ nau¹
絶えず

佢 不嬲 都 鍾意 投訴
kéuih ~ dòu jùng yi tàuh sou // koey⁵ ~ dou¹ dzung¹ ji³ tau⁴ sou³ 彼は絶えずクレームをつけたがる

1227 □ 起
héi // hei²
〜から

下個 禮拜日起 加價
hah go láih baai yaht ~ gà ga // ha⁶ go³ lai⁵ baai³ jat⁹ ~ ga¹ ga³ 来週日曜日から（料金が）値上げだ

1228 □ 之前
jì chìhn // dzi¹ tsin⁴
〜より前

回歸 之前 有 自由
wùih gwài ~ yáuh jih yàuh // wui⁴ gwai¹ ~ jau⁵ dzi⁶ jau⁴ 中国への返還以前は自由が有った

1229 □ 之後
jì hauh // dzi¹ hau⁶
〜した後

打完 機 之後 食 飯
dá yùhn gèi ~ sihk faahn // da² jyn⁴ gei¹ ~ sik⁹ faan⁶
ゲームを終えた後に食事をする

1230 □ 之前
jì chìhn // dzi¹ tsin⁴
〜までに

要 月尾 之前 寫完
yiu yuht méih ~ sé yùhn // jiu³ jyt⁹ mei⁵ ~ se² jyn⁴
月末までに書き上げねば

| [副詞] ▶完了・近接未来 / ▶タイミング | ♪ CD-170　♪ CD-171 |

1231	□ 頭先 tàuh sìn // tau⁴ sin¹ 先ほど	頭先 見倒 老細 ~ gin dóu lóuh sai // ~ gin³ dou² lou⁵ sai³ 先ほど上司を見かけた
1232	□ 一早 yàt jóu // jat⁷ dzou² とっくに	一早 就 估倒 呢個 結果 ~ jauh gwú dóu nì go git gwó // ~ dzau⁶ gwu² dou² ni¹ go³ git⁸ gwo² とっくにこの結果は予想できた
1233	□ 曾經 chàhng gìng // tsang⁴ ging¹ かつて	曾經 有 計劃 喺 呢度 起 樓　~ yáuh gai waahk hái nì douh héi láu* // ~ jau⁵ gai³ waak⁹ hai² ni¹ dou⁶ hei² lau²* かつてここにビルを建てる計画が有った
1234	□ 好快 hóu faai // hou² faai³ まもなく	好快 就 做完，請 等等　~ jauh jouh yùhn, chíng dáng dáng // ~ dzau⁶ dzou⁶ jyn⁴, tsing² dang² dang² まもなく完了するので、ちょっと待ってください
1235	□ 就嚟 jauh làih // dzau⁶ lai⁴ もうすぐ	就嚟 你 生日 ~ néih sàang yaht // ~ nei⁵ saang¹ jat⁹ もうすぐあなたの誕生日
1236	□ 順便 seuhn bín* // soen⁶ bin²* ついでに	順便 睇吓 第二間 舖頭 ~ tái háh daih yih gàan pou táu* // ~ tai² ha⁵ dai⁶ ji⁶ gaan¹ pou³ tau²* ついでに別の店をのぞいておく
1237	□ 突然間 daht yìhn gàan // dat⁹ jin⁴ gaan¹ 突然	突然間 落 大雨 ~ lohk daaih yúh // ~ lok⁹ daai⁶ jy⁵ 突然大雨が降る
1238	□ 咁啱 gam àam // gam³ aam¹ 折良く	咁啱 趕倒 尾班車 ~ gón dóu méih bàan chè // ~ gon² dou² mei⁵ baan¹ tse¹ 折良く終電に間に合う
1239	□ 啱啱 àam àam // aam¹ aam¹ 丁度	啱啱 睇完 戲 ~ tái yùhn hei // ~ tai² jyn⁴ hei³ 丁度映画を見終えたところだ
1240	□ 偶然 ngáuh yìhn // ngau⁵ jin⁴ 偶然	偶然 買倒 新貨 ~ máaih dóu sàn fo // ~ maai⁵ dou² san¹ fo³ 偶然新製品を買えた

[副詞] ▶順序 ／ ▶重複　　　　　　　♪ CD-172　♪ CD-173

1241 □ **順序**
seuhn jeuih // soen⁶ dzoey⁶
順に

順序 睇落去
~ tái lohk heui // ~ tai² lok⁹ hoey³
順番に見ていく

1242 □ **首先**
sáu sìn // sau² sin¹
まずは

首先 問吓 呢間 事務所
~ mahn háh nì gàan sih mouh só // ~ man⁶ ha⁵ ni¹ gaan¹ si⁶ mou⁶ so² まずはこの事務所に尋ねてみる

1243 □ **跟住**
gàn jyuh // gan¹ dzy⁶
続いて

跟住 問 第二件 事
~ mahn daih yih gihn sih // ~ man⁶ dai⁶ ji⁶ gin⁶ si⁶
続いて別の事についても尋ねる

1244 □ **然之後**
yìhn jì hauh // jin⁴ dzi¹ hau⁶
それから

然之後 開始 討論
~ hòi chí tóu leuhn // ~ hoi¹ tsi² tou² loen⁶
それから議論を始める

1245 □ **最尾**
jeui mèi* // dzoey³ mei¹*
最後に

最尾搵倒一個人肯幫手　~ wán dóu yàt go yàhn háng bòng sáu // ~ wan² dou² jat⁷ go³ jan⁴ hang² bong¹ sau² 手伝ってくれるという人が最後には見つかった

1246 □ **每次**
múih chi // mui⁵ tsi³
毎回

每次 都 遲到
~ dòu chìh dou // ~ dou¹ tsi⁴ dou³
毎回遅刻をする

1247 □ **定時**
dihng sìh // ding⁶ si⁴
定期的に

差佬 定時 行呸
chàai lóu ~ hàahng bìt // tsaai¹ lou² ~ haang⁴ bit⁷
警官は定期的に巡回をする

1248 □ **又**
yauh // jau⁶
またまた

又 提起 嗰個 問題
~ tàih héi gó go mahn tàih // ~ tai⁴ hei² go² go³ man⁶ tai⁴ またまたあの問題を持ち出す

1249 □ **再**
joi // dzoi³
再び

再 研究吓 呢個 題目
~ yìhn gau háh nì go tàih muhk // ~ jin⁴ gau³ ha⁵ ni¹ go³ tai⁴ muk⁹ 再度このテーマについて検討してみる

1250 □ **唔再**
m̀h joi // m⁴ dzoi³
二度と～しない

唔再 借 錢 俾 你
~ je chín* béi néih // ~ dze³ tsin²* bei² nei⁵
二度と君には金を貸さない

[副詞] ▶程度 ／ [助動詞]

♪ CD-174　♪ CD-175

1251 咁
gam // gam³
これほど・そ
れほど・あれほど

佢 記性 咁 犀利
kéuih gei sing ~ sài leih // koey⁵ gei³ sing³ ~ sai¹ lei⁶
彼女の記憶力はこんなにすごい

1252 冇咁
móuh gam // mou⁵ gam³
（比較で）そんなに～ない

我 記性 冇 咁 好
ngóh gei sing ~ hóu // ngo⁵ gei³ sing³ ~ hou²
私の記憶力はそんなによくない

1253 至多
ji dò // dzi³ do¹
せいぜい

至多（都）係 兩成
~ (dòu) haih léuhng sìhng // ~ (dou¹) hai⁶ loeng⁵ sing⁴
せいぜい2割だ

1254 至少
ji síu // dzi³ siu²
少なくとも

至少（都）有 幾萬 人 參加
~ (dòu) yáuh géi maahn yàhn chàam gà // ~ (dou¹) jau⁵ gei² maan⁶ jan⁴ tsaam¹ ga¹ 少なくとも数万人が参加する

1255 最
jeui // dzoey³
最も

呢間 餐廳 最 好食
nì gàan chàan tèng ~ hóu sihk // ni¹ gaan¹ tsaan¹ teng¹ ~ hou² sik⁹ このレストランが一番美味しい

1256 識
sik // sik⁷
できる [習得技能]

識 講 英文
~ góng Yìng mán* // ~ gong² Jing¹ man²*
英語を話すことができる

1257 會
wúih // wui⁵
だろう [可能性]

今晚 會 打 風
gàm màan* ~ dá fùng // gam¹ maan¹* ~ da² fung¹
今夜は嵐になるだろう

1258 要
yiu // jiu³
ねばならない [義務]

要 做好 呢份 工
~ jouh hóu nì fahn gùng // ~ dzou⁶ hou² ni¹ fan⁶ gung¹
この仕事を仕上げねば

1259 唔使
m̀h sái // m⁴ sai²
しなくてよい [不必要]

唔使 找 錢
~ jáau chín* // ~ dzaau² tsin²*
お釣りは返さなくてよい

1260 應該
yìng gòi // jing¹ goi¹
はずだ [必然性]

佢 應該 走咗
kéuih ~ gòi jáu jó // koey⁵ ~ goi¹ dzau² dzo²
彼は立ち去ったはずだ

[前置詞] ♪ CD-176

1261	□ 喺 hái // hai^2 で [位置]	喺 呢度 click 入去 ~ nì douh kìk yahp heui // ~ ni^1 dou^6 kik^7 jap^9 hoey^3 ここをクリックして（次のページに）入る
1262	□ 同 tùhng // tung^4 と [共同遂行者]	同 袁小姐 一齊 去 ~ Yùhn síu jé yàt chàih heui // ~ Jyn^4 siu^2 dze^2 jat^7 tsai^4 hoey^3 袁さんと一緒に行く
1263	□ 用 yuhng // jung^6 で [道具]	用 手機 影 相 ~ sáu gèi yíng séung* // ~ sau^2 gei^1 jing^2 soeng^2* 携帯電話で写真を撮る
1264	□ 俾 béi // bei^2 に〜させる [使役]	俾 佢哋 睇吓 ~ kéuih deih tái háh // ~ koey^5 dei^6 tai^2 ha^5 彼らにちょっと見させる
1265	□ 同 tùhng // tung^4 のために [受益]	我 同 你哋 搵 人 ngóh ~ néih deih wán yàhn // ngo^5 ~ nei^5 dei^6 wan^2 jan^4 私はあなたたちのために人を手配する

「你 同 我 聽」

[接続詞]　　　　　　　　　　　　　　　　　　　　♪ CD-177

1266 □ 同
tùhng // tung⁴
と［等位］

我 同 佢 係 同行。
Ngóh ~ kéuih haih tùhng hòhng . //
Ngo⁵ ~ koey⁵ hai⁶ tung⁴ hong⁴ .
私と彼とは同業者だ。

1267 □ 不過
bàt gwo // bat⁷ gwo³
だが［逆接］

可以 睇 漫畫，不過 要 做 功課 先。
Hó yíh tái maahn wá*, ~ yiu jouh gùng fo sìn . //
Ho² ji⁵ tai² maan⁶ wa²*, ~ jiu³ dzou⁶ gung¹ fo³ sin¹ .
漫画を見てもよいが，宿題をしてからでないと。

1268 □ 因爲
yàn waih // jan¹ wai⁶
なので［理由］

因爲 唔 夠 錢，所以 買唔起。
~ m̀h gau chín*, só yíh máaih m̀h héi . //
~ m⁴ gau³ tsin²*, so² ji⁵ maai⁵ m⁴ hei² .
お金が足りないので，買えない。

1269 □ 所以
só yíh // so² ji⁵
だから［結論］

我 瞓過龍，所以 遲到 喇。
Ngóh fan gwo lùhng, ~ chìh dou la . //
Ngo⁵ fan³ gwo³ lung⁴, ~ tsi⁴ dou³ la³ .
私は寝過ごして，それで遅刻したのだ。

1270 □ 如果
yùh gwó // jy⁴ gwo²
もし［条件］

如果 搵唔倒 方法，就 冇 辦法。
~ wán m̀h dóu fòng faat, jauh móuh baahn faat . //
~ wan² m⁴ dou² fong¹ faat⁸, dzau⁶ mou⁵ baan⁶ faat⁸ .
もし方法が見つからなければ，どうしようもない。

129

[代名詞]　　　　　　　　　　　　　　♪ CD-178

1271	☐ 我 ngóh // ngo⁵ 私	我 嚟 搵 你 吖。 ~ làih wán néih à . // ~ lai⁴ wan² nei⁵ a¹ . 私があなたの所へ出向こう。
1272	☐ 你 néih // nei⁵ あなた	你 得唔得閒 呀？ ~ dàk m̀h dàk hàahn a ? // ~ dak⁷ m⁴ dak⁷ haan⁴ a³ ? あなたは暇？
1273	☐ 佢 kéuih // koey⁵ 彼。彼女	佢 係 我 前度 男友。 ~ haih ngóh chìhn douh nàahm yáuh . // ~ hai⁶ ngo⁵ tsin⁴ dou⁶ naam⁴ jau⁵ . 彼は私の元彼だ。
1274	☐ 我哋 ngóh deih // ngo⁵ dei⁶ 私たち	我哋 一定 會 幫 你。 ~ yàt dihng wúih bòng néih . // ~ jat⁷ ding⁶ wui⁵ bong¹ nei⁵ . 私たちは必ずあなたを手伝う。
1275	☐ 你哋 néih deih // nei⁵ dei⁶ あなたたち	你哋 想 去 邊度 呀？ ~ séung heui bìn douh a ? // ~ soeng² hoey³ bin¹ dou⁶ a³ ? あなたたちはどこへ行きたい？
1276	☐ 佢哋 kéuih deih // koey⁵ dei⁶ 彼ら。彼女ら	佢哋 唔 係 好人。 ~ m̀h haih hóu yàhn . // ~ m⁴ hai⁶ hou² jan⁴ . 彼らは良い人ではない。
1277	☐ 其他人 kèih tà yàhn // kei⁴ ta¹ jan⁴ 他の人	唔知 其他人 點 諗。 M̀h jì ~ dím nám . // M⁴ dzi¹ ~ dim² nam² . 他の人がどう考えているかは知らない。
1278	☐ 大家 daaih gà // daai⁶ ga¹ 皆	大家 互相 幫助 喇。 ~ wuh sèung bòng joh la . // ~ wu⁶ soeng¹ bong¹ dzo⁶ la³ . 皆お互いに助け合おう。
1279	☐ 呢度 nì douh // ni¹ dou⁶ ここ	唔該 你 喺 呢度 等 吖！ M̀h gòi néih hái ~ dáng à ! // M⁴ goi¹ nei⁵ hai² ~ dang² a¹ ! すまないが，ここで待っていてくれ。
1280	☐ 嗰度 gó douh // go² dou⁶ あそこ	行去 嗰度 要 半個鐘。 Hàahng heui ~ yiu bun go jùng . // Haang⁴ hoey³ ~ jiu³ bun³ go³ dzung¹ . 歩いてあそこへ行くには30分かかる。

[疑問詞]   ♪ CD-179

1281	□ 邊個 bìn go // bin¹ go³ 誰	問 邊個 好 呀？ Mahn ~ hóu a ? // Man⁶ ~ hou² a³ ? 誰に尋ねれば良い？
1282	□ 邊隻 / 邊個 bìn jék / bìn go // bin¹ dzek / bin¹ go³ どれ（量詞は適宜選ぶ）	你 鍾意 邊隻 呀？ Néih jùng yi ~ a ? // Nei⁵ dzung¹ ji³ ~ a³ ? 君はどれが好き？
1283	□ 乜嘢 màt yéh // mat⁷ je⁵ 何	呢個 係 乜嘢 呀？ Nì go haih ~ a ? // Ni¹ go³ hai⁶ ~ a³ ? これは何？
1284	□ 幾多 (+ 量詞) géi dò // gei² do¹ いくつ	你 要 幾多（個）呀？ Néih yiu ~ (go) a ? // Nei⁵ jiu³ ~ (go³) a³ ? あなたはいくつ要るの？
1285	□ 邊度 bìn douh // bin¹ dou⁶ どこ	喺 邊度 舉行 呀？ Hái ~ géui hàhng a ? // Hai² ~ goey² hang⁴ a³ ? どこで催されるの？
1286	□ 幾時 géi sìh // gei² si⁴ いつ	你哋 幾時 嚟 呀？ Néih deih ~ làih a ? // Nei⁵ dei⁶ ~ lai⁴ a³ ? あなたたちはいつ来るの？
1287	□ 禮拜幾 láih baai géi // lai⁵ baai³ gei² 何曜日	今日 禮拜幾 呀？ Gàm yaht ~ a ? // Gam¹ jat⁹ ~ a³ ? 今日は何曜日？
1288	□ 幾點 (鐘) géi dím (jùng) // gei² dim² (dzung¹) 何時	約咗 幾點（鐘）呀？ Yeuk jó ~ a ? // Joek⁸ dzo² ~ a³ ? 何時に約束したの？
1289	□ 點解 dím gáai // dim² gaai² なぜ	佢 點解 噉樣 講 呀？ Kéuih ~ gám yéung* góng a ? // Koey⁵ ~ gam² joeng²* gong² a³ ? 彼はどうしてそう言うの？
1290	□ 點樣 dím yéung* // dim² joeng²* どうやって	點樣 去 嗰度 呀？ ~ heui gó douh a ? // ~ hoey³ go² dou⁶ a³ ? どうやってそこへ行くの？

	[挨拶表現]		♪ CD-180
1291	□ 早晨！	jóu sàhn // dzou² san⁴	おはよう
1292	□ 你好！	néih hóu // nei⁵ hou²	はじめまして
1293	□ 唔該！	m̀h gòi // m⁴ goi¹	すみません。どうも
1294	□ 下次見！	hah chi gin // ha⁶ tsi³ gin³	またね
1295	□ 早唞！	jóu táu // dzou² tau²	おやすみ
1296	□ 點呀？	dím a // dim² a³	どう
1297	□ 好呀！	hóu a // hou² a³	いいですよ
1298	□ 辛苦晒！	sàn fú saai // san¹ fu² saai³	ご苦労様
1299	□ 請問！	chíng mahn // tsing² man⁶	お尋ねしますが
1300	□ 多謝！	dò jeh // do¹ dze⁶	ありがとう

「冰凍 可口可樂 唔該！」
(すみません，キンキンに冷えたコカコーラを！)

132

語彙帳

ローマ字表記	135
日本語	175

語彙帳 …… ローマ字表記

　この語彙帳では、本書で登場した語彙がローマ字表記から検索できるようになっています。掲載情報は、原語・ローマ字表記・登場箇所です。登場箇所（0001〜1300）がボールドになっているものは見出し語として登場したことを、そうでないものは文例で登場したことを表しています。ただし、以下の語彙については文例で登場したものは掲げていません。

　　　　数詞、量詞、名詞「人」、人称代名詞、指示代名詞、
　　　　動詞「有」「冇」「係」「嚟」「去」、副詞「好」、構造助詞「嘅」、否定詞「唔」
なお、原語の欄のVは動詞、Aは形容詞、CLは量詞を表しています。

　ローマ字表記の排列は6声調式の綴りを基準としていますが、次の点にご注意下さい。①ゼロ声母を最初にまとめて掲げてあります、②6声調式は、低い声調（第4、5、6声）を表すために母音直後にhを加えますが、これは声調記号であるため、ローマ字順には反映しません。③声母・韻母が同じ綴りは、第1声、第2声、第3声、…の順に排列してあります。

ゼロ声母

原語	ローマ字	登場箇所
吖	à // a^1	1271, 1279
呀	a // a^3	1272, 1275, 1281, 1282, 1283, 1284, 1285, 1286, 1287, 1288, 1289, 1290
阿爸	a bàh // a^3 ba^4	**0790**
阿伯	a baak // a^3 baak^8	**0802**
亞皆老街	A gàai lóuh gàai // A^3 gaai^1 lou^5 gaai^1	0637
阿公	a gùng // a^3 gung^1	**0788**
亞洲人	A jàu yàhn // A^3 dzau^1 jan^4	**0667**
阿媽	a mà // a^3 ma^1	**0791**
阿嫲	a màh // a^3 ma^4	**0787**
阿婆	a pòh // a^3 po^4	**0789**
阿爺	a yèh // a^3 je^4	**0786**
阿姨	a yì* // a^3 ji^1*	**0803**
挨晚	àai màan* // aai^1 maan^1*	**0104**
嗌	aai // aai^3	0542, **0962**
idea	aai dì àh // aai^3 di^1 a^4	1047
嗌//交	aai gàau // aai^3 gaau^1	1221
呃	àak // aak^7	1054
啱	àam // aam^1	0416, **1180**
啱啱	àam àam // aam^1 aam^1	**1239**
晏晝	aan jau // aan^3 dzau^3	**0103**
鴨	áap* // aap^2*	**0184**
壓制	aat jai // aat^8 dzai^3	0857
□	àau // aau^1	0270, 1169
拗柴	áau chàaih // aau^2 tsaai^4	0265
奄列	àm liht // am^1 lit^9	0333
歐盟	Àu màhng // Au^1 mang^4	**0714**
嘔	áu // au^2	1168
嘔吐	áu tou // au^2 tou^3	0280
A4	èi fò // ei^1 fo^1	0015
agent	èi jéun // ei^1 dzoen^2	**0880**
SD咭	ès dì kàat // es^1 di^1 kaat^7	0389
@	èt // et^7	0467
柯打	ò dá // o^1 da^2	0829
愛好	oi hou // oi^3 hou^3	**0956**
愛滋病	oi jì behng // oi^3 dzi^1 beng^6	**0279**
安全	òn chyùhn // on^1 tsyn^4	0462
安全理事會	òn chyùhn léih sih wúi* // on^1 tsyn^4 lei^5 si^6 wui^2*	0711
安全套	òn chyùhn tou // on^1 tsyn^4 tou^3	**0497**
安裝	òn jòng // on^1 dzong^1	0929

135

案件	on gín* // on³ gin²*	0692
OK	òu kèi // ou¹ kei¹	1223
澳門	Ou mún* // Ou³ mun²*	1216
澳門人	Ou mún* yàhn // Ou³ mun²* jan⁴	0669
奧運（會）	Ou wahn (wúi*) // Ou³ wan⁶ (wui²*)	0933
屋	ùk // uk⁷	0136, 1138
屋企	ùk kéi* // uk⁷ kei²*	0884, 1073, 1134, 1211
屋企門口	ùk kéi* mùhn háu // uk⁷ kei²* mun⁴ hau²	0319
屋企人	ùk kéi* yàhn // uk⁷ kei²* jan⁴	0966, 1165

B

巴士站	bà sí jaahm // ba¹ si² dzaam⁶	**0613**
吧檯	bà tói* // ba¹ toi²*	**0592**
罷 // 工	bah gùng // ba⁶ gung¹	0704
白菜	baahk choi // baak⁹ tsoi³	0239, 1082
白飯	baahk faahn // baak⁹ faan⁶	1025
白鴿	baahk gáap* // baak⁹ gaap²*	**0181**
白金	baahk gàm // baak⁹ gam¹	**0150**
白銀	baahk ngán* // baak⁹ ngan²*	**0149**
白色	baahk sìk // baak⁹ sik⁷	0401, 0427, **1182**
扮	baahn // baan⁶	0174, **1038**
擺 // 攤位	báai tàan wái* // baai² taan¹ wai²*	0941
拜 // 神	baai sàhn // baai³ san⁴	0092
百	baak // baak⁸	**0006**
百貨公司	baak fo gùng sì // baak⁸ fo³ gung¹ si¹	**0621**
班	bàan // baan¹	**0710**
斑馬綫	bàan máh sin // baan¹ ma⁵ sin³	**0619**
八爪魚	baat jáau yùh // baat⁸ dzaau² jy⁴	**0212**

包裹	bàau gwó // baau¹ gwo²	1077
包紮	bàau jaat // baau¹ dzaat⁸	0286, 0481
包裝	bàau jòng // baau¹ dzong¹	**0302**
爆竊	baau sit // baau³ sit⁸	**0884**
閉路電視	bai louh dihn sih // bai³ lou⁶ din⁶ si⁶	**0474**
北京菜	Bàk gìng choi // Bak⁷ ging¹ tsoi³	**0566**
笨手笨腳	bahn sáu bahn geuk // ban⁶ sau² ban⁶ goek⁸	**1150**
繃帶	bàng dáai* // bang¹ daai²*	0286, 0310, **0483**
揼	bàt // bat⁷	0326, 0570
筆	bàt // bat⁷	1064
筆記簿	bàt gei bóu* // bat⁷ gei³ bou²*	1003
不過	bàt gwo // bat⁷ gwo³	**1267**
budget	bàt jihk // bat⁷ dzik⁹	0747
不嬲	bàt nàu // bat⁷ nau¹	**1226**
筆芯	bàt sàm // bat⁷ sam¹	0337
畢 // 業	bàt yihp // bat⁷ jip⁹	**0908**
啤酒	bè jáu // be¹ dzau²	0024, 0249, 0330, **0548**, 1173
啤酒杯	bè jáu bùi // be¹ dzau² bui¹	**0330**
俾 [動詞]	béi // bei²	0833
V~ 俾 … [授受]	béi // bei²	0094, 1102, 1103, **1109**, 1109, 1250
俾 ~V [受身]	béi // bei²	0214, 0624, 0730, 0769, 0781, 0883, 0884, 0885, 0890, 0910, 0977, 1054, 1061, 1113
俾 ~V [使役]	béi // bei²	**1264**
俾 // 錢	béi chín* // bei² tsin²*	0595, 1225
比賽	béi choi // bei² tsoi³	0709, 1020
俾返	béi fàan // bei² faan¹	**1110**
比較	béi gaau // bei² gaau³	0563, **1056**
比目魚	béi muhk yú* // bei² muk⁹ jy²*	**0204**
俾 // 心機	béi sàm gèi // bei² sam¹ gei¹	

		1035	
俾～睇	béi～tái // bei²～tai²	0412, **0995**	
俾～聽	béi～tèng // bei²～teng¹	0986	
鼻哥	beih gò // bei⁶ go¹	**0267**	
鼻哥窿	beih gò lùng // bei⁶ go¹ lung¹	0267	
餅乾	béng gòn // beng² gon¹	**0556**	
病人	behng yàhn // beng⁶ jan⁴	0758	
BB	bìh bì // bi⁴ bi¹	1090, 1122	
BB 櫈	bìh bì dang // bi⁴ bi¹ dang³	**0315**	
壁球	bìk kàuh // bik⁷ kau⁴	**0954**	
迫逼	bihk lìk // bik⁹ lik⁷	1067	
邊度	bìn douh // bin¹ dou⁶	1006, 1275, **1285**	
邊個	bìn go // bin¹ go³	**1281, 1282**	
邊隻	bìn jék // bin¹ dzek⁸	**1282**	
乒乓波	bìng bàm bò // bing¹ bam¹ bo¹	**0953**	
冰凍	bìng dung // bing¹ dung³	1173	
必需	bìt sèui // bit⁷ soey¹	**0827**	
必需品	bìt sèui bán // bit⁷ soey¹ ban²	0827	
Blu-ray	blù lèi // blu¹ lei¹	**0388**	
菠菜	bò choi // bo¹ tsoi³	**0241**	
波鞋	bò hàaih // bo¹ haai⁴	**0427**	
波子機	bò jí gèi // bo¹ dzi² gei¹	**0959**	
玻璃	bò lèi // bo¹ lei¹	**0530**	
玻璃杯	bò lèi bùi // bo¹ lei¹ bui¹	**0323**	
玻璃窗	bò lèi chèung // bo¹ lei¹ tsoeng¹	0530	
菠蘿	bò lòh // bo¹ lo⁴	**0233**	
波斯貓	Bò sì màau // Bo¹ si¹ maau¹	0172	
波士	bò sí // bo¹ si²	0664	
博覽會	bok láahm wúi* // bok⁸ laam⁵ wui²*	**0942**	
膊頭	bok tàuh // bok⁸ tau⁴	**0259**	
薄	bohk // bok⁹	**1133**	
薄餅	bohk béng // bok⁹ beng²	0574	
幫	bòng // bong¹	0570, 0967, 1004, 1115, 1274	
幫助	bòng joh // bong¹ dzo⁶	1278	
幫//手	bòng sáu // bong¹ sau²	1245	
綁	bóng // bong²	0434, 0443, 0445	
磅	bohng // bong⁶	**0039**	
磅//重	bohng chúhng // bong⁶ tsung⁵	0476, 0490	
煲	bòu // bou¹	**0331**, 0332	
煲仔飯	bòu jái faahn // bou¹ dzai² faan⁶	**0568**	
簿	bóu* // bou²*	**0351**	
補充	bóu chùng // bou² tsung¹	**0505**	
保費	bóu fai // bou² fai³	**0834**	
補健產品	bóu gihn cháan bán // bou² gin⁶ tsaan² ban²	**0505**	
保管	bóu gwún // bou² gwun²	**0359**	
補習	bóu jaahp // bou² dzaap⁹	**0775**	
補習社	bóu jaahp séh // bou² dzaap⁹ se⁵	**0917**	
寶石	bóu sehk // bou² sek⁹	**0141**	
保釋	bóu sìk // bou² sik⁷	**0731**	
布	bou // bou³	0399, 1144, 1187	
報導	bou douh // bou³ dou⁶	**0969**	
報//佳音	bou gàai yàm // bou³ gaai¹ jam¹	0099	
報告	bou gou // bou³ gou³	**0121**	
報紙	bou jí // bou³ dzi²	0090, **0524**	
報案	bou on // bou³ on³	**0889**	
部	bouh // bou⁶	**0018**	
bra	brà // bra¹	**0423**	
杯〔量詞〕	bùi // bui¹	**0023**	
杯〔名詞〕	bùi // bui¹	**0323**	
背景	bui gíng // bui³ ging²	**0987**	
背	buih // bui⁶	**1000**	
搬//屋	bùn ùk // bun¹ uk⁷	**0116**	
搬運	bùn wahn // bun¹ wan⁶	**0527**	
本錢	bún chìhn // bun² tsin⁴	**0817**	

137

本地人	bún deih yàhn // bun⁶ dei⁶ jan⁴	**0737**
半個鐘	bun go jùng // bun³ go³ dzung¹	1280
半年	bun nìhn // bun³ nin⁴	0728
半夜	bun yé* // bun³ je²*	**0106**

Ch // Ts

叉	chà // tsa¹	0243, **0328**
差	chà // tsa¹	1053
差啲	chà dī // tsa¹ di¹	1123
差餉	chàai héung // tsaai¹ hoeng²	0808
差佬	chàai lóu // tsaai¹ lou⁴	1247
踩	cháai // tsaai²	0607, **1067**
柴灣	Chàaih wàan // Tsaai⁴ waan¹	**0642**
賊	cháak* // tsaak²*	0883
參加	chàam gà // tsaam¹ ga¹	0679, 0696, 0706, 0713, 0932, 1254
參觀	chàam gwùn // tsaam¹ gwun¹	0942
參考	chàam háau // tsaam¹ haau²	**1057**
參與	chàam yúh // tsaam¹ jy⁵	1203
慘	cháam // tsaam²	**1164**
餐刀	chàan dòu // tsaan¹ dou¹	**0325**
餐廳	chàan tèng // tsaan¹ teng¹	0773, 1045, 1255
產品	cháan bán // tsaan² ban²	0852
剷起	cháan héi // tsaan² hei²	0361
產業	cháan yihp // tsaan² jip⁹	**0870**
橙	cháang* // tsaang²*	**0227**
橙皮	cháang* pèih // tsaang²* pei⁴	0227
插	chaap // tsaap⁸	0389, 0469
插唔入	chaap m̀h yahp // tsaap⁸ m⁴ jap⁹	0292
刷	cháat* // tsaat²*	**0297**
擦乾淨	chaat gòn jehng // tsaat⁸ gon¹ dzeng⁶	0341
擦紙膠	chaat jí gàau // tsaat⁸ dzi² gaau¹	**0341**
刷	chaat // tsaat⁸	0297
刷 // 牙	chaat ngàh // tsaat⁸ nga⁴	0285, **1094**
擦傷	chaat sèung // tsaat⁸ soeng¹	**0287**
抄寫	chàau sé // tsaau¹ se²	**1002**
炒	cháau // tsaau²	0207, 0213, **1084**
炒飯	cháau faahn // tsaau² faan⁶	0233
茶	chàh // tsa⁴	0023
搽	chàh // tsa⁴	0287, 0488, 0557
查	chàh // tsa⁴	0522, 0784
茶餐廳	chàh chàan tèng // tsa⁴ tsaan¹ teng¹	0571
砌	chai // tsai³	0384
砌圖	chai tòuh // tsai³ tou⁴	**0384**
噚日	chàhm yaht // tsam⁴ jat⁹	**0089**, 0104, 0122, 0841, 1124
曾經	chàhng gìng // tsang⁴ ging¹	**1233**
親戚	chàn chīk // tsan¹ tsik⁷	**0801**
七點半	chāt dím bun // tsat⁷ dim² bun³	0105
秋刀魚	chàu dòu yú* // tsau¹ dou¹ jy²*	**0202**
抽濕機	chàu sàp gèi // tsau¹ sap⁷ gei¹	**0454**
秋天	chàu tìn // tsau¹ tin¹	0083
湊	chau // tsau³	**1090**
臭	chau // tsau³	**1194**
籌	chàuh // tsau⁴	0845
車	chè // tse¹	0611, 0612, 0613
車站	chè jaahm // tse¹ dzaam⁶	**0611**, 1006
車展	chè jín // tse¹ dzin²	**0943**
車牌	chè pàaih // tse¹ paai⁴	**0519**
check	chèk // tsek⁷	0279
尺寸	chek chyun // tsek⁸ tsyn³	**0420**
請	chéng // tseng²	0771, 1022
吹	chèui // tsoey¹	0371, 0372, 0373, 0374
吹乾	chèui gòn // tsoey¹ gon¹	1174
取消	chéui sìu // tsoey² siu¹	0780
除	chèuih // tsoey⁴	0403, 0411, 0447, 0471, 0487

槌(仔)	chèuih (jái) // tsoey⁴ (dzai²)	**0367**
除夕	chèuih jihk // tsoey⁴ dzik⁹	**0100**
灼	cheuk // tsoek⁸	0210, 0241
春天	chèun tìn // tsoen¹ tin¹	0081
蠢	chéun // tsoen²	**1147**
蠢材	chéun chòih // tsoen² tsoi⁴	**0744**
暢	cheung // tsoeng³	0512
唱 // 歌	cheung gò // tsoeng³ go¹	0761, 1038
唱片	cheung pín* // tsoeng³ pin²*	**0386**
唱盤	cheung pún* // tsoeng³ pun²*	**0388**
暢談	cheung tàahm // tsoeng taam⁴	**0973**
長	chèuhng // tsoeng⁴	**1126**
長 boot	chèuhng bùt // tsoeng⁴ but⁷	**0429**
長洲	Chèuhng jàu // Tsoeng⁴ dzau¹	0165
腸胃藥	chèuhng waih yeuhk // tsoeng⁴ wai⁶ joek⁹	**0502**
出便	chèut bihn // tsoet⁷ bin⁶	**0058**
出產地	chèut cháan deih // tsoet⁷ tsaan² dei⁶	0143
出發	chèut faat // tsoet⁷ faat⁸	0897
出 // 街	chèut gàai // tsoet⁷ gaai¹	0106, 0110, 0300, 0408
出嚟	chèut làih // tsoet⁷ lai⁴	0496, 0519
出賣	chèut maaih // tsoet⁷ maai⁶	0778
出 // 貓	chèut màau // tsoet⁷ maau¹	**0899**
出年	chèut nín* // tsoet⁷ nin²*	1050
出 // 世	chèut sai // tsoet⁷ sai³	**1121**
出現	chèut yihn // tsoet⁷ jin⁶	**1118**
黐	chì // tsi¹	0348, 0350
刺	chi // tsi³	0294
廁紙	chi jí // tsi³ dzi²	**0500**
刺身	chi sàn // tsi³ san¹	0212
廁所	chi só // tsi³ so²	**0583**
遲啲	chìh dì // tsi⁴ di¹	**0120**
辭典	chìh dín // tsi⁴ din²	**0522**
遲到	chìh dou // tsi⁴ dou³	1246, 1269

磁浮列車	chìh fàuh liht chè // tsi⁴ fau⁴ lit⁹ tse¹	**0603**
匙羹	chìh gàng // tsi⁴ gang¹	**0326**
辭職	chìh jìk // tsi⁴ dzik⁷	0991
慈善	chìh sihn // tsi⁴ sin⁶	0701
持有	chìh yáuh // tsi⁴ jau⁵	**0810**
千	chìn // tsin¹	**0007**
淺	chín // tsin²	**1131**
錢	chín* // tsin²*	0818, 0824, 1108, 1110, 1250, 1268
淺色	chín sìk // tsin² sik⁷	**1187**
前	chìhn // tsin⁴	0894
前便	chìhn bihn // tsin⁴ bin⁶	**0053**
前度男友	chìhn douh nàahm yáuh // tsin⁴ dou⁶ naam⁴ jau⁵	1273
前期	chìhn kèih // tsin⁴ kei⁴	**0072**
前年	chìhn nín* // tsin⁴ nin²*	1121
前途	chìhn tòuh // tsin⁴ tou⁴	1032
前日	chìhn yaht // tsin⁴ jat⁹	**0090**
清楚	chìng chó // tsing¹ tso²	0766, 0772, 0784
清 // 貨	chìng fo // tsing¹ fo³	0856
清蒸	chìng jìng // tsing¹ dzing¹	0200
青山公路	Chìng sàan gùng louh // Tsing¹ saan¹ gung¹ lou⁶	0640
青蛙	chìng wà // tsing¹ wa¹	**0195**
請	chíng // tsing²	1234
請問	chíng mahn // tsing² man⁶	**1299**
秤	ching // tsing³	**0476**
情況	chìhng fong // tsing⁴ fong³	0112
情婦	chìhng fúh // tsing⁴ fu⁵	**0784**
切	chit // tsit⁸	0228, 0239, 0242, **1082**
切親	chit chàn // tsit⁸ tsan¹	**0286**
切碎	chit seui // tsit⁸ soey³	0335
超過	chìu gwo // tsiu¹ gwo³	0822
超能膠	chìu nàhng gàau // tsiu¹ nang⁴ gaau¹	

139

超市	chìu síh // tsiu^1 si^5		**0350** 1009
潮州菜	Chìuh jàu choi // Tsiu^4 dzau^1 tsoi^3		**0562**
潮濕	chìuh sàp // tsiu^4 sap^7		0454
錯字	cho jih // tso^3 dzi^6		0341
坐	chóh // tso^5		0055, 0057,
0314, 0318, 0591, 0592, **1070**, 1166			
坐監	chóh gàam // tso^5 gaam^1		**0728**
彩色	chói sìk // tsoi^2 sik^7		**1189**
菜	choi // tsoi^3	0021, 1196, 1198, 1199	
菜刀	choi dòu // tsoi^3 dou^1		**0335**
菜館	choi gwún // tsoi^3 gwun^2		0563
財產	chòih cháan // tsoi^4 tsaan^2		**0819**
材料	chòih líu* // tsoi^4 liu^2*		**0526**, 0853
創辦	chong baahn // tsong^3 baan^6		0697
床	chòhng // tsong^4		**0317**
床褥	chòhng yúk* // tsong^4 juk^2*		1145
粗	chòu // tsou^1		0260, **1136**
粗嘴	chòu jéui // tsou^1 dzoey^2		0339
粗魯	chòu lóuh // tsou^1 lou^5		1153
醋	chou // tsou^3		**0536**
措施	chou sì // tsou^3 si^1		0686
嘈	chòuh // tsou^4		**1192**
儲 // 錢	chóuh chín* // tsou^5 tsin^2*		**0814**
沖 // 涼	chùng lèuhng // tsung^1 loeng^4		**1093**
沖涼房	chùng lèuhng fóng* // tsung^1 loeng^4 fong^2*		0583, **0584**
聰明	chùng mìhng // tsung^1 ming^4		**1146**
松樹	chùhng syuh // tsung^4 sy^6		**0217**
重	chúhng // tsung^5		**1142**
櫥窗	chyùh chèung // tsy^4 tsoeng^1		**0594**
廚房	chyùh fóng* // tsy^4 fong^2*		**0585**
儲物盒	chyúh maht háp* // tsy^5 mat^9 hap^2*		**0304**
穿 // 耳環	chyùn yíh wáan* // tsyn^1 ji^5		

waan^2*			**0446**
全部	chyùhn bouh // tsyn^4 bou^6		**0046**, 0840
傳真紙	chyùhn jàn jí // tsyn^4 dzan^1 dzi^2		**0352**
荃灣	Chyùhn wàan // Tsyn^4 waan^1		**0645**
傳譯	chyùhn yihk // tsyn^4 jik^9		**0762**
傳染病	chyùhn yíhm behng // tsyn^4 jim^5 beng^6		**0278**

D

吖	dà // da^1		**0025**
打	dá // da^2		0367, 0952,
0953, 0954, 0959			
打邊爐	dá bìn lòuh // da^2 bin^1 lou^4		0567
打 // 波	dá bò // da^2 bo^1		0956
打 // 電話	dá dihn wá* // da^2 din^6 wa^2*		**1102**
打火機	dá fó gèi // da^2 fo^2 gei^1		0131
打 // 風	dá fùng // da^2 fung^1		**0130**, 1257
打 // 機	dá gèi // da^2 gei^1		1211, 1229
打劫	dá gip // da^2 gip^8		**0883**
打 // 結	dá git // da^2 git^8		0400
打開	dá hòi // da^2 hoi^1	0310, 0470, **1077**	
打 // 針	dá jàm // da^2 dzam^1	0281, 0759	
打 // 招呼	dá jìu fù // da^2 dziu^1 fu^1		**0963**
打爛	dá laahn // da^2 laan^6		0324
打掃	dá sou // da^2 sou^3		0453, **1089**
打 // 呔	dá tàai // da^2 taai^1		0435
戴	daai // daai^3	0431, 0432, 0438,	
0442, 0444, 0449, 0472, 0484, 0486, 0497			
帶	daai // daai^3		0300
大	daaih // daai^6	0414, 0585, **1138**	
大筆錢	daaih bàt chín* // daai^6 bat^7 tsin^2*		**0820**, 1109
大髀	daaih béi // daai^6 bei^2		**0264**
大部份	daaih bouh fahn // daai^6 bou^6 fan^6		**0047**

大豆	daaih dáu* // daai⁶ dau²*	0251
大家	daaih gà // daai⁶ ga¹	0980, **1278**
大公司	daaih gùng sì // daai⁶ gung¹ si¹	**0862**
大廈	daaih hah // daai⁶ ha⁶	0598, 1128
大學	daaih hohk // daai⁶ hok⁹	0914
大碼	daaih máh // daai⁶ ma⁵	0417
大麥	daaih mahk // daai⁶ mak⁹	0248
大牌檔	daaih pàaih dong // daai⁶ paai⁴ dong³	0625
大聲	daaih sèng // daai⁶ seng¹	0626
大提琴	daaih tàih kàhm // daai⁶ tai⁴ kam⁴	0376
大會	daaih wúi* // daai⁶ wui²*	0975
大約	daaih yeuk // daai⁶ joek⁸	0040
大嶼山	Daaih yùh sàan // Daai⁶ jy⁴ saan¹	0602
大雨	daaih yúh // daai⁶ jy⁵	1237
擔心	dàam sàm // daam¹ sam¹	**1053**
膽固醇	dáam gwu sèuhn // daam² gwu³ soen⁴	0273
單	dàan // daan¹	0510
單車	dàan chè // daan¹ tse¹	**0607**
download	dàan lòu // daan¹ lou¹	**1104**
單簧管	dàan wòhng gwún // daan¹ wong⁴ gwun²	0372
但係	daahn haih // daan⁶ hai⁶	0907
蛋黃醬	daahn wóng* jeung // daan⁶ wong²* dzoeng³	0539
搭	daap // daap⁸	0587, 0603, 0604, 0608, 0613, 0634
答	daap // daap⁸	**0979**
答啱	daap àam // daap⁸ aam¹	0980
答返	daap fàan // daap⁸ faan¹	0979
答案	daap on // daap⁸ on³	1001, 1002
搭 // 船	daap syùhn // daap⁸ syn⁴	0503
搭 // 檯	daap tói* // daap⁸ toi²*	0593

低	dài // dai¹	0275, **1129**
底裙	dái kwàhn // dai² kwan⁴	**0422**
底衫	dái sàam // dai² saam¹	0393, **0421**
帝豪閣	Dai hòuh gok // Dai³ hou⁴ gok⁸	0600
第一個	daih yàt go // dai⁶ jat⁷ go³	1122
第二	daih yih // dai⁶ ji⁶	**0044**, 1236, 1243
得〔動詞〕	dàk // dak⁷	0061, **1204**
得〔形容詞〕	dàk // dak⁷	0593, 1208
V 得〔可能〕	dàk // dak⁷	0318
V 得…〔樣態〕	dàk // dak⁷	0317, 0350, 0550, 0982, 1111, 1130, 1141, 1176, 1177, 1180
A 得滯	dàk jaih // dak⁷ dzai⁶	0419
得出 // 結論	dàk chèut git leuhn // dak⁷ tsoet⁷ git⁸ loen⁶	**0990**
得到	dàk dou // dak⁷ dou³	0731
德國	Dàk gwok // Dak⁷ gwok⁸	1013
得閑	dàk hàahn // dak⁷ haan⁴	0111, 1272
特別	dahk biht // dak⁹ bit⁹	1128
特點	dahk dím // dak⁹ dim²	0045
特價	dahk ga // dak⁹ ga3	**0840**
特區	dahk kèui // dak⁹ koey¹	0810
特異功能	dahk yih gùng nàhng // dak⁹ ji⁶ gung¹ nang⁴	0140
揼	dám // dam²	1059
躉	dan // dan³	0309
登機證	dàng gèi jing // dang¹ gei¹ dzing³	0516
等	dáng // dang²	0611, 1222, 1234, 1279
櫈 / 凳	dang // dang³	0314
揼	dahp // dap⁹	0365
突然間	daht yìhn gàan // dat⁹ jin⁴ gaan¹	1237
豆奶	dauh náaih // dau⁶ naai⁵	0546
訂	dehng // deng⁶	0515, **0828**
訂金	dehng gàm // deng⁶ gam¹	**0832**

訂造	dehng jouh // deng⁶ dzou⁶	0311	點心	dím sàm // dim² sam¹	**0569**, 1195
地板	deih báan // dei⁶ baan²	0299	點樣	dím yéung* // dim² joeng²*	
地產	deih cháan // dei⁶ tsaan²	**0831**			0845, **1290**
地方	deih fòng // dei⁶ fong¹	**0685**	電單車	dihn dàan chè // din⁶ daan¹ tse¹	**0606**
地球	deih kàuh // dei⁶ kau⁴	0152	電動	dihn duhng // din⁶ dung⁶	0495
地區	deih kèui // dei⁶ koey¹	**0682**	電費	dihn fai // din⁶ fai³	0843
地鐵	deih tit // dei⁶ tit⁸	0098, 0513	電器	dihn hei // din⁶ hei³	**0451**
地鐵公司	Deih tit gùng sì // Dei⁶ tit⁸ gung¹ si¹	0601	電子琴	dihn jí kàhm // din⁶ dzi² kam⁴	**0378**
			電鑽	dihn jyun // din⁶ dzyn³	0362
笛	dék* // dek²*	**0371**	電腦	dihn nóuh // din⁶ nou⁵	**0466**
釘埋	dèng màaih // deng¹ maai⁴	0360	電腦病毒	dihn nóuh behng duhk // din⁶ nou⁵ beng⁶ duk⁹	0930
釘書機	dèng syù gèi // deng¹ sy¹ gei¹	**0360**	電腦軟件	dihn nóuh yúhn gín* // din⁶ nou⁵ jyn⁵ gin²*	0929
釘	dèng // deng¹	**0365**	電視	dihn sih // din⁶ si⁶	0996
嗒	dèp // dep⁷	0551	電視機	dihn sih gèi // din⁶ si⁶ gei¹	1192
對	deui // doey³	**0019**, 0282, 0284, 0946, 1021, 1031, 1097, 1129	電梯	dihn tài // din⁶ tai¹	0054
對方	deui fòng // doey³ fong¹	**0776**	電話	dihn wá* // din⁶ wa²*	**0463**
對講機	deui góng gèi // doey³ gong² gei¹	0462	電影	dihn yíng // din⁶ jing²	0949
對~嚟講	deui ~ làih góng // doey³ ~ lai⁴ gong²	0947	電影節	dihn yíng jit // din⁶ jing² dzit⁸	**0936**
			叮	dìng // ding¹	0457
對面	deui mihn // doey³ min⁶	1010	定時	dihng sìh // ding⁶ si⁴	1247
對頭人	deui tàuh yàhn // doey³ tau⁴ jan⁴	0777	碟	díp* // dip²*	**0322**
隊	deuih // doey⁶	**0709**	碟	dihp // dip⁹	**0021**
隊長	deuih jéung // doey⁶ dzoeng²	**0750**	跌	dit // dit⁸	**0842**
隊友	deuih yáu* // doey⁶ jau²*	0965	釣	diu // diu³	0196
啲	dì // di¹	**0020**, 0462, 1175	吊車	diu chè // diu³ tse¹	**0602**
A啲	dì // di¹	1187, 1188, 1200	多	dò // do¹	0276, 0550, **1201**
的士	dìk sí // dik⁷ si²	1184	多CL	dò // do¹	0421, 0548
滴	dihk // dik⁹	0504	多啲	dò dì // do¹ di¹	0348, 0534, 0824, **1206**
點	dím // dim²	0535, 0538, 0772, 0776, 1277	多謝	dò jeh // do¹ dze⁶	1300
點呀	dím a // dim² a³	**1296**	多咗	dò jó // do¹ dzo²	0408
點//火	dím fó // dim² fo²	0131	多士爐	dò sí lòuh // do¹ si² lou⁴	**0456**
點解	dím gáai // dim² gaai²	**1289**	多數	dò sou // do¹ sou³	0568, 1198
			度	dohk // dok⁹	0345, 0420

度身訂造	dohk sàn dehng jouh // dok⁹ san¹ deng⁶ dzou⁶	0407
當面傾	dòng mín* kìng // dong¹ min²* king¹	0974
當時	dòng sìh // dong¹ si⁴	0117, 0838
當然	dòng yìhn // dong¹ jin⁴	0391
蕩失 // 路	dohng sàt louh // dong⁶ sat⁷ lou⁶	1213
刀	dòu // dou¹	0328
都〔も〕	dòu // dou¹	0153, 0571, 0593, 0735, 0887
都〔みな〕	dòu // dou¹	0046, 0082, 0840, 0980, 0983, 1092, 1099, 1160, 1198, 1211, 1212, 1223, 1226, 1246
都〔～でさえ〕	dòu // dou¹	1170, 1253, 1254
都係	dòu haih // dou¹ hai⁶	1015
刀口	dòu háu // dou¹ hau²	0346
島	dóu // dou²	**0165**
倒	dóu // dou²	0541
V 倒	dóu // dou²	0138, 1016, 1161, 1232, 1238, 1240, 1245
到	dou // dou³	**1074**
V 到 …	dou // dou³	0943, 1224
到場	dou chèuhng // dou³ tsoeng⁴	0945
V 到去 …	dou heui // dou³ hoey³	0263
到時	dou sìh // dou³ si⁴	**1217**
倒數	dou sóu // dou³ sou²	0100
度	douh // dou⁶	0030, 0161, 0263, 0304, 0307, 0309, 0330, 0351, 0356, 0387, 0388, 0489, 0510, 0525, 0539, 0557, 0584, 0615, 0814, 0975, 1003, 1045
道	douh // dou⁶	**0636**
導彈	douh dáan* // dou⁶ daan²*	**0925**
渡假	douh ga // dou⁶ ga³	0676
渡輪	douh lèuhn // dou⁶ loen⁴	**0608**

導游	douh yàuh // dou⁶ jau⁴	0766
讀	duhk // duk⁹	0998
讀錯	duhk cho // duk⁹ tso3	0999
獨裁	duhk chòih // duk⁹ tsoi⁴	0718
獨立	duhk laahp // duk⁹ laap⁹	0722
讀 //(書)	duhk (syù) // duk⁹ (sy¹)	0 6 7 1 , 1013, 1035, **1039**
讀 // 一年班	duhk yàt nìhn bàan // duk⁹ jat⁷ nin⁴ baan¹	0913
東涌	Dùng chùng // Dung¹ tsung¹	**0650**
東京	Dùng gìng // Dung¹ ging¹	0943
東莞	Dùng gwún // Dung¹ gwun²	**0659**
東盟	Dùng màhng // Dung¹ mang⁴	**0715**
冬天	dùng tìn // dung¹ tin¹	0568
董事	dúng sih // dung² si⁶	**0746**
董事會	dúng sih wúi* // dung² si⁶ wui²*	0746
凍	dung // dung³	**1172**
動漫節	duhng maahn jit // dung⁶ maan⁶ dzit⁸	0520, **0941**
動物	duhng maht // dung⁶ mat⁹	0166
動物園	duhng maht yùhn // dung⁶ mat⁹ jyn⁴	0166
端午節	Dyùn ńgh jit // Dyn¹ ng⁵ dzit⁸	**0095**
短	dyún // dyn²	**1127**
短褲	dyún fu // dyn² fu³	**0412**
短期	dyún kèih // dyn² kei⁴	**0074**
斷	dyun // dyn³	0039

F

花	fà // fa¹	1186
花粉症	fà fán jing // fa¹ fan² dzing³	0277
花紅	fà hùhng // fa¹ hung⁴	0848
花生	fà sàng // fa¹ sang¹	0253
花生醬	fà sàng jeung // fa¹ sang¹ dzoeng³	0253

143

花園	fà yún* // fa¹ jyn²*	0635
快勞	fàai lóu // faai¹ lou²	1104
塊	faai // faai³	**0016**
快	faai // faai³	**1140**
快啲	faai dì // faai³ di¹	1088
快咗	faai jó // faai³ dzo²	0479
返	fàan // faan¹	0107, 0604, 0631, 0911, 0916, **1073**, **1105**
翻版	fàan báan // faan¹ baan²	0881
V 返出嚟	fàan chèut làih // faan¹ tsoet⁷ lai⁴	0294
番梘	fàan gáan // faan¹ gaan²	**0498**
返 // 工	fàan gùng // faan¹ gung¹	0093, 0610, 0862
返 // 學	fàan hohk // faan¹ hok⁹	0108
番茄	fàan ké* // faan¹ ke²*	**0243**
翻生	fàan sàang // faan¹ saang¹	**1125**
反對	fáan deui // faan² doey³	0938, **1099**
飯	faahn // faan⁶	0022, 0576
犯 // 罪	faahn jeuih // faan⁶ dzoey⁶	**0881**, 0887
飯檯 / 枱	faahn tói* // faan⁶ toi²*	**0313**
發	faat // faat⁸	0848
發表	faat bíu // faat⁸ biu²	**0993**
發出	faat chèut // faat⁸ tsoet⁷	0965
發出 // 信號	faat chèut seun houh // faat⁸ tsoet⁷ soen³ hou⁶	0965
髮夾	faat gép* // faat⁸ gep²*	**0442**
發起	faat héi // faat⁸ hei²	0721
法治	faat jih // faat⁸ dzi⁶	**0723**
發展	faat jín // faat⁸ dzin²	0683
法律	faat leuht // faat⁸ loet⁹	**0726**
發 // 牢騷	faat lòuh sòu // faat⁸ lou⁴ sou¹	**0984**
發生	faat sàng // faat⁸ sang¹	0157, 0160, 0164
發射	faat seh // faat⁸ se⁶	0925
法人	faat yàhn // faat⁸ jan⁴	**0703**
法院	faat yún* // faat⁸ jyn²*	**0692**, 0692
費用	fai yuhng // fai³ jung⁶	**0845**
分	fàn // fan¹	0709
分泌	fàn bei // fan¹ bei³	0274
分擔	fàn dàam // fan¹ daam¹	**0813**
分鐘	fàn jùng // fan¹ dzung¹	**0062**
分類	fàn leuih // fan¹ loey⁶	**1059**
分裂	fàn liht // fan¹ lit⁹	0705
婚外情	fàn ngoih chìhng // fan¹ ngoi⁶ tsing⁴	**0900**
分 // 手	fàn sáu // fan¹ sau²	1033
分成	fàn sìhng // fan¹ sing⁴	**0009**
粉嶺	Fán léhng // Fan² leng⁵	**0648**
瞓 //(覺)	fan (gaau) // fan³ (gaau³)	0317, 1094, **1095**
瞓過龍	fan gwo lùhng // fan³ gwo³ lung⁴	1269
瞓唔着	fan m̀h jeuhk // fan³ m⁴ dzoek⁹	0549
份	fahn // fan⁶	**0815**
罰 // 錢	faht chín* // fat⁹ tsin²*	**0730**
佛山	Faht sàan // Fat⁹ saan¹	**0653**
飛	fèi // fei¹	**0513**, 0615, 0629, 0828, 0933
飛碟	fèi díp* // fei¹ dip²*	**0138**
飛機	fèi gèi // fei¹ gei¹	**0609**
非政府組織	fèi jing fú jóu jik // fei¹ dzing³ fu² dzou² dzik⁷	**0696**
菲林	fèi lám // fei¹ lam²	1189
非牟利組織	fèi màuh leih jóu jik // fei¹ mau⁴ lei⁶ dzou² dzik⁷	**0697**
非常之	fèi sèuhng jì // fei¹ soeng⁴ dzi¹	1196
翡翠	féi cheui // fei² tsoey³	**0146**
肥胖	fèih buhn // fei⁴ bun⁶	0283
肥佬	fèih lóu // fei⁴ lou²	1164

144

fax 機	fèk sí gèi // fek^7 si^2 gei^1		0464
friend	fèn // fen^1		0706, **0782**
fleece	fì sí // fi^1 si^2		0397
科技	fò geih // fo^1 gei^6		0870
火	fó // fo^2		**0131**
火鍋	fó wò // fo^2 wo^1		0567
貨車	fo chè // fo^3 tse^1		0527
霍亂	fok lyuhn // fok^8 lyn^6		0280
form	fòm // fom^1		1004
方法	fòng faat // fong^1 faat^8		1011, 1270
方案	fòng on // fong^1 on^3		1098
方式	fòng sìk // fong^1 sik^7		0717
房	fóng* // fong^2*	**0581**, 1089, 1139	
訪問	fóng mahn // fong^2 man^6		0674, 0760
放	fong // fong^3	0304, 0334,	
0356, 0388, 0510, 0534, 0584, 1085, 1208			
放 // 假	fong ga // fong^3 ga^3		0084, 0085
放棄	fong hei // fong^3 hei^3		**0809**
放心	fong sàm // fong^3 sam^1		**1022**
苦	fú // fu^2		**1199**
褲	fu // fu^3		0411, 1194
副本	fu bún // fu^3 bun^2		0518
扶手	fùh sáu // fu^4 sau^2		0315
附近	fuh gahn // fu^6 gan^6		0976, 1009
父母	fuh móuh // fu^6 mou^5		1113
灰塵	fùi chàhn // fui^1 tsan^4		0297
服務	fuhk mouh // fuk^9 mou^6		0690
復活節	Fuhk wuht jit // Fuk^9 wut^9 dzit^8		**0093**
豐富	fùng fu // fung^1 fu^3		**1202**
風季	fùng gwai // fung^1 gwai^3		**0083**
封埋	fùng màaih // fung^1 maai^4		**1079**
風筒	fùng túng // fung^1 tung^2		1174

G

加	gà // ga^1		0354
加價	gà ga // ga^1 ga^3		**0843**, 1227
家姐	gà jè* // ga^1 dze^1*		**0793**, 1146
家長	gà jéung // ga^1 dzoeng^2		**0755**, 0974
家務	gà mouh // ga^1 mou^6		0771
加拿大	Gà nàh daaih // Ga^1 na^4 daai^6		0739
嘉年華	gà nìhn wàh // ga^1 nin^4 wa^4		**0940**
傢俬	gà sì // ga^1 si^1		**0311**
家庭傭工	gà tìhng yùhng gùng // ga^1 ting^4 jung^4 gung^1		0771
家人	gà yàhn // ga^1 jan^4		1052
假牙	gá ngàh // ga^2 nga4		0149
價錢	ga chìhn // ga^3 tsin^4		0391, **0837**
咖啡	ga fè // ga^3 fe^1		**0549**
咖啡機	ga fè gèi // ga^3 fe^1 gei^1		**0459**
價值	ga jihk // ga^3 dzik^9		**0836**
假期	ga kèih // ga^3 kei^4		0093, 1017
咖喱	ga lèi // ga^3 lei^1		**0576**
街	gàai // gaai^1		0525, **0637**
階級	gàai kàp // gaai^1 kap^7		0716
解開 // 迷底	gáai hòi màih dái // gaai^2 hoi^1 mai^4 dai^2		**0989**
解決	gáai kyut // gaai^2 kyt^8		0741, **1011**
解釋	gáai sìk // gaai^2 sik^7		**0986**
屈	gaai // gaai^3		0710
鎅刀	gaai dòu // gaai^3 dou^1		0346
戒 // 酒	gaai jáu // gaai^3 dzau^2		1112
戒指	gaai jí // gaai^3 dzi^2		0144, **0449**
介意	gaai yi // gaai^3 ji^3		**1023**
胳肋底	gaak làk* dái // gaak^8 lak^1* dai^2		0489
革命	gaak mihng // gaak^8 ming^6		**0721**
監視	gàam sih // gaam^1 si^6		0474
減價	gáam ga // gaam^2 ga^3		**0856**
減少	gáam síu // gaam^2 siu^2		0821
奸	gàan // gaan^1		**1154**
揀	gáan // gaan^2		0404, 0825
間尺	gaan chék* // gaan^3 tsek^2*		**0343**

間中	gaan jùng // gaan³ dzung¹	0123
夾 //band	gaap bèn // gaap⁸ ben¹	0380
甲由	gaaht jáat* // gaat⁹ dzaat²*	0215
交	gàau // gaau¹	0834
膠袋	gàau dói* // gaau¹ doi²*	0509
膠管	gàau gwún // gaau¹ gwun²	0370
膠樽	gàau jèun // gaau¹ dzoen¹	0308
膠紙	gàau jí // gaau¹ dzi²	0349
膠水	gàau séui // gaau¹ soey²	0348
交 // 稅	gàau seui // gaau¹ soey³	0694
交易	gàau yihk // gaau¹ jik⁹	0851
搞	gáau // gaau²	0900, 0944
教科書	gaau fò syù // gaau³ fo¹ sy¹	0521
鉸剪	gaau jín // gaau³ dzin²	0347
教 //(書)	gaau (syù) // gaau³ (sy¹)	1111
教會	gaau wúi* // gaau³ wui²*	0107, 1105
教育	gaau yuhk // gaau³ juk⁹	0688, 0732
教育制度	gaau yuhk jai douh // gaau³ juk⁹ dzai³ dou⁶	0901
雞	gài // gai¹	0183
雞蛋	gài dáan* // gai¹ daan²*	0011
雞泡魚	gài póuh yú* // gai¹ pou⁵ jy²*	0205
計	gai // gai³	0039, 0070, 0480
繼續	gai juhk // gai³ dzuk⁹	1120
計 // 數	gai sou // gai³ sou³	0475
計數機	gai sou gèi // gai³ sou³ gei¹	0460
計劃	gai waahk // gai³ waak⁹	1233
今次	gàm chi // gam¹ tsi³	0113, 0978, 1021, 1205
金錢	gàm chìhn // gam¹ tsin⁴	1058
今個	gàm go // gam¹ go³	0095
今個學期	gàm go hohk kèih // gam¹ go³ hok⁹ kei⁴	0904
今晚	gàm màan* // gam¹ maan¹*	1257
今年	gàm nín* // gam¹ nin²*	0806, 1053
今日	gàm yaht // gam¹ jat⁹	0086, 0103,

		0124, 0163, 0727, 0842, 1171, 1206, 1287
金魚	gàm yú* // gam¹ jy²*	0197
感冒藥	gám mouh yeuhk // gam² mou⁶ joek⁹	0501
感性	gám sing // gam² sing³	0667
噉樣	gám yéung* // gam² joeng²*	1026, 1046, 1289
咁	gam // gam³	0774, 1086, 1095, 1158, 1251
咁啱	gam àam // gam³ aam¹	1238
撳	gahm // gam⁶	0461
斤	gàn // gan¹	0040
跟住	gàn jyuh // gan¹ dzy⁶	1243
緊	gán // gan²	0423
V 緊	gán // gan²	0058, 0084, 0627, 1039
緊急	gán gàp // gan² gap⁷	0714
緊急出口	gán gàp chèut háu // gan² gap⁷ tsoet⁷ hau²	0589
急	gàp // gap⁷	1024
急救箱	gàp gau sèung // gap⁷ gau³ soeng¹	0310
刮	gàt // gat⁷	0243
狗	gáu // gau²	0171
九龍	Gáu lùhng // Gau² lung⁴	0631
九龍公園徑	Gáu lùhng gùng yún* // Gau² lung⁴ gung¹ jyn²* ging³	0639
久唔久	gáu m̀h gáu // gau² m⁴ gau²	1214
夠	gau // gau³	0898, 1268
夠大	gau daaih // gau³ daai⁶	0313
救 // 火	gau fó // gau³ fo²	0695
舊	gauh // gau⁶	0460, 0836
舊時	gauh sìh // gau⁶ si⁴	0386
嘅	ge // ge³	0090, 0569
嘅時候	ge sìh hauh // ge³ si⁴ hau⁶	1218
基地	gèi deih // gei¹ dei⁶	0923
基金	gèi gàm // gei¹ gam¹	0818

146

機械人	gèi haaih yàhn // gei¹ haai⁶ jan⁴	0928
機構	gèi kau // gei¹ kau³	0688
機票	gèi piu // gei¹ piu³	0515
機會	gèi wuih // gei¹ wui⁶	0408
幾	géi // gei²	0010
幾點（鐘）	géi dím (jùng) // gei² dim² (dzung¹)	1044, **1288**
幾多	géi dò // gei² do¹	1210, **1284**
幾個月	géi go yuht // gei² go³ jyt⁹	0115
幾時	géi sìh // gei² si⁴	**1223, 1286**
幾日	géi yaht // gei² jat⁹	1092
記	gei // gei³	1043
記者	gei jé // gei³ dze²	0765
記錄	gei luhk // gei³ luk⁹	1119
寄 // 信	gei seun // gei³ soen³	1101
記性	gei sing // gei³ sing³	1123, 1251, 1252
忌廉湯	geih lìm tòng // gei⁶ lim¹ tong¹	1063
技術	geih seuht // gei⁶ soet⁹	1051
驚	gèng // geng¹	0137, **1018**
頸	géng // geng²	0258
頸巾	géng gàn // geng² gan¹	0433
頸鏈	géng lín* // geng² lin²*	0447
挾住	gehp jyuh // gep⁹ dzy⁶	0358
鋸	geu // goe³	0368
鋸開	geu hòi // goe³ hoi¹	0368
舉辦	géui baahn // goey² baan⁶	0940
舉行	géui hàhng // goey² hang⁴	0633, 0931, 0938, 1285
腳	geuk // goek⁸	0265
戟	gìk // gik⁷	0027
堅尼地城	Gìn nèih deih sìhng // Gin¹ nei⁴ dei⁶ sing⁴	0643
見	gin // gin³	0114, 0622, 1161
建設	gin chit // gin³ tsit⁸	0873

見倒	gin dóu // gin³ dou²	0137, 0889, 1231
見習	gin jaahp // gin³ dzaap⁹	0764
建築	gin jùk // gin³ dzuk⁷	**0874**
建築業	gin jùk yihp // gin³ dzuk⁷ jip⁹	0874
見識	gin sìk // gin³ sik⁷	1131
建議	gin yíh // gin³ ji⁵	0867, **1112**
件	gihn // gin⁶	0017
經紀	gìng géi // ging¹ gei²	0877
經濟	gìng jai // ging¹ dzai³	0683, 0743, 0909, 0987, 1060
經理	gìng léih // ging¹ lei⁵	0749, 0984
警察	gíng chaat // ging² tsaat⁸	0624, **0691**
徑	ging // ging³	0639
競爭	gihng jàng // ging⁶ dzang¹	0777
劫 // 機	gip gèi // gip⁸ gei¹	0888
結束	git chùk // git⁸ tsuk⁷	**1117**
結 // 婚	git fàn // git⁸ fan¹	0738
結果	git gwó // git⁸ gwo²	0113, 0992, 1021, 1232
驕傲	gìu ngouh // giu¹ ngou⁶	0670
叫	giu // giu³	0204, 0768
叫做	giu jouh // giu³ dzou⁶	0567, 0574, 0868
叫住	giu jyuh // giu³ dzy⁶	**0977**
撬開	giuh hòi // giu⁶ hoi¹	0366
歌	gò // go¹	0387
~ 嗰 CL	gó // go²	0815
嗰邊	gó bìn // go² bin¹	0312
嗰度	gó douh // go² dou⁶	**1280**, 1290
嗰陣	gó jahn // go² dzan⁶	0538, 0977, 1101, 1167
嗰陣時	gó jahn sìh // go² dzan⁶ si⁴	**1216**
嗰日	gó yaht // go² jat⁹	**1219**
嗰樣	gó yeuhng // go² joeng⁶	1034
個	go // go³	0012

147

個別	go biht // go³ bit⁹	**1205**
個個	go go // go³ go³	1160
個人	go yàhn // go³ jan⁴	0956
哥哥	gòh* gò // go4* go¹	**0792**, 1151
改短	gói dyún // goi² dyn²	0413
改革	gói gaak // goi² gaak⁸	0901
改 // 卷	gói gyún // goi² gyn²	**1115**
蓋	goi // goi³	0470
角	gok // gok⁸	0349
閣	gok // gok⁸	0600
覺得	gok dàk // gok⁸ dak⁷	0776, **1026**,
1030, 1167, 1170, 1199		
角度	gok douh // gok⁸ dou⁶	0345
各種	gok júng // gok⁸ dzung²	1048
乾	gòn // gon¹	**1174**
乾淨	gòn jehng // gon¹ dzeng⁶	**1177**
干涉	gòn sip // gon¹ sip⁸	0724
肝炎	gòn yìhm // gon¹ jim⁴	**0276**
趕	gón // gon²	1238
趕走	gón jáu // gon² dzau²	0173, 0769
趕唔切	gón m̀h chit // gon² m⁴ tsit⁸	1024
講	góng // gong²	0766, 0767,
0772, **0971**, 1179, 1180, 1256, 1289		
港幣	Góng baih // Gong² bai⁶	0028
講 // 多謝	góng dò jeh // gong² do¹ dze⁶	
		0964
港督	Góng dùk // Gong² duk⁷	0079
講解	góng gáai // gong² gaai²	0950
講起	góng héi // gong² hei²	**0987**
講 // 書	góng syù // gong² sy¹	0757
港鐵	Góng tit // Gong² tit⁸	**0601**
講 // 嘢	góng yéh // gong² je⁵	0626, 1163
鋼筋	gong gàn // gong³ gan¹	**0528**
鋼筋水泥	gong gàn séui nàih // gong³ gan¹	
soey² nai⁴		0528
鋼鐵	gong tit // gong³ tit⁸	**0872**

鋼鐵廠	gong tit chóng // gong³ tit⁸ tsong²	
		0872
高	gòu // gou¹	0271, **1128**
高度	gòu douh // gou¹ dou⁶	0719
高科技	gòu fò geih // gou¹ fo¹ gei⁶	**0926**
高峰會	gòu fùng wúi* // gou¹ fung¹ wui²*	
		0932
高血壓	gòu hyut aat // gou¹ hyt⁸ aat⁸	**0282**
高踭鞋	gòu jàang hàaih // gou¹ dzaang¹ haai⁴	
		0428
高明	Gòu mìhng // Gou¹ ming⁴	**0656**
高鐵	gòu tit // gou¹ tit⁸	**0604**
菊花	gùk fà // guk⁷ fa¹	0223
焗	guhk // guk⁹	0209, **1083**
工	gùng // gung¹	0847, 1031, 1258
公布	gùng bou // gung¹ bou³	0992
工程師	gùng chìhng sì // gung¹ tsing⁴ si¹	
		0764
公德心	gùng dàk sàm // gung¹ dak⁷ sam¹	
		0896
功課	gùng fo // gung¹ fo³	1267
公斤	gùng gàn // gung¹ gan¹	**0038**
公共事業	gùng guhng sih yihp // gung¹	
gung⁶ si⁶ jip⁹		0869
公仔	gùng jái // gung¹ dzai²	**0382**
公眾電話	gùng jung dihn wá* // gung¹	
dzung³ din⁶ wa²*		0463
公里	gùng léih // gung¹ lei⁵	**0033**
公路	gùng louh // gung¹ lou⁶	**0640**
公文袋	gùng màhn dói* // gung¹ man⁴ doi²*	
		0357
公務員	gùng mouh yùhn // gung¹ mou⁶ jyn⁴	
		0756
功能	gùng nàhng // gung¹ nang⁴	0458
公司	gùng sì // gung¹ si¹	0357, 0556,
0817, 0831, **0861**, 0866, 0867, 0873		

公事包	gùng si**h** bàau // gung^1 si^6 baau^1	**0506**
工會	gùng wúi* // gung^1 wui^2*	**0704**
供應	gùng ying // gung^1 jing^3	**0826, 0830**
公園	gùng yún* // gung^1 jyn^2*	**1010**
公元	gùng yùhn // gung^1 jyn^4	**0069**
捐 // 款	gyùn fún // gyn^1 fun^2	**1203**

Gw

掛住	gwa jyuh // gwa^3 dzy^6	**0876, 1052**
怪	gwaai // gwaai^3	**0983**
關係	gwàan hai**h** // gwaan^1 hai^6	**0780, 0811**
慣例	gwaan laih // gwaan^3 lai^6	**0734**
慣	gwaan // gwaan^3	**0440, 1042**
龜	gwài // gwai^1	**0194**
鬼	gwái // gwai^2	**0136**
鬼火	gwái fó // gwai^2 fo^2	**0137**
鬼佬	gwái lóu // gwai^2 lou^2	**0664**
貴	gwai // gwai^3	**0391, 1209**
貴金屬	gwai gàm suhk // gwai^3 gam^1 suk^9	**0150**
季節	gwai jit // gwai^3 dzit^8	**0081**
櫃桶	gwai**h** túng // gwai^6 tung^2	**0316**
軍隊	gwàn déui* // gwan^1 doey^2*	**0921**
滾水	gwán séui // gwan^2 soey^2	**0332**
果汁	gwó jàp // gwo^2 dzap^7	**0544**
過	gwo // gwo^3	**0617, 0619, 0631, 1218**
V 過	gwo // gwo^3	**0114, 0895, 1055**
A 過	gwo // gwo^3	**0581, 0838, 1136, 1209**
過半數	gwo bun sou // gwo^3 bun^3 sou^3	**0048**
過低	gwo dài // gwo^3 dai^1	**0272**
過高	gwo gòu // gwo^3 gou^1	**0273**
過去	gwo heui // gwo^3 hoey^3	**0115**
過嚟	gwo làih // gwo^3 lai^4	**0768**
過 // 身	gwo sàn // gwo^3 san^1	**1124**
國家	gwok gà // gwok^8 ga^1	**0681, 0713,** **0723**
國際	gwok jai // gwok^8 dzai^3	**0702**
國際金融中心	Gwok jai gàm yùhng jùng sàm // Gwok^8 dzai^3 gam^1 jung^4 dzung^1 sam^1	**0596**
國民	gwok màhn // gwok^8 man^4	**0736**
廣場	gwóng chèuhng // gwong^2 tsoeng^4	**0597, 0633**
廣東菜	Gwóng dùng choi // Gwong^2 dung^1 tsoi^3	**0561**
廣州	Gwóng jàu // Gwong^2 dzau^1	**0651**
估	gwú // gwu^2	**1009, 1232**
古董	gwú dúng // gwu^2 dung^2	**0836**
股價	gwú ga // gwu^2 ga^3	**0841**
股票	gwú piu // gwu^2 piu^3	**0517**
癐	gwuih // gwui^6	**1030**
癐癐哋	gwuih gwúi* déi // gwui^6 gwui^2* dei^2	**1167**
官 (立學) 校	gwùn (laahp hohk) haauh // gwun^1 (laap^9 hok^9) haau^6	**0918**
觀塘	Gwùn tòhng // Gwun^1 tong^4	**0646**
管理	gwún léih // gwun^2 lei^5	**0717**
罐頭	gwun táu* // gwun^3 tau^2*	**0201**

H

蝦	hà // ha^1	**0209**
V 吓	háh // ha^5	**0162, 0279, 0288, 0298, 0707, 0976, 0998, 1039, 1096, 1137, 1236, 1242, 1249, 1264**
下 CL	hah // ha^6	**0078**
下便	hah bihn // ha^6 bin^6	**0052**
下次見	hah chi gin // ha^6 tsi^3 gin^3	**1294**
下個	hah go // ha^6 go^3	**1227**
下個月	hah go yuht // ha^6 go^3 jyt^9	**0066**
下晝	hah jau // ha^6 dzau^3	**0108**
下屬	hah suhk // ha^6 suk^9	**0665**

夏威夷恤　　hah wài yìh sèut // ha⁶ wai¹ ji⁴ soet⁷　　　　　　　**0406**

下（一）hah (yàt) // ha⁶ (jat⁷)　　**0042**

hi-bye friend　　hàai bàai fèn // haai¹ baai¹ fen¹　　　　　　　**0783**

鞋　　hàaih // haai⁴　　**0426**

鞋櫃　　hàaih gwaih // haai⁴ gwai⁶　**0319**

蟹　　háaih // haai⁵　　**0208**

客家菜　　Haak gà choi // Haak⁸ ga¹ tsoi³　**0563**

客廳　　haak tèng // haak⁸ teng¹　**0582**

客人　　haak yàhn // haak⁸ jan⁴　**0785**

鹹　　hàahm // haam⁴　　0566, 0569, **1196**

鹹濕　　hàahm sàp // haam⁴ sap⁷　**1155**

慳　　hàan // haan¹　　**0824**

慳 // 錢　　hàan chín* // haan¹ tsin²*　1207

慳 // 電　　hàan dihn // haan¹ din⁶　1049

行　　hàahng // haang⁴　　0162, 0588, 0618, 1141

行呬　　hàahng bìt // haang⁴ bit⁷　1247

行 // 街　　hàahng gàai // haang⁴ gaai¹　0977

行去　　hàahng heui // haang⁴ hoey³　1280

行 // 雷　　hàahng lèuih // haang⁴ loey⁴　**0129**

行 //（路）　　hàahng (louh) // haang⁴ (lou⁶)　　　　　　　**0610**, 1170

hard disc　　hàat dìs // haat⁷ dis¹　**0390**

敲　　hàau // haau¹　　0377, **0961**

考　　háau // haau²　　0905, 0906

考慮　　háau leuih // haau² loey⁶　**1048**

考唔倒　　háau m̀h dóu // haau² m⁴ dou²　0914

考試　　háau si // haau² si³　　1164

考 // 試　　háau síh // haau² si⁵　　1219

喺［動詞］　　hái // hai²　　0715, 1006, 1052, 1216

V喺 …　　hái // hai²　　0055, 0056, 0351, 0584, 0616, 1069, 1070, 1085

V~ 喺 …　　hái // hai²　　0304, 0334,

0349, 0387, 0388, 0455, 0469, 0489, 0510, 0539, 0557

喺［前置詞］　　hái // hai²　　0159, 0161, 0307, 0525, 0586, 0595, 0611, 0612, 0613, 0615, 0622, 0624, 0625, 0626, 0628, 0632, 0633, 0677, 0699, 0702, 0730, 0745, 0767, 0770, 0773, 0814, 0862, 0865, 0908, 0935, 0937, 0941, 0969, 0975, 1001, 1003, 1045, 1211, 1213, 1233, **1261**, 1279, 1285

喺埋一齊　　hái màaih yàt chàih // hai² maai⁴ jat⁷ tsai⁴　　　　　　　0583

係　　haih // hai⁶　　　**1010**

克　　hàk // hak⁷　　　**0037**

黑板　　hàk báan // hak⁷ baan²　1001

黑超　　hàk chìu // hak⁷ tsiu¹　**0472**

黑鬼　　hàk gwái // hak⁷ gwai²　**0665**

黑椒　　hàk jìu // hak⁷ dziu¹　0537

克力架　　hàk lihk gá // hak⁷ lik⁹ ga²　**0557**

黑色　　hàk sìk // hak⁷ sik⁷　　**1181**

含有　　hàhm yáuh // ham⁴ jau⁵　0545

痕　　hàhn // han⁴　　0256, 0277, **1169**

肯　　háng // hang²　　　1245

行政　　hàhng jing // hang⁴ dzing³　**0687**

行政長官　　hàhng jing jéung gwùn // hang⁴ dzing³ dzoeng² gwun¹　　　　　0687

行李　　hàhng léih // hang⁴ lei⁵　1142

行駛　　hàhng sái // hang⁴ sai²　0098

恆星　　hàhng sìng // hang⁴ sing¹　0151

杏仁　　hahng yàhn // hang⁶ jan⁴　**0254**

行人路　　hàhng yàhn louh // hang⁴ jan⁴ lou⁶　　　　　　　0618

杏仁穌　　hahng yàhn sòu // hang⁶ jan⁴ sou¹　　　　　　　0254

盒　　háp* // hap²*　　　1079

合作　　hahp jok // hap⁹ dzok⁸　**1100**

合併　　hahp ping // hap⁹ ping³　**0866**

口渴	háu hot // hau² hot⁸	**1028**
口罩	háu jaau // hau² dzaau³	0487
口琴	háu kàhm // hau² kam⁴	0374
口語	háu yúh // hau² jy⁵	0868
厚	háuh // hau⁵	**1132**
後便	hauh bihn // hau⁶ bin⁶	0054
後悔	hauh fui // hau⁶ fui³	1033
後期	hauh kèih // hau⁶ kei⁴	0073
後日	hauh yaht // hau⁶ jat⁹	**0088**, 0943
希望	hèi mohng // hei¹ mong⁶	**1035**
~ 起	héi // hei²	0843, **1227**
起飛	héi fèi // hei² fei¹	0924
起 // 家	héi gà // hei² ga¹	0864
起 // 橋	héi kìuh // hei² kiu⁴	0632
起 // 樓	héi láu* // hei² lau²*	1233
起 // 身	héi sàn // hei² san¹	0289, **1086**, 1167
戲	hei // hei³	0018, 0745
汽水	hei séui // hei³ soey²	**0545**
戲院	hei yún* // hei³ jyn²	0627
hack	hèk // hek⁷	0890
輕	hèng // heng¹	**1143**
hang// 機	hèng gèi // heng¹ gei¹	0466
去	heui // hoey³	0782, **1071**
V~ 去 …	heui // hoey³	0312
香	hèung // hoeng¹	**1193**
香草	hèung chóu // hoeng¹ tsou²	**0532**
香港	Hèung góng // Hoeng¹ gong²	0726, 0936, 1042, 1075
香港大學	Hèung góng daaih hohk // Hoeng¹ gong² daai⁶ hok⁹	0908
香港腳	hèung góng geuk // hoeng¹ gong² goek⁸	0284
香港人	Hèung góng yàhn // Hoeng¹ gong² jan⁴	0668
香口膠	hèung háu gàau // hoeng¹ hau² gaau¹	0559

香料	hèung líu* // hoeng¹ liu²*	**0540**
香水	hèung séui // hoeng¹ soey²	1193
享受	héung sauh // hoeng² sau⁶	**1017**
向	heung // hoeng³	0692, 0878, 0965, 0984, 1108
向日葵	heung yaht kwàih // hoeng³ jat⁹ kwai⁴	0224
顯示	hín sih // hin² si⁶	0477
興	hìng // hing¹	0406
興趣	hing cheui // hing³ tsoey³	0946
慶祝	hing jùk // hing³ dzuk⁷	0939
河粉	hó fán // ho² fan²	**0578**
可樂	hó lohk // ho² lok⁹	0329
可能	hó nàhng // ho² nang⁴	0289, 1197
可以	hó yíh // ho² ji⁵	0301, 0899, 1094, 1158, 1267
河	hòh // ho⁴	**0159**, 0632
河邊	hòh bìn // ho⁴ bin¹	0159
荷爾蒙	hoh yíh mùhng // ho⁶ ji⁵ mung⁴	**0274**
開	hòi // hoi¹	0590, 0817, 0939, 0943, **1076**
開除	hòi chèuih // hoi¹ tsoey⁴	**0910**
開始	hòi chí // hoi¹ tsi²	**1116**, 1244
開設	hòi chit // hoi¹ tsit⁸	0915
開發	hòi faat // hoi¹ faat⁸	0928
開關掣	hòi gwàan jai // hoi¹ gwaan¹ dzai³	0451
開幕	hòi mohk // hoi¹ mok⁹	0936
開 //OT	hòi òu tì // hoi¹ ou¹ ti¹	1204
開 // 舖頭	hòi pou táu* // hoi¹ pou³ tau²*	0865
開心	hòi sàm // hoi¹ sam¹	**1016, 1161**
海	hói // hoi²	0161
海報	hói bou // hoi² bou³	0349
海狗	hói gáu // hoi² gau²	**0190**
海軍	hói gwàn // hoi² gwan¹	0922

151

海味	hói méi* // hoi² mei²*	**0531**
海味舖	hói méi* póu* // hoi² mei²* pou²*	0531
海綿	hói mìhn // hoi² min⁴	**0298**
海外	hói ngoih // hoi² ngoi⁶	1052
海豹	hói paau // hoi² paau³	**0189**
海獅	hói sì // hoi² si¹	**0188**
海嘯	hói siuh // hoi² siu⁶	**0164**
海灘	hói tàan // hoi² taan¹	**0162**
海豚	hói tyùhn // hoi² tyn⁴	**0187**
學	hohk // hok⁹	**1036**
學倒	hohk dóu // hok⁹ dou²	**1040**
學校	hohk haauh // hok⁹ haau⁶	0755, 0890, 0910
學生	hohk sàang // hok⁹ saang¹	0974, 1115
學會	hohk wúi* // hok⁹ wui²*	**0707**
漢堡包	hon bóu bàau // hon³ bou² baau¹	**0575**
韓國	Hòhn gwok // Hon⁴ gwok⁸	**0673**
烘	hong // hong³	**0456**
好	hóu // hou²	0391, 0707, 0774, 0982, 1014, 1111, 1252, 1281
V 好	hóu // hou²	1258
好呀	hóu a // hou² a³	**1297**
好似	hóu chíh // hou² tsi⁵	**0885**
好啲	hóu dì // hou² di¹	1046
好多	hóu dò // hou² do¹	0067, 0301, 0336, 0429, 0540, 0544, 0545, 0605, 0706, 1040, 1041, 1099, 1201
好快	hóu faai // hou² faai³	**1234**
好返	hóu fàan // hou² faan¹	1050
好賣	hóu maaih // hou² maai⁶	**0524**
好耐	hóu noih // hou² noi⁶	1169, **1222**
好食	hóu sihk // hou² sik⁹	**1255**
好少	hóu síu // hou² siu²	0110, **1215**
好睇	hóu tái // hou² tai²	**0523**

好人	hóu yàhn // hou² jan⁴	1276
蠔	hòuh // hou⁴	**0206**
蠔仔	hòuh jái // hou⁴ dzai²	0206
毫升	hòuh sìng // hou⁴ sing¹	**0035**
空軍	hùng gwàn // hung¹ gwan¹	0922
空姐	hùng jé // hung¹ dze²	**0768**
恐怖份子	húng bou fahn jí // hung² bou³ fan⁶ dzi²	0888
紅寶石	hùhng bóu sehk // hung⁴ bou² sek⁹	**0143**
紅豆	hùhng dáu* // hung⁴ dau²*	**0252**
紅豆冰	hùhng dáu* bìng // hung⁴ dau²* bing¹	0252
紅磡	Hùhng ham // Hung⁴ ham³	1135
紅綠燈	hùhng luhk dàng // hung⁴ luk⁹ dang¹	**0620**
紅色	hùhng sìk // hung⁴ sik⁷	**1183**
紅藥水	hùhng yeuhk séui // hung⁴ joek⁹ soey²	0287
血糖	hyut tòhng // hyt⁸ tong⁴	**0272**

J // Dz

榨	jà // dza¹	0229
揸	jà // dza¹	0328, **1064**
揸 // 車	jà chè // dza¹ tse¹	0606
揸 // 主意	jà jyú yi // dza¹ dzy² ji³	**1012**
揸住	jà jyuh // dza¹ dzy⁶	1064
債	jaai // dzaai³	**0860**
責任	jaak yahm // dzaak⁸ jam⁶	0978
擲	jaahk // dzaak⁹	0385
讚	jaan // dzaan³	**0982, 1114**
贊成	jaan sìhng // dzaan³ sing⁴	**1098**
賺	jaahn // dzaan⁶	0820
賺 // 錢	jaahn chín* // dzaan⁶ tsin²*	0876
爭	jàang // dzaang¹	0960
習慣	jaahp gwaan // dzaap⁹ gwaan³	0669

152

閘口	jaahp háu // dzaap⁹ hau²	**0614**
雜誌	jaahp ji // dzaap⁹ dzi³	**0523**
找 // 錢	jáau chín* // dzaau² tsin²*	1259
找 // 數	jáau sou // dzaau² sou³	**0835**
仔	jái // dzai²	0775
仔女	jái néui* // dzai² noey²*	**0798**, 0972
掣	jai // dzai³	0467, 1185
製品	jai bán // dzai³ ban²	**0251**
制度	jai douh // dzai³ dou⁶	**0732**
製造	jai jouh // dzai³ dzou⁶	**0871**
製造業	jai jouh yihp // dzai³ dzou⁶ jip⁹	0871
側邊	jàk bìn // dzak⁷ bin¹	**0059**
斟	jàm // dzam¹	0330, 0548
砧板	jàm báan // dzam¹ baan²	**0334**
枕頭	jám tàuh // dzam² tau⁴	**0492**
枕頭袋	jám tàuh dói* // dzam² tau⁴ doi²*	0492
浸	jam // dzam³	0263
鎮痛膏布	jan tung gòu bou // dzan³ tung³ gou¹ bou³	**0485**
增加	jàng gà // dzang¹ ga¹	0823
執	jàp // dzap⁷	0321
汁	jàp // dzap⁷	**0537**
執 // 笠	jàp làp // dzap⁷ lap⁷	0868
質地	jàt déi* // dzat⁷ dei²*	**0391**, 0422, 1132
酒	jáu // dzau²	0276, **0547**, 0973, 1260
酒店	jáu dim // dzau² dim³	0976
走 // 綫	jáu sin // dzau² sin³	0425
就 [主題]	jauh // dzau⁶	0087
就 [條件]	jauh // dzau⁶	0280, 0331, 0549, 0550, 0889, 1094, 1208, 1270
就 [早くも]	jauh // dzau⁶	1232, 1234
就嚟	jauh làih // dzau⁶ lai⁴	1117, **1235**
遮	jè // dze¹	0300, 0781, 1045
啫喱	jè léi // dze¹ lei²	**0552**

借	je // dze³	0089, 0464, 0818, **1108, 1109**, 1250
啫	jehl // dzeu⁶	0559
隻	jek // dzek⁸	**0011**
追究	jèui gau // dzoey¹ gau³	**0978**
最	jeui // dzoey³	0441, 0927, 1018, 1172, **1255**
醉	jeui // dzoey³	**1029**
最近	jeui gahn // dzoey³ gan⁶	**0116**
最尾	jeui mèi* // dzoey³ mei¹*	**1245**
着	jeuk // dzoek⁸ 0401, 0406, 0408, 0410, 0415, 0421, 0427, 0428, 0429, 0440
雀仔	jeuk jái // dzoek⁸ dzai²	**0176**
着爛	jeuk laahn // dzoek⁸ laan⁶	0439
樽	jèun // dzoen¹	**0024**
津貼	jèun tip // dzoen¹ tip⁸	0916
准	jéun // dzoen²	0900
準備	jéun beih // dzoen² bei⁶	0739
準時	jéun sìh // dzoen² si⁴	1116, **1220**
進步	jeun bouh // dzoen³ bou⁶	1041
張	jèung // dzoeng¹	**0015**
將軍澳	Jèung gwàn ou // Dzoeng¹ gwan¹ ou³	**0647**
獎學金	jéung hohk gàm // dzoeng² hok⁹ gam¹	1016
捽	jèut // dzoet⁷	0266, 0298
枝	jì // dzi¹	**0013**
知	jì // dzi¹	**1006**, 1277
支出	jì chèut // dzi¹ tsoet⁷	**0822**
之前	jì chìhn // dzi¹ tsin⁴	0281, 0503, 1059, 1087, **1228, 1230**
知道	jì dou // dzi¹ dou³	1210
資金	jì gàm // dzi¹ gam¹	**0816**
之後	jì hauh // dzi¹ hau⁶	1093, 1125, **1229**
資助	jì joh // dzi¹ dzo6	0919

資料	jì líu* // dzi¹ liu²*	0359
資料室	jì líu* sàt // dzi¹ liu²* sat⁷	**0630**
芝麻	jì màh // dzi¹ ma⁴	**0255**
芝麻糊	jì màh wú* // dzi¹ ma⁴ wu²*	0255
資訊科技	jì seun fò geih // dzi¹ soen³ fo¹ gei⁶	**0927**
芝士	jì sí // dzi¹ si²	0209
資源	jì yùhn // dzi¹ jyn⁴	1202
紙	jí // dzi²	0015, 0360
紙(幣)	jí (baih) // dzi² (bai⁶)	**0511**
指出	jí chèut // dzi² tsoet⁷	**0985**
指定	jí dihng // dzi² ding⁶	**0521**
紫荊花	jí gìng fà // dzi² ging¹ fa¹	**0225**
紙皮箱	jí pèih sèung // dzi² pei⁴ soeng¹	**0303**
至多	ji dò // dzi³ do¹	**1253**
智能手機	ji nàhng sáu gèi // dzi³ nang⁴ sau² gei¹	**0465**
至少	ji síu // dzi³ siu²	**1254**
字	jih // dzi⁶	0999
自己	jih géi // dzi⁶ gei²	0552, 0809, 0815, 0819, 0864, 1032
自己人	jih géi yàhn // dzi⁶ gei² jan⁴	**0778**
自治	jih jih // dzi⁶ dzi⁶	**0719**
寺廟	jih míu* // dzi⁶ miu²*	0092
治安	jih òn // dzi⁶ on¹	0708
自私	jih sì // dzi⁶ si¹	**1160**
自由	jih yàuh // dzi⁶ jau⁴	0891, 1228
織	jik // dzik⁷	0402
即刻	jìk hàak // dzik⁷ haak⁷	0979
職員	jìk yùhn // dzik⁷ jyn⁴	0861
直播	jihk bo // dzik⁹ bo³	0934
直綫	jihk sin // dzik⁹ sin³	0343
尖沙咀	Jìm sà jéui // Dzim¹ sa¹ dzoey²	**0644**
煎 pan	jìn pèn // dzin¹ pen¹	**0333**
展覽會	jín láahm wúi* // dzin² laam⁵ wui²*	**0937**

剪唔開	jín m̀h hòi // dzin² m⁴ hoi¹	0347
展望	jín mohng // dzin² mong⁶	0074
戰機	jin gèi // dzin³ gei¹	0924
蒸	jìng // dzing¹	1085
蒸籠	jìng lùhng // dzing¹ lung⁴	1085
徵收	jìng sàu // dzing¹ sau¹	**0808**
精通	jìng tùng // dzing¹ tung¹	**0726**
整	jíng // dzing²	0333, 0353, 0552
整濕	jíng sàp // dzing² sap⁷	1175
政策	jing chaak // dzing³ tsaak⁸	0725
政黨	jing dóng // dzing³ dong²	**0705**, 0751
政府	jing fú // dzing³ fu²	**0686**, 0698, 0808, 0919, 0968, 0981, 1097
政府機關	jing fú gèi gwàan // dzing³ fu² gei¹ gwaan¹	**0690**
政客	jing haak // dzing³ haak⁸	1163
政治	jing jih // dzing³ dzi⁶	1060
正式	jing sìk // dzing³ sik⁷	0854
證書	jing syù // dzing³ sy¹	**0518**
淨	jihng // dzing⁶	0050
靜	jihng // dzing⁶	**1191**
淨係	jihng haih // dzing⁶ hai⁶	0236
淨水器	jihng séui hei // dzing⁶ soey² hei³	**0458**
唧	jit // dzit⁷	0342, 0496
折扣	jit kau // dzit⁸ kau³	**0844**
節目	jit muhk // dzit⁸ muk⁹	0996
招待會	jiu doih wúi* // dziu¹ doi⁶ wui²*	0765
朝早	jìu jóu // dziu¹ dzou²	**0102**
召集	jiuh jaahp // dziu⁶ dzaap⁹	0714
V 咗	jó // dzo2	0089, 0116, 0128, 0280, 0306, 0320, 0337, 0390, 0424, 0425, 0430, 0439, 0440, 0466, 0541, 0620, 0624, 0677, 0691, 0705, 0706, 0781, 0785, 0820, 0821, 0823, 0841, 0842, 0866, 0885,

154

0890, 0893, 0999, 1005, 1020, 1029, 1033, 1041, 1044, 1045, 1080, 1104, 1119, 1123, 1124, 1125, 1165, 1169, 1221, 1260, 1288

左便　　jó bihn // dzo² bin⁶　　**0055**
阻止　　jó jí // dzo² dzi²　　0278
左手　　jó sáu // dzo² sau²　　0328
再　　joi // dzoi³　　1133, **1249**
再造紙　joi jouh jí // dzoi³ dzou⁶ dzi²　0353
作品　　jok bán // dzok⁸ ban²　　0073, 0950
作家　　jok gà // dzok⁸ ga¹　　**0760**
裝　　jòng // dzong¹　　0301, 0455
裝備　　jòng beih // dzong¹ bei⁶　0921
早　　jóu // dzou²　　1086
早餐　　jóu chàan // dzou² tsaan²　1062, 1087
組織　　jóu jik // dzou² dzik⁷　　**0702**
早晨　　jóu sàhn // dzou² san⁴　　**1291**
早唞　　jóu táu // dzou² tau²　　**1295**
造　　jouh // dzou⁶　　0149
做　　jouh // dzou⁶　　0399, 0699, 0745, 0746, 0762, 0770, 0771, 0773, 0813, 0879, 0951, 1046, 1179, 1234, 1258, 1267
做法　　jouh faat // dzou⁶ faat⁸　1057
做 // 生意　jouh sàang yi // dzou⁶ saang¹ ji³
　　　　　　　　　　　　　　　0672
做 // 事　jouh sih // dzou⁶ si⁶　　0734
做 // 嘢　jouh yéh // dzou⁶ je⁵　　0109, 0702, 1140, 1158
竹　　jùk // dzuk⁷　　**0220**
粥　　jùk // dzuk⁷　　0250
捉 // 棋　jùk kéi* // dzuk⁷ kei²*　0958
中茶　　Jùng chàh // Dzung¹ tsa⁴　**0543**
中秋節　Jùng chàu jit // Dzung¹ tsau¹ dzit⁸
　　　　　　　　　　　　　　　0096
中間　　jùng gàan // dzung¹ gaan¹　**0060**, 0370
宗教　　jùng gaau // dzung¹ gaau³　0699, **0892**
中國　　Jùng gwok // Dzung¹ gwok⁸　**0672**,

0684
中學　　jùng hohk // dzung¹ hok⁹　**0913**
中碼　　jùng máh // dzung¹ ma⁵　**0418**
中銀大廈　Jùng ngàhn daaih hah // Dzung¹ ngan⁴ daai⁶ ha⁶　　0598
中山　　Jùng sàan // Dzung¹ saan¹　**0657**
中心　　jùng sàm // dzung¹ sam¹　**0596**
鐘 (頭) jùng (tàuh) // dzung¹ (tau⁴)　**0063**
中環　　Jùng wàahn // Dzung¹ waan⁴　**0641**
鍾意　　jùng yi // dzung¹ ji³　　0133, 0203, 0441, 0579, **1025**, **1200**, **1226**, **1282**
總部　　júng bouh // dzung² bou⁶　0715
總行　　júng hóng* // dzung² hong²*　0712
種族　　júng juhk // dzung² dzuk⁹　**0661**
種類　　júng leuih // dzung² loey⁴　0336, 0544
種姓制度　júng sing jai douh // dzung² sing³ dzai³ dou⁶　　0678
中 // 毒　jung dohk // dzung³ dok⁹　0205
仲　　juhng // dzung⁶　　0680, 0980
重要　　juhng yiu // dzung⁶ jiu³　0947
豬　　jyù // dzy¹　　**0169**
珠寶　　jyù bóu // dzy¹ bou²　0855
珠寶行　jyù bóu hóng* // dzy¹ bou² hong²*
　　　　　　　　　　　　　　　0141
朱古力　jyù gwù lìk // dzy¹ gwu¹ lik⁷　**0553**
珠海　　Jyù hói // Dzy¹ hoi²　**0658**
煮　　jyú // dzy²　　**1081**
煮 // 飯　jyú faahn // dzy² faan⁶　1036
主角　　jyú gok // dzy² gok⁸　　**0745**
主席　　jyú jihk // dzy² dzik⁹　　**0751**
主權　　jyú kyùhn // dzy² kyn⁴　**0681**
主修　　jyú sàu // dzy² sau¹　　0948
主任　　jyú yahm // dzy² jam⁶　　**0753**
主義　　jyú yih // dzy² ji⁶　　0662
註解　　jyu gáai // dzy³ gaai²　　**0988**
蛀 // 牙　jyu ngàh // dzy³ nga⁴　0285

155

注意	jyu yi // dzy³ ji³	0733
住	jyuh // dzy⁶	0677
V 住	jyuh // dzy⁶	0293, 0305, 0811
專家	jyùn gà // dzyn¹ ga¹	0741
尊重	jyùn juhng // dzyn¹ dzung⁶	0891
鑽	jyun // dzyn³	0362
轉	jyun // dzyn³	0620
鑽石	jyun sehk // dzyn³ sek⁹	0142
轉換期	jyun wuhn kèih // dzyn³ wun⁶ kei⁴	0732
啜	jyut // dzyt⁸	0329

K

卡樂 B	Kà lohk bì // Ka¹ lok⁹ bi¹	0555
卡路里	kà louh léih // ka¹ lou⁶ lei⁵	0275
卡位	kà wái* // ka¹ wai²*	0591, 1070
靠	kaau // kaau³	0741, 0864
啓勉樓	Kái míhn làuh // Kai² min⁵ lau⁴	0599
冚	kám // kam²	0491
近	káhn // kan⁵	1135
揩	kang // kang³	0547
club	kàp // kap⁷	0706
吸塵機	kàp chàhn gèi // kap⁷ tsan⁴ gei¹	0453
扣	kau // kau³	0293
扣針	kau jàm // kau³ dzam¹	0293
扣 // 紐	kau náu // kau³ nau²	0448
球隊	kàuh déui* // kau⁴ doey²*	0750
茄士咩	kè sih mè // ke¹ si⁶ me¹	0395
茄汁	ké* jàp // ke²* dzap⁷	0538
期間	kèih gàan // kei⁴ gaan¹	0071, 0945
奇怪	kèih gwaai // kei⁴ gwaai³	1026
期終試	kèih jùng síh // kei⁴ dzung¹ si⁵	0905
其中一	kèih jùng yàt // kei⁴ dzung¹ jat⁷	0045
歧視	kèih sih // kei⁴ si⁶	0661
其他人	kèih tà yàhn // kei⁴ ta¹ jan⁴	1100, 1277
祈禱	kèih tóu // kei⁴ tou²	0894
企	kéih // kei⁵	0056, 0616, **1069**
企鵝	kéih ngó* // kei⁵ ngo²*	0178
劇場	kehk chèuhng // kek⁹ tsoeng⁴	0628
cassette 帶	keht sèt dáai* // ket⁹ set⁷ daai²* 0387	
區	kèui fàn // koey¹ fan¹	1058
佢	kéuih // koey⁵	1273
佢哋	kéuih deih // koey⁵ dei⁶	1276
key board	kì boht // ki¹ bot⁹	0467
click	kìk // kik⁷	0468, 1261
鉗	kím* // kim²*	0366
傾	kìng // king¹	0120
傾/(偈)	kìng (gái*) // king¹ (gai²*)	**0972**
傾銷	kìng sìu // king¹ siu¹	0857
鯨吞	kìhng tàn // king⁴ tan¹	0235
鯨魚	kìhng yùh // king⁴ jy⁴	0186
keep	kìp // kip⁷	0811
橘	kiuh // kiu⁴	0632
繑	kíuh // kiu⁵	0483
course	kò sí // ko¹ si²	0902
概念	koi nihm // koi³ nim⁶	0012, 0994
抗議	kong yíh // kong³ ji⁵	1097
copy	kòp // kop⁷	1004
crash	*krèsh // kresh¹*	0390
權利	kyùhn leih // kyn⁴ lei⁶	0737
權益	kyùhn yìk // kyn⁴ jik⁷	0809
決定	kyut dihng // kyt⁸ ding⁶	0837, **1013**

Kw

裙	kwàhn // kwan⁴	0415
擴散	kwok saan // kwok⁸ saan³	0278
賄賂	kwúi louh // kwui² lou⁶	0859

L

| 啦 | là // la¹ | 1015 |

喇	la // la^3	1269, 1278
喇叭	la bà // la^3 ba^1	0019
纜	laahm // laam^6	0433, 0436, 0437
藍寶石	làahm bóu sehk // laam^4 bou^2 sek^9	0144
籃球	làahm kàuh // laam^4 kau^4	0952
藍色	làahm sìk // laam^4 sik^7	1184
懶惰	láahn doh // laan^5 do^6	1158
蠟筆	laahp bàt // laap^9 bat^7	0340
立場	laahp chèuhng // laap^9 tsoeng^4	0897
立法會	laahp faat wúi* // laap^9 faat^8 wui^2*	0689
垃圾	laahp saap // laap^9 saap^8	1059
垃圾桶	laahp saap túng // laap^9 saap^8 tung^2	0320
鯰魚	laahp yú* // laap^9 jy^2*	0203
辣	laaht // laat^9	0565, **1197**
辣椒	laaht jìu // laat^9 dziu^1	0244
辣椒醬	laaht jìu jeung // laat^9 dziu^1 dzoeng^3	0244
拉	làai // laai^1	0376, 0379, 0624, 0691, **1066**
拉開	làai hòi // laai^1 hoi^1	0316
瀨尿蝦	laaih niuh hà // laai^6 niu^6 ha^1	**0211**
攬	láam // laam^2	0382
籃	láam* // laam^2*	**0305**
冷衫	làang sàam // laang^1 saam^1	0395, **0402**
撈	làauh // laau^4	0197
嚟	làih // lai^4	0771, 0942, **1072**
V~嚟	làih // lai^4	0314, 0771, 1214
禮拜	láih baai // lai^5 baai^3	**0065**
禮拜幾	láih baai géi // lai^5 baai^3 gei^2	**1287**
禮拜六	láih baai luhk // lai^5 baai^3 luk^9	1105
禮拜五	láih baai ńgh // lai^5 baai^3 ng^5	0102
禮拜日	láih baai yaht // lai^5 baai^3 jat^9	1227
禮拜一	láih baai yàt // lai^5 baai^3 jat^7	0086
禮拜二	láih baai yih // lai^5 baai^3 ji^6	0087
禮物	láih maht // lai^5 mat^9	0094, **0858**
禮儀	láih yìh // lai^5 ji^4	**0735**
褸	làu // lau^1	**0408**
樓	láu* // lau^2*	0623
樓	làuh // lau^4	0599
留長	làuh chèuhng // lau^4 tsoeng^4	0257
流感	làuh gám // lau^4 gam^2	**0281**
留口信	làuh háu seun // lau^4 hau^2 soen^3	**0967**
流//血	làuh hyut // lau^4 hyt^8	**0288**
流浪狗	làuh lohng gáu // lau^4 long^6 gau^2	0171
樓梯	làuh tài // lau^4 tai^1	**0588**
柳	láuh // lau^5	0169
柳樹	láuh syuh // lau^5 sy^6	**0218**
漏	lauh // lau^6	**1045**
漏//水	lauh séui // lau^6 soey^2	0370
label紙	lèi bóu jí // lei^1 bou^2 dzi^2	**0355**
梨	léi* // lei^2*	**0235**
離	lèih // lei^4	1135
離開	lèih hòi // lei^4 hoi^1	**1075**
里	léih // lei^5	0638
理	léih // lei^5	0744
脷	leih // lei^6	**0269**
利息	leih sìk // lei^6 sik^7	**0850**
LAN綫	lèn sin // len^1 sin^3	0469
靚	leng // leng^3	0302, **1176**
旅行	léuih hàhng // loey^5 hang^4	1015
旅行喼	léuih hàhng gìp // loey^5 hang^4 gip^7	**0507**
輪椅	lèuhn yí // loen^4 ji^2	1065
量角器	lèuhng gok hei // loeng^4 gok^8 hei^3	0345
涼鞋	lèuhng hàaih // loeng^4 haai^4	**0430**
兩	léuhng // loeng^5	**0002**

157

兩點鐘	léuhng dím jùng // loeng^5 dim^2 dzung^1		0903	V 落去	lohk heui // lok^9 hoey^3	1241
兩成	léuhng sìhng // loeng^5 sing^4		1253	落嚟	lohk làih // lok^9 lai^4	0297
律師	leuht sì // loet^9 si^1		0044	落 // 柯打	lohk ò dá // lok^9 o^1 da^2	0829
律師行	leuht sì hóng* // loet^9 si^1 hong^2*		0770	落 // 雪	lohk syut // lok^9 syt^8	0126
歷史	lihk sí // lik^9 si^2		0155	樂天	Lohk tìn // Lok^9 tin^1	0554
連	lìhn // lin^4		0153	落 // 堂	lohk tòhng // lok^9 tong^4	0903
練	lihn // lin^6		**1037**	落 // 雨	lohk yúh // lok^9 jy^5	0058, 0082, 0125, 0410, 1237
拎	lìng // ling^1	0305, 0506, 0768		浪	lohng // long^6	**0163**
凌晨	lìhng sàhn // ling^4 san^4		**0101**	撈埋	lòu màaih // lou^1 maai^4	1060
領導人	líhng douh yàhn // ling^5 dou^6 jan^4		0752	老	lóuh // lou^5	1123
				老虎	lóuh fú // lou^5 fu^2	0175
領事館	líhng sih gwún // ling^5 si^6 gwun^2		0674, 1074	老公	lóuh gùng // lou^5 gung^1	0784, **0796**, 0900, 1149
粒	lìp // lip^7		**0587**	老總	lóuh júng // lou^5 dzung^2	**0747**
liter	lìt // lit^7		**0036**	老婆	lóuh pòh // lou^5 po^4	**0797**, 1102, 1150
撩	líu // liu^2	0267, 0268		老實	lóuh saht // lou^5 sat^9	1148
了解	líuh gáai // liu^5 gaai^2		0458	老細	lóuh sai // lou^5 sai^3	0982, 1153, 1231
攞	ló // lo2	0296, 0314, 0412, 0481, 0516, 0519, 0629, 0815, 0816, 0916, 0933, 1016		老師	lóuh sì // lou^5 si^1	**0757**, 0963, 1002, 1114
攞走	ló jáu // lo^2 dzau^2		0781	老鼠	lóuh syú // lou^5 sy^2	**0173**
攞 // 獎	ló jéung // lo^2 dzoeng^2		0937	路綫	louh sin // lou^6 sin^3	0605
蘿蔔	lòh baahk // lo^4 baak^9		**0237**	綠寶石	luhk bóu sehk // luk^9 bou^2 sek^9	0145
蘿蔔絲	lòh baahk sì // lo^4 baak^9 si^1		0237	陸軍	luhk gwàn // luk^9 gwan^1	**0922**
螺絲	lòh sì // lo^4 si^1	0363, **0364**		錄	luhk // luk^9	0387
螺絲批	lòh sì pài // lo^4 si^1 pai^1		0363	六合彩	luhk hahp chói // luk^9 hap^9 tsoi^2	1106
來回飛	lòih wùih fèi // loi^4 wui^4 fei^1		**0514**	綠色	luhk sìk // luk^9 sik^7	**1185**
lock	lòk // lok^7		**1080**	綠色和平	Luhk sìk wòh pìhng // Luk^9 sik^7 wo^4 ping^4	0700
落	lohk // lok^9	0533, 0536, 0537, 0539, 0609, 0612		窿	lùng // lung^1	0362
V~ 落 …	lohk // lok^9	0309, 0330, 0342		壟斷	lúhng dyuhn // lung^5 dyn^6	**0812**
落 // 車	lohk chè // lok^9 tse^1		0767	龍蝦	lùhng hà // lung^4 ha^1	**0210**
落 // 訂	lohk dehng // lok^9 deng^6		**0854**	龍舟	lùhng jàu // lung^4 dzau^1	0095
落 // 街	lohk gàai // lok^9 gaai^1		0100, 0410	亂噉	lyún* gám // lyn^2* gam^2	0426

聯合國	Lyùhn hahp gwok // Lyn⁴ hap⁹ gwok⁸		**0711**

M

唔啱	m̀h àam // m⁴ aam¹		0985
V 唔倒	m̀h dóu // m⁴ dou²		0289
唔忿氣	m̀h fahn hei // m⁴ fan⁶ hei³		**1020**
唔記得	m̀h gei dàk // m⁴ gei³ dak⁷		0300, 0815, 0835, **1044**
唔見	m̀h gin // m⁴ gin³		0430
唔該	m̀h gòi // m⁴ goi¹		1279, **1293**
唔係幾 V	m̀h haih géi // m⁴ hai⁶ gei²		0579
唔係好 A	m̀h haih hóu // m⁴ hai⁶ hou²		0585, 1134
唔可以	m̀h hó yíh // m⁴ ho² ji⁵		0626
唔開心	m̀h hòi sàm // m⁴ hoi¹ sam¹		**1162**
唔好	m̀h hóu // m⁴ hou²		0290, 0426, 0778
唔知醜	m̀h jì cháu // m⁴ dzi¹ tsau²		**1159**
唔再	m̀h joi // m⁴ dzoi³		**1250**
唔使	m̀h sái // m⁴ sai²		0093, 0744, 1225, **1259**
唔同	m̀h tùhng // m⁴ tung⁴		0573
孖展	mà jín // ma¹ dzin²		1210
媽咪	mà mìh // ma¹ mi⁴		0094
馬	máh // ma⁵		**0167**
麻雀	màh jéuk* // ma⁴ dzoek²*		**0960**
馬騮	máh làu* // ma⁵ lau¹*		**0174**
馬來西亞	Máh lòih sài a // Ma⁵ loi⁴ sai¹ a³		0676
馬路	máh louh // ma⁵ lou⁶		0617, 1218
碼頭	máh tàuh // ma⁵ tau⁴		**0634**
V 埋	màaih // maai⁴		0410
買	máaih // maai⁵		0141, 0291, 0397, 0454, 0514, 0615, 0837, 1014, **1106**, 1207, 1240
買唔起	máaih m̀h héi // maai⁵ m⁴ hei²		1268
買賣	máaih maaih // maai⁵ maai⁶		0148, 0517, **0855**, 0877, 0881
買 // 嘢	máaih yéh // maai⁵ je⁵		0305
賣	maaih // maai⁶		0038, 0344, 0819, 0839, 0879, **1107**
擘開	maak hòi // maak⁸ hoi¹		0327
晚飯	máahn faahn // maan⁵ faan⁶		1093
萬	maahn // maan⁶		**0008**
慢	maahn // maan⁶		**1141**
萬字夾	maahn jih gép* // maan⁶ dzi⁶ gep²*		**0358**
慢咗	maahn jó // maan⁶ dzo²		0478
萬聖節	Maahn sing jit // Maan⁶ sing³ dzit⁸		**0097**
漫畫	maahn wá* // maan⁶ wa²*		1267
猛鬼	máahng gwái // maang⁵ gwai²		0136
抹	maat // maat⁸		0299
抹 // 手	maat sáu // maat⁸ sau²		0450
抹檯布 / 枱	maat tói* bou // maat⁸ toi²* bou³		**0299**
抹檯布	maat tói* bou // maat⁸ toi²* bou³		**0399**
貓	màau // maau¹		**0172**
貓頭鷹	màau tàuh yìng // maau¹ tau⁴ jing¹		**0179**
米	máih // mai⁵		**0032**, **0246**
咪	máih // mai⁵		0367
米粉	máih fán // mai⁵ fan²		1084
麥當勞	Mahk dòng lòuh // Mak⁹ dong¹ lou⁴		0575
蚊	màn // man¹		**0028**, **0214**
炆	màn // man¹		0238, 0331
聞倒	màhn dóu // man⁴ dou²		0135
文化	màhn fa // man⁴ fa³		0682

159

文化中心	màhn fa jùng sàm // man⁴ fa³ dzung¹ sam¹	**0629**
民間組織	màhn gàan jóu jìk // man⁴ gaan¹ dzou² dzik⁷	**0698**
文具	màhn geuih // man⁴ goey⁶	**0336**
文件	màhn gín* // man⁴ gin²*	0356
文件夾	màhn gín* gáap* // man⁴ gin²* gaap²*	**0359**
文學	màhn hohk // man⁴ hok⁹	**0950**
文章	màhn jèung // man⁴ dzoeng¹	1127
民族	màhn juhk // man⁴ dzuk⁹	**0662**
民主化	màhn jyú fa // man⁴ dzy² fa³	**0720**
敏感	máhn gám // man⁵ gam²	0892
問	mahn // man⁶	0776, 0779, 0845, **0976**, 1242, 1243, 1281
問~V	mahn // man⁶	0816, 0818
問題	mahn tàih // man⁶ tai⁴	0047, 0708, 0741, 0892, 1007, 1058, 1060, 1118, 1130, 1248
文員	màhn yùhn // man⁴ jyn⁴	**0770**
搖	màng // mang¹	0294
乜嘢	màt yéh // mat⁷ je⁵	0707, 1039, **1283**
襪	maht // mat⁹	**0439**
襪褲	maht fu // mat⁹ fu³	**0440**
物價	maht ga // mat⁹ ga³	**0838**
mouse	màu sí // mau¹ si²	**0468**
味	meih // mei⁶	**0135**
未V	meih // mei⁶	0458, 0980, 1042, 1094
微波爐	mèih bò lòuh // mei⁴ bo¹ lou⁴	**0457**
眉鉗	mèih kím* // mei⁴ kim²*	**0294**
尾班車	méih bàan chè // mei⁵ baan¹ tse¹	1238
美軍	Méih gwàn // Mei⁵ gwan¹	**0923**
美國	Méih gwok // Mei⁵ gwok⁸	**0680**

尾站	méih jaahm // mei⁵ dzaam⁶	**0612**
美術	méih seuht // mei⁵ soet⁹	**0948**
未V過	meih~gwo // mei⁶~gwo³	0546, 0603, 0680
未揸定//主意	meih jà dihng jyú yi // mei⁶ dza¹ ding⁶ dzy² ji³	1014
未來	meih lòih // mei⁶ loi⁴	**0118**, 1008
未V完	meih~yùhn // mei⁶~jyn⁴	0500
美容師	méih yùhng sì // mei⁵ jung⁴ si¹	**0772**
名	méng* // meng²*	0357
棉	mìhn // min⁴	**0392**
棉花棒	mìhn fà páahng // min⁴ fa¹ paang⁵	**0488**
棉質	mìhn jàt // min⁴ dzat⁷	**0392**
免費	míhn fai // min⁵ fai³	**0849**
麵包	mihn bàau // min⁶ baau¹	0016, 0248, 0456, 1083
面盆	mihn pún* // min⁶ pun²*	**0307**
明治	Mìhng jih // Ming⁴ dzi⁶	**0553**
名牌	mìhng pàaih // ming⁴ paai⁴	**0508**
明星	mìhng sìng // ming⁴ sing¹	1038
搣	mìt // mit⁷	0227
秒	míuh // miu⁵	**0061**
幕後黑手	mohk hauh hàk sáu // mok⁹ hau⁶ hak⁷ sau²	0990
芒果	mòng gwó // mong¹ gwo²	**0232**
芒果乾	mòng gwó gòn // mong¹ gwo² gon¹	0232
網站	móhng jaahm // mong⁵ dzaam⁶	0694
網頁	móhng yihp // mong⁵ jip⁹	0890
望住	mohng jyuh // mong⁶ dzy⁶	0594
望唔倒	mohng m̀h dóu // mong⁶ m⁴ dou²	0153
modem	mòu dèhm // mou¹ dem⁴	**0469**
帽	móu* // mou²*	**0431**
模特兒	mòuh dahk yìh // mou⁴ dak⁹ ji⁴	**0774**

無端端	mòuh dyùn dyùn // mou⁴ dyn¹ dyn¹		1019
毛巾	mòuh gàn // mou⁴ gan¹		1175
冇 V	móuh // mou⁵		0114, 0285, 0344, 0877, 0905, 0907, 1092, 1224
冇 // 辦法	móuh baahn faat // mou⁵ baan⁶ faat⁸		1270
母親節	móuh chàn jit // mou⁵ tsan¹ dzit⁸		0094
冇得 V	móuh dàk // mou⁵ dak⁷		0331
冇負責任	móuh fuh jaak yahm // mou⁵ fu⁶ dzaak⁸ jam⁶		0983
冇咁 A	móuh gam // mou⁵ gam³		1252
冇幾耐	móuh géi nói* // mou⁵ gei² noi²*		0893
母校	móuh haauh // mou⁵ haau⁶		0920
冇色	móuh sìk // mou⁵ sik⁷		1190
舞台劇	móuh tòih kehk // mou⁵ toi⁴ kek⁹		0628
梅花	mùih fà // mui⁴ fa¹		0221
每(一)	múih (yàt) // mui⁵ (jat⁷)	0038,	0043
每次	múih chi // mui⁵ tsi³		1246
每個月	múih go yuht // mui⁵ go³ jyt⁹		0850
每一代	múih yàt doih // mui⁵ jat⁷ doi⁶		0079
木板	muhk báan // muk⁹ baan²		1133
目前	muhk chìhn // muk⁹ tsin⁴		0112
木材	muhk chòih // muk⁹ tsoi⁴		0527
木筷子	muhk faai jí // muk⁹ faai³ dzi²		0327
木片琴	muhk pín* kàhm // muk⁹ pin²* kam⁴		0377
門	mùhn // mun⁴		1066, 1076, 1078, 1080
門口	mùhn háu // mun⁴ hau²	0053,	1069
門鐘	mùhn jùng // mun⁴ dzung¹		0461
門票	mùhn piu // mun⁴ piu³		0520
滿	múhn // mun⁵	0306,	0320
悶	muhn // mun⁶		1163

N

南瓜	nàahm gwà // naam⁴ gwa¹	0245
南瓜燈	nàahm gwà dàng // naam⁴ gwa¹ dang¹	0097
南瓜蓉	nàahm gwà yùhng // naam⁴ gwa¹ jung⁴	0245
南海	Nàahm hói // Naam⁴ hoi²	0654
男友	nàahm yáuh // naam⁴ jau⁵	1155
難	nàahn // naan⁴	1007, 1179
難過	nàahn gwo // naan⁴ gwo³	1165
炳親	naat chàn // naat⁸ tsan¹	0290
鬧	naauh // naau⁶	1113
泥剷	nàih cháan // nai⁴ tsaan²	0361
諗	nám // nam²	0707, 1277
諗 // 辦法	nám baahn faat // nam² baan⁶ faat⁸	1049
諗倒	nám dóu // nam² dou²	1047
諗法	nám faat // nam² faat⁸	0117
諗起	nám héi // nam² hei²	0097
諗住	nám jyuh // nam² dzy⁶	0455
嬲	nàu // nau¹	1019
扭	náu // nau²	0383
紐	náu // nau²	0448
扭親	náu chàn // nau² tsan¹	0261
扭計骰	náu gái sìk // nau² gai² sik⁷	0383
扭細	náu sai // nau² sai³	0308
尼龍	nèih lùhng // nei⁴ lung⁴	0398
你	néih // nei⁵	1272
你哋	néih deih // nei⁵ dei⁶	1275
你好	néih hóu // nei⁵ hou²	1292
女	néui* // noey²*	1152
女校	néuih haauh // noey⁵ haau⁶	0920
女仔	néuih jái // noey⁵ dzai²	0429
女裝恤衫	néuih jòng sèut sàam // noey⁵ jòng sèut sàam	

	dzong¹ soet⁷ saam¹	**0404**
女人	néuih yán* // noey⁵ jan²*	0428
女友	néuih yáuh // noey⁵ jau⁵	1154
呢度	nì douh // ni¹ dou⁶	**1279**
呢排	nì pàaih // ni¹ paai⁴	0114
呢樣	nì yeuhng // ni¹ joeng⁶	1179
黏	nìhm // nim⁴	0349, 0482, 1101
撚	nín // nin²	0259
年	nìhn // nin⁴	**0067**
年代	nìhn doih // nin⁴ doi⁶	**0077**
擰實	níng saht // ning² sat⁹	0363
擰唔開	níng m̀h hòi // ning⁴ m⁴ hoi¹	0364
檸檬	nìhng mùng // ning⁴ mung¹	**0229**
檸檬汁	nìhng mùng jàp // ning⁴ mung¹ dzap⁷ **0229**	
尿片	niuh pín* // niu⁶ pin²*	**0493**
糯米	noh máih // no⁶ mai⁵	0208, **0247**
內地	noih deih // noi⁶ dei⁶	0604, **0683**
內政	noih jing // noi⁶ dzing³	**0724**
耐性	noih sing // noi⁶ sing³	1222
努力	nóuh lihk // nou⁵ lik⁹	1032
農曆	nùhng lihk // nung⁴ lik⁹	**0070**
農曆新年	nùhng lihk sàn nìhn // nung⁴ lik⁹ san¹ nin⁴	**0092**

Ng

牙刷	ngàh cháat* // nga⁴ tsaat²*	**0495**
牙膏	ngàh gòu // nga⁴ gou¹	**0496**
雅加達	Ngáh gà daaht // Nga⁵ ga¹ daat⁹	0715
顏色	ngàahn sìk // ngaan⁴ sik⁷	**0133**, 0338, 0355
眼	ngáahn // ngaan⁵	**0266**, 0277
眼鏡	ngáahn géng* // ngaan⁵ geng²*	**0471**
眼罩	ngáahn jaau // ngaan⁵ dzaau³	**0486**
眼藥水	ngáahn yeuhk séui // ngaan⁵ joek⁹ soey²	**0504**
硬	ngaahng // ngaang⁶	**1144**
咬	ngáauh // ngaau⁵	0214
咬親	ngáauh chàn // ngaau⁵ tsan¹	0269
藝術	ngaih seuht // ngai⁶ soet⁹	**0946**
藝人	ngaih yàhn // ngai⁶ jan⁴	**0761**
銀包	ngàhn bàau // ngan⁴ baau¹	**0510**, 0885
銀杏	ngàhn hahng // ngan⁴ hang⁶	**0219**
銀行	ngàhn hòhng // ngan⁴ hong⁴	**0814**, 0883, 1108
牛	ngàuh // ngau⁴	**0168**
牛仔褲	ngàuh jái fu // ngau⁴ dzai² fu³	**0413**
牛腩	ngàuh náahm // ngau⁴ naam⁵	0576
牛奶	ngàuh náaih // ngau⁴ naai⁵	**0550**
牛扒	ngàuh pá* // ngau⁴ pa²*	0168, 0537, 0572
牛油	ngàuh yàuh // ngau⁴ jau⁴	0557
偶然	ngáuh yìhn // ngau⁵ jin⁴	**1240**
鵝	ngó* // ngo²*	**0185**
我	ngóh // ngo5	**1271**
我哋	ngóh deih // ngo⁵ dei⁶	**1274**
外牆	ngoih chèuhng // ngoi⁶ tsoeng⁴	0529
外交	ngoih gàau // ngoi⁶ gaau¹	**0725**
外國	ngoih gwok // ngoi⁶ gwok⁸	1071
外國人	ngoih gwok yàhn // ngoi⁶ gwok⁸ jan⁴ **0738**	
外行	ngoih hòhng // ngoi⁶ hong⁴	**0743**
外星人	ngoih sìng yàhn // ngoi⁶ sing¹ jan⁴ **0139**	
外套	ngoih tou // ngoi⁶ tou³	0397
鱷魚	ngohk yùh // ngok⁹ jy⁴	**0191**

P

扒	pá* // pa²*	0168, 0537, **0572**
扒	pàh // pa⁴	0095, **0885**
爬 // 山	pàh sàan // pa⁴ saan¹	0156
派	paai // paai³	0525, 0695

派對	paai deui // paai³ doey³	**0939**
party	pà tìh // pa¹ ti⁴	**0939**
拍	paak // paak⁸	0312
泊 // 車	paak chè // paak⁸ tse¹	0730
拍死	paak séi // paak⁸ sei²	0215
柏樹	paak syuh // paak⁸ sy⁶	**0216**
拍拿	pàat nàh // paat⁷ na⁴	0780
跑 // 步	páau bouh // paau² bou⁶	0159
跑 // 馬	páau máh // paau² ma⁵	0167
爆谷	paau gùk // paau³ guk⁷	0558
批	pài // pai¹	0231, 0747
批發商	pài faat sèung // pai¹ faat⁸ soeng¹	
		0878
批評	pài pìhng // pai¹ ping⁴	0698, **0981**
噴射船	pan seh syùhn // pan³ se⁶ syn⁴	0634
頻危物種	pàhn ngàih maht júng // pan⁴ ngai⁴ mat⁹ dzung²	0175
朋友	pàhng yáuh // pang⁴ jau¹	0622, 0811
啤牌	pè páai* // pe¹ paai²*	**0957**
皮褸	péi* làu // pei²* lau¹	0409
皮	pèih // pei⁴	**0396**
皮帶	pèih dáai* // pei⁴ daai²*	0396
皮膚	pèih fù // pei⁴ fu¹	0270
皮鞋	pèih hàaih // pei⁴ haai⁴	0396
被	péih // pei⁵	**0491**, 1143
劈	pehk // pek⁹	0426
平	pèhng // peng⁴	0625, 0838
pizza	pì sá // pi¹ sa²	**0574**
present	pi sèn // pi³ sen¹	0935
printer	pìn tá // pin¹ ta²	0051
平方呎	pìhng fòng chek // ping⁴ fong¹ tsek⁸	
		0034, 0582
評價	pìhng ga // ping⁴ ga³	1129
蘋果	pìhng gwó // ping⁴ gwo²	**0231**
平民	pìhng màhn // ping⁴ man⁴	0740
平安夜	Pìhng òn yeh // Ping⁴ on¹ je⁶	**0098**
平時	pìhng sìh // ping⁴ si⁴	**1224**
普通	póu tùng // pou² tung¹	0459
舖頭	pou táu* // pou³ tau²*	1236
配	pui // pui³	0543
倍	púih // pui⁵	**1209**
番禺	Pùn yùh // Pun¹ jy⁴	**0652**
盤	pún* // pun²*	**0324**
判處	pun chyúh // pun³ tsy⁵	0728, 0729
判斷	pun dyuhn // pun³ dyn⁶	1007

R

reward	ri wòt // ri³ wot⁷	**0847**
roommate	rùm mèih // rum¹ mei⁴	**0781**

S

scan	s kèn // s³ ken¹	**1005**
scanner	s kèn ná // s³ ken¹ na²	0470
沙	sà // sa¹	0361
紗布	sà bou // sa¹ bou³	0481
沙甸魚	sà dìn yú* // sa¹ din¹ jy²*	0201
沙律	sà léut* // sa¹ loet²*	0539
沙漠	sà mohk // sa¹ mok⁹	0158
(砂) 糖	sà tòhng // sa¹ tong⁴	**0533**
沙嗲	sa dè // sa³ de¹	0577
晒士	sàai sí // saai¹ si²	0416
V 晒	saai // saai³	0819, 1043
三	sàam // saam¹	**0004**
衫	sàam // saam¹	**0401**, 0879, 1188
三點鐘	sàam dím jùng // saam¹ dim² dzung¹	
		0101
三角褲	sàam gok fu // saam¹ gok⁸ fu³	**0424**
三文治	sàam màhn jih // saam¹ man⁴ dzi⁶	
		0199
三文魚	sàam màhn yú* // saam¹ man⁴ jy²*	
		0198
三月	sàam yuht // saam¹ jyt⁹	0936

163

山	sàan // saan^1	**0156**	世紀	sai géi // sai^3 gei^2	**0068**, 0072
閂	sàan // saan^1	**1078**	細個嗰陣	sai go gó jahn // sai^3 go^3 go^2 dzan^6	
閂 // 門	sàan mùhn // saan^1 mun^4	0630			0895
山泥傾瀉	sàan nàih kìng se // saan^1 nai^4		細公司	sai gùng sì // sai^3 gung^1 si^1	**0863**
king^1 se^3		**0157**	細佬	sai lóu // sai^3 lou^2	**0794**, 1147
散銀	sáan ngán* // saan^2 ngan^2* **0512**		細路仔脾氣 sai louh jái pèih hei // sai^3 lou^6		
生	sàang // saang^1	**1122**	dzou^2 pei^4 hei^3		**1149**
生果	sàang gwó // saang^1 gwo^2	**0226**, 1107	細碼	sai máh // sai^3 ma^5	**0419**
生字	sàang jih // saang^1 dzi^6	1040	世貿組織	Sai mauh jóu jìk // Sai^3 mau^6	
生日	sàang yaht // saang^1 jat^9	0939, 1235	dzou^2 dzik^7		**0713**
烚	saahp // saap^9	**0240**	細妹	sai múi* // sai^3 mui^2*	**0795**, 1148
西餐	sài chàan // sai^1 tsaan^1	**0571**	塞	sàk // sak^7	**0494**
西茶	sài chàh // sai^1 tsa^4	**0542**	深	sàm // sam^1	**1130**
西瓜	sài gwà // sai^1 gwa^1	**0242**	深圳	Sàm jan // Sam^1 dzan^3	**0660**
西裝	sài jòng // sai^1 dzong^1	**0407**	深色	sàm sìk // sam^1 sik^7	**1188**
西蘭花	sài làahn fà // sai^1 laan^4 fa^1	0213	心跳率	sàm tiu léut* // sam^1 tiu^3 loet^2*	**0271**
西冷	sài làang // sai^1 laang^1	**0572**	森永	Sàm wíhng // Sam^1 wing^5	0556
犀利	sài leih // sai^1 lei^6	**1251**	新	sàn // san^1	**0994**
西人	sài yàhn // sai^1 jan^4	**0663**	申請	sàn chíng // san^1 tsing^2	0693
西柚	sài yáu* // sai^1 jau^2*	**0228**	身材	sàn chòih // san^1 tsoi^4	0774
洗	sái // sai^2	0498, 1177	身份證	sàn fán* jing // san^1 fan^2* dzing^3	
洗禮	sái láih // sai^2 lai^5	**0895**			0693
洗 // 面	sái mihn // sai^2 min^6	0307, **1087**	新貨	sàn fo // san^1 fo^3	1240
洗 // 衫	sái sàam // sai^2 saam^1	**0452**	新貨品	sàn fo bán // san^1 fo^3 ban^2	0970
洗頭水	sái tàuh séui // sai^2 tau^4 soey^2	**0584**	辛苦	sàn fú // san^1 fu^2	**1170**
洗碗機	sái wún gèi // sai^2 wun^2 gei^1	**0455**	辛苦晒	sàn fú saai // san^1 fu^2 saai^3	1298
洗衣機	sái yì gèi // sai^2 ji^1 gei^1	**0452**	新加坡	Sàn ga bò // San^1 ga^1 bo^1	**0675**
細	sai // sai^3	0303, 0419, 0581, **1139**	新疆	Sàn gèung // San^1 goeng^1	0158
細 CL	sai // sai^3	**0147**	新年	sàn nìhn // san^1 nin^4	**0091**
世代	sai doih // sai^3 doi^6	**0078**	新一代	sàn yàt doih // san^1 jat^7 doi^6	0752
世界	sai gaai // sai^3 gaai^3	1008	新移民	sàn yìh màhn // san^1 ji^4 man^4	1201
世界盃	Sai gaai bùi // Sai^3 gaai^3 bui^1	**0934**	生效	sàng haauh // sang^1 haau^6	0727
世界銀行	Sai gaai ngàhn hòhng // Sai^3 gaai^3		生活	sàng wuht // sang^1 wut^9	0740, 1042
ngan^4 hong^4		**0712**	濕	sàp // sap^7	**1175**
世界上	sai gaai seuhng // sai^3 gaai^3 soeng^6		十	sahp // sap^9	**0005**
		0540	十蚊店	sahp màn dim // sap^9 man^1 dim^3

		0291
失望	sàt mohng // sat⁷ mong⁶	**1021**
室內	sàt noih // sat⁷ noi⁶	0132
實	saht // sat⁹	0350
收	sàu // sau¹	0880, 1210
收倒	sàu dóu // sau¹ dou²	0968
收購	sàu kau // sau¹ kau³	**0867**
收銀處	sàu ngán* chyu // sau¹ ngan²* tsy3	
		0595
收受	sàu sauh // sau¹ sau⁶	0859
收入	sàu yahp // sau¹ jap⁹	**0806, 0821,**
0822		
手	sáu // sau²	**0261**, 0498
手鈪	sáu áak* // sau² aak²*	0146
手臂	sáu bei // sau² bei³	0260
手錶	sáu bìu // sau² biu¹	0479, 0839
手袋	sáu dói* // sau² doi²*	0508
首都	sáu dòu // sau² dou¹	0684
手風琴	sáu fùng kàhm // sau² fung¹ kam⁴	
		0379
手巾	sáu gàn // sau² gan¹	0450
手機	sáu gèi // sau² gei¹	1182, 1263
手指	sáu jí // sau² dzi²	**0262**, 0267
手續費	sáu juhk fai // sau² dzuk⁹ fai³	**0833**
手襪	sáu maht // sau² mat⁹	0438, 1181
首飾	sáu sìk // sau² sik⁷	0304
首先	sáu sìn // sau² sin¹	1242
受	sauh // sau⁶	0895
售票機	sauh piu gèi // sau⁶ piu³ gei¹	**0615**
壽司	sauh sì // sau⁶ si¹	0198, **0580**
寫	sé // se²	1001, 1026, 1230
寫低	sé dài // se² dai¹	0351, **1003**
蛇	sèh // se⁴	**0193**
蛇蟲鼠蟻	sèh chùhng syú ngáih // se⁴ tsung⁴ sy² ngai⁵	
		1018
社團	séh tyùhn // se⁵ tyn⁴	0703

社會	séh wúi* // se⁵ wui²*	0080, 0118
死	séi // sei²	1125, 1165
四川菜	Sei chyùn choi // Sei³ tsyn¹ tsoi³	
		0565
四點半	sei dím bun // sei³ dim² bun³	0630
sales	sèl sí // seu¹ si²	**0879**
石斑	sehk bàan // sek⁹ baan¹	**0200**
石Q	sehk kìu // sek⁹ kiu¹	**0769**
石屎	sehk sí // sek⁹ si²	**0529**
send	sèn // sen¹	**1103**, 1214
聲	sèng // seng¹	1192
成日	sèhng yaht // seng⁴ jat⁹	1211
順便	seuhn bín* // soen⁶ bin²*	**1236**
順德	Seuhn dàk // Soen⁶ dak⁷	**0655**
順序	seuhn jeuih // soen⁶ dzoey⁶	**1241**
上(一)	seuhng (yàt) // soeng⁶ (jat⁷)	**0041**
上便	seuhng bihn // soeng⁶ bin⁶	**0051**
上半年	seuhng bun nìhn // soeng⁶ bun³ nin⁴	
		0075
上個禮拜	seuhng go láih baai // soeng⁶ go³ lai⁵ baai³	0065
上下	seuhng há* // soeng⁶ ha²*	**0034**
上//戲	séuhng hei // soeng⁵ hei³	**0627**
上海菜	Seuhng hói choi // Soeng⁶ hoi² tsoi³	
		0564
上晝	seuhng jau // soeng⁶ dzau³	**0107**
上面	seuhng mihn // soeng⁶ min⁶	**0334**,
1001		
上//網	séuhng móhng // soeng⁵ mong⁵	0465
上//堂	séuhng tòhng // soeng⁵ tong⁴	0907
上一季	seuhng yàt gwai // soeng⁶ jat⁷ gwai³	
		0807
需求	sèui kàuh // soey¹ kau⁴	**0826**
需要	sèui yiu // soey¹ jiu³	0832, 0988
水	séui // soey²	0020, 0306,
0541, 0768		

165

水煲	séui bòu // soey² bou¹	0332
水浸	séui jam // soey² dzam³	0160
水準	séui jéun // soey² dzoen²	0740
水晶	séui jìng // soey² dzing¹	0147
水晶包	séui jìng bàau // soey² dzing¹ baau¹	0562
稅務局	seui mouh gúk* // soey³ mou⁶ guk²*	0694
水桶	séui túng // soey² tung²	0306
隧道	seuih douh // soey⁶ dou⁶	0631
睡衣	seuih yì // soey⁶ ji¹	0394
信	seun // soen³	0139, **1050**
信封	seun fùng // soen³ fung¹	0356
信仰	seun yéuhng // soen³ joeng⁵	0891
相	sèung // soeng¹	1263
商品	sèung bán // soeng¹ ban²	0017
商場	sèung chèuhng // soeng¹ tsoeng⁴	0622
傷口	sèung háu // soeng¹ hau²	0481
商量	sèung lèuhng // soeng¹ loeng⁴	0763, **1096**
商務客位	sèung mouh haak wái* // soeng¹ mou⁶ haak⁸ wai²*	1166
箱頭筆	sèung tàuh bàt // soeng¹ tau⁴ bat⁷	0339
商人	sèung yàhn // soeng¹ jan⁴	0876
想	séung // soeng²	0608, 0772, 1027, 1137, 1168, 1206, 1275
相	séung* // soeng²*	0473, 1005
相機	séung* gèi // soeng²* gei¹	**0473**
想像	séung jeuhng // soeng² dzoeng⁶	**1008**
想要	séung yiu // soeng² jiu³	1034, 1133
恤衫	sèut sàam // soet⁷ saam¹	0403
絲綢	sì chàuh // si¹ tsau⁴	0394
絲帶	sì dáai* // si¹ daai²*	0445
cm	sì èm // si¹ em¹	0031

絲巾	sì gàn // si¹ gan¹	0434
司機	sì gèi // si¹ gei¹	0767
私(立學)校	sì (laahp hohk) haauh // si¹ (laap⁹ hok⁹) haau⁶	0919
絲襪	sì maht // si¹ mat⁹	**0425**, 1132
試	si // si³	0546, 0998
試着	si jeuk // si³ dzoek⁸	0409, 0418
時間	sìh gaan // si⁴ gaan³	0480, 1015, 1058
時間掣	sìh gaan jai // si⁴ gaan³ dzai³	**0480**
時裝表演	sìh jòng bíu yín // si⁴ dzong¹ biu² jin²	**0944**
時期	sìh kèih // si⁴ kei⁴	**0076**
時時	sìh sìh // si⁴ si⁴	**1212**
市場	síh chèuhng // si⁵ tsoeng⁴	0812
市價	síh ga // si⁵ ga3	**0839**
市民	síh màhn // si⁵ man⁴	0048
市面	síh mihn // si⁵ min⁶	1050
事	sih // si⁶	0120, 0779, 1243
事件	sih gín* // si⁶ gin²*	0978, 1205
事務所	sih mouh só // si⁶ mou⁶ so²	1242
示威	sih wài // si⁶ wai¹	0633
豉油	sih yàuh // si⁶ jau⁴	0535
事業	sih yihp // si⁶ jip⁹	0869
侍應	sih ying // si⁶ jing³	0773
識	sìk // sik⁷	0174, 0706, 0735, **1256**
骰仔	sìk jái // sik⁷ dzai²	0385
飾物	sìk maht // sik⁷ mat⁹	0441
食	sihk // sik⁹	0096, 0203, 0205, 0226, 0236, 0501, 0503, 0505, 0535, 0537, 0538, 0558, 0567, 0568, 0571, 0575, 0579, 1025, 1027, 1062, 1087, 1093, 1137, 1200, 1206
食品	sihk bán // sik⁹ ban²	0830
食//飯	sihk faahn // sik⁹ faan⁶	0894, 1012, **1088**, 1229

食家	sihk gà // sik⁹ ga¹	**0742**
食療	sihk lìuh // sik⁹ liu⁴	0282
食 // 嘢	sihk yéh // sik⁹ je⁵	0625
食 // 煙	sihk yìn // sik⁹ jin¹	0560, 1023
syn	sìm // sim¹	0380
閃 // 電	sím dihn // sim² din⁶	**0128**, 0129
先	sìn // sin¹	0837, 1095, 1267
先進	sìn jeun // sin¹ dzoen³	0927
仙女座	Sìn néuih joh // Sin¹ noey⁵ dzo⁶	0154
鮮艷	sìn yihm // sin¹ jim⁶	0355
綫	sin // sin³	0014, **0400**, 1136
羨慕	sihn mouh // sin⁶ mou⁶	0774
星	sìng // sing¹	**0153**
升	sìng // sing¹	**0841**
星座	sìng joh // sing¹ dzo⁶	**0154**
星級名師	sìng kàp mìhng sì // sing¹ kap⁷ ming⁴ si¹	0917
升上	sìng séuhng // sing¹ soeng⁵	0912
聲音	sìng yàm // sing¹ jam¹	**0134**
聖誕假	Sing daan ga // Sing³ daan³ ga³	**0085**
聖誕節	Sing daan jit // Sing³ daan³ dzit⁸	0099
性騷擾	sing sòu yíu // sing³ sou¹ jiu²	**0887**
成績	sìhng jìk // sing⁴ dzik⁷	0115, **0904**, 1053
承認	sìhng yihng // sing⁴ jing⁶	**1055**
成員	sìhng yùhn // sing⁴ jyn⁴	0754
攝	sip // sip⁸	0489
攝氏	sip sih // sip⁸ si⁶	0030
涉嫌	sip yìhm // sip⁸ jim⁴	0882
燒	sìu // siu¹	0202
消費	sìu fai // siu¹ fai³	**0823**
消費額	sìu fai ngáak* // siu¹ fai³ ngaak²*	0823
消防車	sìu fòhng chè // siu¹ fong⁴ tse¹	0695
消防處	sìu fòhng chyu // siu¹ fong⁴ tsy³	0695
消失	sìu sàt // siu¹ sat⁷	1119
消息	sìu sìk // siu¹ sik⁷	1215
少	síu // siu²	0563, 0863, **1203**
小巴	síu bà // siu² ba¹	1183
少半數	síu bun sou // siu² bun³ sou³	**0049**
少啲	síu dì // siu² di¹	0536, **1207**
小學	síu hohk // siu² hok⁹	**0912**
小姐	síu jé // siu² dze²	1262
少咗	síu jó // siu² dzo²	0428
小組	síu jóu // siu² dzou²	**0708**
小喇叭	síu la bà // siu² la³ ba¹	**0373**
小麥	síu mahk // siu² mak⁹	**0249**
小心	síu sàm // siu² sam¹	0119, 0346, 0886, **1054**
少少	síu síu // siu² siu²	**1208**
小說	síu syut // siu² syt⁸	0997
笑	siu // siu³	**1061**
梳	sò // so¹	**0295**
蔬菜	sò choi // so¹ tsoi³	**0236**, 0334
梳化	sò fá // so¹ fa²	**0318**
梳 // 頭	sò tàuh // so¹ tau⁴	0295
鎖匙	só sìh // so² si⁴	**0292**
所以	só yíh // so² ji⁵	1268, **1269**
鬚刨	sòu páau* // sou¹ paau²*	**0499**
掃把	sou bá // sou³ ba²	**0296**
掃 // 地	sou deih // sou³ dei⁶	**0296**
掃 // 貨	sou fo // sou³ fo³	0621
塑膠	sou gàau // sou³ gaau¹	0325
數學	sou hohk // sou³ hok⁹	0775
數字	sou jih // sou³ dzi⁶	0985
粟米	sùk máih // suk⁷ mai⁵	**0250**
宿舍	sùk séh // suk⁷ se⁵	0756
縮 // 水	sùk séui // suk⁷ soey²	0424
熟食中心	suhk sihk jùng sàm // suk⁹ sik⁹ dzung¹ sam¹	**0623**
屬於	suhk yù // suk⁹ jy¹	0703

167

餸	sung // sung³	0326, 1197, 1200
送	sung // sung³	0094, 0381, 0858
送 // 貨	sung fo // sung³ fo³	0849
書	syù // sy¹	0089
輸	syù // sy¹	1020
輸出	syù chèut // sy¹ tsoet⁷	0852
舒服	syù fuhk // sy¹ fuk⁹	0317, **1166**
書架	syù gá* // sy¹ ga²*	0052
書展	syù jín // sy¹ dzin²	**0945**
輸入	syù yahp // sy¹ jap⁹	0853
暑假	syú ga // sy² ga³	**0084**
薯仔	syùh jái // sy⁴ dzai²	**0238**
薯片	syùh pín* // sy⁴ pin²*	**0555**
薯條	syùh tíu* // sy⁴ tiu²*	0538
豎琴	syuh kàhm // sy⁶ kam⁴	0375
酸	syùn // syn¹	**1198**
宣布	syùn bou // syn¹ bou³	0704, 0722, **0991**
宣傳	syùn chyùhn // syn¹ tsyn⁴	**0970**
(宣) 傳單 (張) syùn chyùhn dàan jèung // syn¹ tsyn⁴ daan¹ dzoeng¹		**0525**
孫仔	syùn jái // syn¹ dzai²	**0799**
孫女	syùn néui* // syn¹ noey²*	**0800**
酸痛	syùn tung // syn¹ tung³	0264
選	syún // syn²	0746
選美活動 sýun méih wuht duhng // syn² mei⁵ wut⁹ dung⁶		**0938**
算	syun // syn³	0887
算盤	syun pùhn // syn³ pun⁴	**0475**
算數	syun sou // syn³ sou³	1015
雪	syut // syt⁸	**0126**
雪糕	syut gòu // syt⁸ gou¹	**0554**
雪條	syut tíu* // syt⁸ tiu²*	0013

T

| 呔 | tàai // taai¹ | **0435** |

太	taai // taai³	0276, 0303, 0414, 0423
態度	taai douh // taai³ dou⁶	0690, 1157
泰國	Taai gwok // Taai³ gwok⁸	0246, **0677**
太陽	taai yèuhng // taai³ joeng⁴	**0151**
貪污	tàam wù // taam¹ wu¹	**0882**
探親	taam chàn // taam³ tsan¹	0675
探熱針	taam yiht jàm // taam³ jit⁹ dzam¹	**0489**
淡	táahm // taam⁵	0564, **1200**
彈	tàahn // taan⁴	0375, 0378
睇	tái // tai²	0050, 0095, 0288, 0758, 0837, 0934, **0996**, **0997**, 1039, 1236, 1241, 1264, 1267
睇法	tái faat // tai² faat⁸	0663
睇 / 戲	tái hei // tai² hei³	0558, 1239
睇睇	tái tái // tai² tai²	0590
剃 // 鬚	tai sòu // tai³ sou¹	0499
提倡	tàih cheung // tai⁴ tsoeng³	**0994**
提起	tàih héi // tai⁴ hei²	1248
提子	tàih jí // tai⁴ dzi²	**0234**
題目	tàih muhk // tai⁴ muk⁹	1249
提堂	tàih tòhng // tai⁴ tong⁴	0692
吞拿魚	tàn nàh yú* // tan¹ na⁴ jy²*	**0199**
偷	tàu // tau¹	1055
偷拍	tàu paak // tau¹ paak⁸	**0886**
透明	tau mìhng // tau³ ming⁴	0509
頭	tàuh // tau⁴	**0256**
頭帶	tàuh dáai* // tau⁴ daai²*	**0443**
頭髮	tàuh faat // tau⁴ faat⁸	**0257**, 1126
頭箍	tàuh kwù // tau⁴ kwu¹	**0444**
頭皮	tàuh pèih // tau⁴ pei⁴	0256
投票	tàuh piu // tau⁴ piu³	0992
頭先	tàuh sìn // tau⁴ sin¹	0128, 0785, **1231**
投訴	tàuh sou // tau⁴ sou³	0755, 1226
頭痛	tàuh tung // tau⁴ tung³	1168

投入	tàuh yahp // tau⁴ jap⁹	**1031**
踢	tek // tek⁸	**1068**
聽	tèng // teng¹	0766, 1163
聽倒	tèng dóu // teng¹ dou²	0097, 0134, 1215
推	tèui // toey¹	**1065**
退出	teui chèut // toey³ tsoet⁷	0893
退 // 貨	teui fo // toey³ fo³	0405
退 // 學	teui hohk // toey³ hok⁹	0909
T 恤	tì sèut // ti¹ soet⁷	0392, **0405**, 0417
tick	tìk // tik⁷	0902
甜	tìhm // tim⁴	0561, 0569, **1195**
天氣	tìn hei // tin¹ hei³	0121
天氣好	tìn hei hóu // tin¹ hei³ hou²	0122
天鵝	tìn ngòh // tin¹ ngo4	0177
天水圍	Tìn séui wàih // Tin¹ soey² wai⁴	0649
天陰陰	tìn yàm yàm // tin¹ jam¹ jam¹	0124
天然	tìn yìhn // tin¹ jin⁴	0145
田螺	tìhn ló* // tin⁴ lo²*	0207
填寫格式	tìhn sé gaak sìk // tin⁴ se² gaak⁸ sik⁷	0733
聽日	tìng yaht // ting¹ jat⁹	**0087**, 0130, 0843, 0944
停 // 業	tìhng yihp // ting⁴ jip⁹	0868
貼	tip // tip⁸	0485
tutor	tiù tàh // tiu¹ ta⁴	0775
跳 // 舞	tiu móuh // tiu³ mou⁵	1037
條	tìuh // tiu⁴	**0014**, **0026**
調較	tìuh gaau // tiu⁴ gaau³	0132
條例	tìuh laih // tiu⁴ lai⁶	0727
調味	tìuh meih // tiu⁴ mei⁶	0532
拖	tò // to¹	0369, 0507
檯	tói* // toi²*	0312, 1178
檯底交易	tói* dái gàau yihk // toi²* dai² gaau¹ jik⁹	0851
檯鐘 / 枱	tói* jùng // toi²* dzung¹	**0478**

台灣人	Tòih wàan yàhn // Toi⁴ waan¹ jan⁴	0670
湯	tòng // tong¹	0570
糖	tóng* // tong²*	0551
堂	tòhng // tong⁴	0903
堂阿哥	tòhng a gò // tong⁴ a³ go¹	0804
糖份	tòhng fahn // tong⁴ fan⁶	0545
堂家姐	tòhng gà jè* // tong⁴ ga¹ dze¹*	0805
糖漿	tòhng jèung // tong⁴ dzoeng¹	1208
糖尿病	tòhng niuh behng // tong⁴ niu⁶ beng⁶	0283
堂細佬	tòhng sai lóu // tong⁴ sai³ lou²	0804
堂細妹	tòhng sai múi* // tong⁴ sai³ mui²*	0805
桃	tóu* // tou²*	0230
討論	tóu leuhn // tou² loen⁶	1120, 1156, 1244
土木工程	tóu muhk gùng chìhng // tou² muk⁹ gung¹ tsing⁴	0526
套餐	tou chàan // tou³ tsaan¹	0543
塗改液	tòuh gói yihk // tou⁴ goi² jik⁹	**0342**
桃汁	tòuh jàp // tou⁴ dzap⁷	0230
圖書館	tòuh syù gwún // tou⁴ sy¹ gwun²	0626
肚餓	tóuh ngoh // tou⁵ ngo⁶	1027
肚痾	tóuh ò // tou⁵ o¹	0550
通菜	tùng choi // tung¹ tsoi³	0240
通過	tùng gwo // tung¹ gwo³	0877
通知	tùng jì // tung¹ dzi¹	**0968**
通心粉	tùng sàm fán // tung¹ sam¹ fan²	0573
通常	tùng sèuhng // tung¹ soeng⁴	**1225**
通宵	tùng sìu // tung¹ siu¹	0098
統治	túng jih // tung² dzi⁶	0716
痛	tung // tung³	0258, **1168**
~ 同 ... [等位]	tùhng // tung⁴	0339, 0396, 0573, 0583, 0783, 0826, 0922, 1058, 1060,

169

同［共同遂行者］	tùhng // tung⁴	0400, 0738, 0763, 0767, 0772, 0777, 0782, 0958, 0963, 0964, 0972, 0974, 1033, 1096, 1100, 1221, **1262**
同［受益者］	tùhng // tung⁴	0775, **1265**
同鄉會	tùhng hèung wúi* // tung⁴ hoeng¹ wui²*	0703
同行	tùhng hòhng // tung⁴ hong⁴	1266
同時	tùhng sìh // tung⁴ si⁴	1090
同事	tùhng sih // tung⁴ si⁶	**0779**, 1096
團結	tyùhn git // tyn⁴ git⁸	0666
團體	tyùhn tái // tyn⁴ tai²	0699, **0701**
斷	tyúhn // tyn⁵	0337
斷 // 骨	tyúhn gwàt // tyn⁵ gwat⁷	**0289**

W

畫	wá* // wa²*	1176
華人	Wàh yàhn // Wa⁴ jan⁴	**0666**
話	wah // wa⁶	**1046**
話(俾)~知	wah (béi) ~ jì // wa⁶ (bei²) ~ dzi¹	**0966**
話~知	wah ~ jì // wa⁶ ~ dzi¹	1217
話題	wah tàih // wa⁶ tai⁴	0971
懷疑	wàaih yìh // waai⁴ ji⁴	**1051**
壞咗	waaih jó // waai⁶ dzo²	0463
玩	wáan // waan²	0955, 1212
玩 // 啤牌	wáan pè páai* // waan² pe¹ paai²*	0957
環保組織	wàahn bóu jóu jìk // waan⁴ bou² dzou² dzik⁷	**0700**
還清	wàahn chìng // waan⁴ tsing¹	0860
環球貿易廣場	Wàahn kàuh mauh yihk gwóng chèuhng // Waan⁴ kau⁴ mau⁴ jik⁹ gwong² tsoeng⁴	0597
患	waahn // waan⁶	0276, 0277, 0280, 0281
劃	waahk // waak⁹	0343, 1176
劃 // 公仔	waahk gùng jái // waak⁹ gung¹ dzai²	0340
滑浪風帆	waaht lohng fùng fàahn // waat⁹ long⁶ fung¹ faan⁴	**0955**
滑 // 雪	waaht syut // waat⁹ syt⁸	0673
威也	wài yá // wai¹ ja²	**0369**
位	wái* // wai²*	0057, 0592
圍棋	wàih kéi* // wai⁴ kei²*	**0958**
圍裙	wàih kwán* // wai⁴ kwan²*	**0437**
維他命	wàih tà mihng // wai⁴ ta¹ ming⁶	0505
委員	wáih yùhn // wai⁵ jyn⁴	**0754**
委員會	wáih yùhn wúi* // wai⁵ jyn⁴ wui²*	0754
為咗	waih jó // wai⁶ dzo²	1032
胃仙 U	waih sìn y-ù // wai⁶ sin¹ ju¹	0502
衞星	waih sìng // wai⁶ sing¹	0152
溫度	wàn douh // wan¹ dou⁶	**0132**
溫度計	wàn douh gai // wan¹ dou⁶ gai³	**0477**
溫柔	wàn yàuh // wan¹ jau⁴	**1152**
搵［前置詞］	wán // wan²	0294, 0299, 0358
搵［動詞］	wán // wan²	0310, 0399, 0694, 0775, 1011, 1245, 1265, 1271
搵唔倒	wán m̀ dóu // wan² m⁴ dou²	1270
暈浪丸	wàhn lohng yún* // wan⁴ long⁶ jyn²*	**0503**
運動	wahn duhng // wan⁶ dung⁶	**0951**
運動褲	wahn duhng fu // wan⁶ dung⁶ fu³	**0414**
核	waht // wat⁹	0234
van 仔	wèn jái // wen¹ dzai²	**0605**
永星里	Wíhng sìng léih // Wing⁵ sing¹ lei⁵	0638
泳池	wihng chìh // wing⁶ tsi⁴	**0635**

170

黃金	wòhng gàm // wong^4 gam^1	0148
黃色	wòhng sìk // wong^4 sik^7	1186
旺角	Wohng gok // Wong^6 gok^8	0865, 1212
烏鴉	wù à // wu^1 a^1	0180
污糟	wù jòu // wu^1 dzou^1	1178
蝴蝶結	wùh dihp git // wu^4 dip^9 git^8	0445
戶口	wuh háu // wu^6 hau^2	0814
護睜	wuh jàang // wu^6 dzaang^1	0484
護照	wuh jiu // wu^6 dziu^3	0810
互相	wuh sèung // wu^6 soeng^1	1278
護士	wuh sih // wu^6 si^6	0759
回歸	wùih gwài // wui^4 gwai^1	1228
迴轉壽司	wùih jyún sauh sì // wui^4 dzyn^2 sau^6 si^1	0580
回應	wùih ying // wui^4 jing^3	0981
會	wúih // wui^5	0082, 0119, 0130, 0276, 0277, 0280, 0283, 0285, 0550, 0730, 0880, 0945, 1050, 1123, 1213, 1217, **1257**, 1274
會計部	wuih gai bouh // wui^6 gai^3 bou^6	0753
會計師	wuih gai sì // wui^6 gai^3 si^1	0763
會長	wuih jéung // wui^6 dzoeng^2	0748
會議	wuih yíh // wui^6 ji^5	0679, 0714, 0762
碗	wún // wun^2	0022
碗碟	wún dihp // wun^2 dip^9	0321
換	wuhn // wun^6	0322
玩具	wuhn geuih // wun^6 goey^6	0381
換//衫	wuhn sàam // wun^6 saam^1	1092
緩刑	wuhn yìhng // wun^6 jing^4	0729
活動	wuht duhng // wut^9 dung^6	0931
活頁紙	wuht yihp jí // wut^9 jip^9 dzi^2	0354

Y // J

□	yaap // jaap^8	0493
音樂	yàm ngohk // jam^1 ngok^9	0947
音樂會	yàm ngohk wúi* // jam^1 ngok^9 wui^2*	0629
飲	yám // jam^2	0230, 0276, 0546, 0549, 0550, 0973, 1028, **1063**
飲醉	yám jeui // jam^2 dzoey^3	1029
飲筒	yám túng // jam^2 tung^2	0329
任期	yahm kèih // jam^6 kei^4	0748
因住	yàn jyuh // jan^1 dzy^6	0290, 0825
因素	yàn sou // jan^1 sou^3	1048
因為	yàn waih // jan^1 wai^6	1268
印刷	yan chaat // jan^3 tsaat^8	0875
印刷廠	yan chaat chóng // jan^3 tsaat^8 tsong^2	0875
印度	Yan douh // Jan^3 dou^6	0678
印度頭巾	yan douh tàuh gàn // jan^3 dou^6 tau^4 gan^1	0432
忍唔住	yán m̀h jyuh // jan^2 m^4 dzy^6	1169
印尼菜	Yan nèih choi // Jan^3 nei^4 tsoi^3	0577
人哋	yàhn deih // jan^4 dei^6	0464, 0958, 0995
人道	yàhn douh // jan^4 dou^6	0897
人工	yàhn gùng // jan^4 gung^1	0846
引致	yáhn ji // jan^5 dzi^3	0283
人造纖維	yàhn jouh chìm wàih // jan^4 dzou^6 tsim^1 wai^4	0398
引入	yáhn yahp // jan^5 jap^9	0926
V~ 入…	yahp // jap^9	0356, 0365
入	yahp // jap^9	0614, 0707
入便	yahp bihn // jap^9 bin^6	**0057**, 0635
入侵	yahp chàm // jap^9 tsam^1	0930
入 // 貨	yahp fo // jap^9 fo^3	0878
入 // 教	yahp gaau // jap^9 gaau^3	0893
入境表格	yahp gíng bíu gaak // jap^9 ging^2 biu^2 gaak^8	0733
入境處	yahp gíng chyu // jap^9 ging^2 tsy^3	0693

171

入口	yahp háu // jap⁹ hau²	**0586**
入去	yahp heui // jap⁹ hoey³	0389, 0586
V 入去	yahp heui // jap⁹ hoey³	1261
入 // 學	yahp hohk // jap⁹ hok⁹	**0907**
入學（考）試	yahp hohk (háau) síh // jap⁹ hok⁹ (haau²) si⁵	**0906**
入面	yahp mihn // jap⁹ min⁶	0623, 1085
一	yàt // jat⁷	**0001**
一百蚊	yàt baak màn // jat⁷ baak⁸ man¹	0511
一部份	yàt bouh fahn // jat⁷ bou⁶ fan⁶	**0050**
一半	yàt bun // jat⁷ bun³	**0009**
一齊	yàt chàih // jat⁷ tsai⁴	0782, 0957, 1262
一啲	yàt dì // jat⁷ di¹	0735
一定	yàt dihng // jat⁷ ding⁶	0451, 1274
一黨	yàt dóng // jat⁷ dong²	0718
一個字	yàt go jih // jat⁷ go³ dzi⁶	0479
一個人	yàt go yàhn // jat⁷ go³ jan⁴	0959
一個月	yàt go yuht // jat⁷ go³ jyt⁹	0846
一號	yàt houh // jat⁷ hou⁶	0091
一陣	yàt jahn // jat⁷ dzan⁶	1091, **1221**
一早	yàt jóu // jat⁷ dzou²	**1232**
一路	yàt louh // jat⁷ lou⁶	0558, 0973
一年	yàt nìhn // jat⁷ nin⁴	0848
一月	yàt yuht // jat⁷ jyt⁹	0091, 1172
日	yaht // jat⁹	**0064**
日本	Yaht bún // Jat⁹ bun²	0083, **0671**
日本菜	Yaht bún choi // Jat⁹ bun² tsoi³	**0579**
日本人	Yaht bún yàhn // Jat⁹ bun² jan⁴	0319
日頭	yaht táu* // jat⁹ tau²*	**0109**
日日	yaht yaht // jat⁹ jat⁹	0082
日圓	Yaht yùhn // Jat⁹ jyn⁴	0842
日用品	yaht yuhng bán // jat⁹ jung⁶ ban²	**0291**
休息	yàu sìk // jau¹ sik⁷	**1091**
幼	yau // jau³	0262, **1137**

幼嘴	yau jéui // jau³ dzoey²	0339
幼稚園	yau jih yún* // jau³ dzi⁶ jyn²*	**0911**
幼麵	yau mihn // jau³ min⁶	1137
由	yàuh // jau⁴	0897, 0987
郵票	yàuh piu // jau⁴ piu³	1101
游 // 水	yàuh séui // jau⁴ soey²	0161
郵箱	yàuh sèung // jau⁴ soeng¹	**0590**
由於	yàuh yù // jau⁴ jy¹	0909
魷魚	yàuh yú* // jau⁴ jy²*	**0213**
柔軟	yàuh yúhn // jau⁴ jyn⁵	0422
有得 V	yáuh dàk // jau⁵ dak⁷	0571
有啲	yáuh dì // jau⁵ di¹	0985
有效	yáuh haauh // jau⁵ haau⁶	0282, 0284
有禮貌	yáuh láih maauh // jau⁵ lai⁵ maau⁶	**1151**
有時	yáuh sìh // jau⁵ si⁴	**1213**
有 // 煙霞	yáuh yìn hàh // jau⁵ jin¹ ha⁴	0127
又	yauh // jau⁶	0567, 0574, **1248**
右便	yauh bihn // jau⁶ bin⁶	**0056**
右掣	yauh jai // jau⁶ dzai³	0468
右手	yauh sáu // jau⁶ sau²	0328
又	yauh // jau⁶	0129, 0569, 1143, 1168
嘢	yéh // je⁵	0301, 0369, 0766, 0813, 0825, 1027, 1028, 1034, 1043, 1055, 1179
嘢食	yéh sihk // je⁵ sik⁹	0457, 1081
夜	yeh // je⁶	1095
夜校	yeh haauh // je⁶ haau⁶	0916
夜晚	yeh máahn // je⁶ maan⁵	0100, **0105**
夜晚黑	yeh máahn hàk // je⁶ maan⁵ hak⁷	**0110**
Yen	yèn // jen¹	**0029**
藥	yeuhk // joek⁹	0284
藥膏	yeuhk gòu // joek⁹ gou¹	0488
藥水膠布	yeuhk séui gàau bou // joek⁹ soey²

172

gaau¹ bou³		0482
虐兒	yeuhk yìh // joek⁹ ji⁴	0889
羊	yèuhng // joeng⁴	0170
陽光	yèuhng gwòng // joeng⁴ gwong¹	0123
羊肉	yèuhng yuhk // joeng⁴ juk⁹	0170
養	yéuhng // joeng⁵	0172
樣本	yeuhng bún // joeng⁶ bun²	1056
約	yeuk // joek⁸	0622, 1044, 1288
意粉	yi fán // ji³ fan²	0573
意見	yi gin // ji³ gin³	0749, 0993
依照	yì jiu // ji¹ dziu³	0734
e-mail	yì mèl // ji¹ meu¹	1103, 1214
醫生	yì sàng // ji¹ sang¹	0758
醫院	yì yún* // ji¹ jyn²*	0288, 1072
意願	yi yuhn // ji³ jyn⁶	0986
疑犯	yìh fáan* // ji⁴ faan²*	0691, 0731
而家	yìh gà // ji⁴ ga¹	0076, 0081, 0111, 0627, 0838, 1201
移民	yìh màhn // ji⁴ man⁴	0739
以前	yíh chìhn // ji⁵ tsin⁴	0601, 1055
以前啲人	yíh chìhn dì yàhn // ji⁵ tsin⁴ di¹ jan⁴	1057
以下	yíh hah // ji⁵ ha⁶	0035
以後	yíh hauh // ji⁵ hau⁶	0119
耳仔	yíh jái // ji⁵ dzai²	0268
耳塞	yíh sàk // ji⁵ sak⁷	0494
以上	yíh seuhng // ji⁵ soeng⁶	0036
耳環	yíh wáan* // ji⁵ waan²*	0446
耳挖	yíh wét* // ji⁵ wet²*	0268
議員	yíh yùhn // ji⁵ jyn⁴	0049, 0689
二	yih // ji⁶	0003
義工	yih gùng // ji⁶ gung¹	0699
義氣	yih hei // ji⁶ hei³	0898
液體	yihk tái // jik⁹ tai²	1190
鹽	yìhm // jim⁴	0211, 0534

簷蛇	yìhm sé* // jim⁴ se²*	0192
驗 // 血	yihm hyut // jim⁶ hyt⁸	0279
煙	yìn // jin¹	0560
煙灰	yìn fùi // jin¹ fui¹	0309
煙灰缸	yìn fùi gòng // jin¹ fui¹ gong¹	0309
煙霞	yìn hàh // jin¹ ha⁴	0127
煙仔	yìn jái // jin¹ dzai²	0026
演出	yín chèut // jin² tsoet⁷	0628
演講	yín góng // jin² gong²	0975
燕子	yin jí // jin³ dzi²	0182
研究	yìhn gau // jin⁴ gau³	0155, 0708, 0949, 1130, 1249
研究院	yìhn gau yún* // jin⁴ gau³ jyn²*	0915
然之後	yìhn jì hauh // jin⁴ dzi¹ hau⁶	1244
研討會	yìhn tóu wúi* // jin⁴ tou² wui²*	0935
現場	yihn chèuhng // jin⁶ tsoeng⁴	0969
現代	yihn doih // jin⁶ doi⁶	0080
現象	yihn jeuhng // jin⁶ dzoeng⁶	0989
櫻花	yìng fà // jing¹ fa¹	0222
應該	yìng gòi // jing¹ goi¹	1260
英國	Yìng gwok // Jing¹ gwok⁸	0679
英漢辭典	Yìng Hon chìh dín // Jing¹ Hon³ tsi⁴ din²	0522
英文	Yìng mán* // Jing¹ man²*	1256
英皇道	Yìng wòhng douh // Jing¹ wong⁴ dou⁶	0636
影	yíng // jing²	0473, 1263
影 // 相	yíng séung* // jing² soeng²*	0138
影印紙	yíng yan jí // jing² jan³ dzi²	0353
盈利	yìhng leih // jing⁴ lei⁶	0807
認真	yihng jàn // jing⁶ dzan¹	1157
業績	yihp jìk // jip⁹ dzik⁷	0075
熱	yiht // jit⁹	0290, **1171**
熱心	yiht sàm // jit⁹ sam¹	1156
腰	yìu // jiu¹	0263
邀請	yìu chíng // jiu¹ tsing²	0942

173

腰帶	yìu dáai* // jiu¹ daai²*	**0436**
要求	yìu kàuh // jiu¹ kau⁴	0720
要〔動詞〕	yiu // jiu³	0046, 0345, 1222, 1280, 1284
要〔助動詞〕	yiu // jiu³	0096, 0109, 0281, 0286, 0287, 0288, 0400, 0405, 0410, 0413, 0454, 0503, 0537, 0666, 0733, 0766, 0779, 0813, 0824, 0889, 1028, 1043, 1048, 1059, 1101, 1105, 1175, 1207, 1230, **1258**, 1267
魚	yú* // jy²*	**0196**
如果	yùh gwó // jy⁴ gwo²	**1270**
魚柳	yùh láuh // jy⁴ lau⁵	0204
娛樂場所	yùh lohk chèuhng só // jy⁴ lok⁹ tsoeng⁴ so²	**0624**
娛樂雜誌	yùh lohk jaahp ji // jy⁴ lok⁹ dzaap⁹ dzi³	0523
雨	yúh // jy⁵	**0125**
雨季	yúh gwai // jy⁵ gwai³	**0082**
宇宙	yúh jauh // jy⁵ dzau⁶	**0155**
雨褸	yúh làu // jy⁵ lau¹	**0410**
語言	yúh yìhn // jy⁵ jin⁴	0685
預測	yuh chàak // jy⁶ tsaak⁷	0118
預防	yuh fòhng // jy⁶ fong⁴	0930
預防針	yuh fòhng jàm // jy⁶ fong⁴ dzam¹	0281
預算	yuh syun // jy⁶ syn³	**0825**
(浴室)磅	(yuhk sàt) bóng* // (juk⁹ sat⁷) bong²*	**0490**
V 完	yùhn // jyn⁴	0085, 1093, 1229, 1230, 1234, 1239
袁	yùhn // jyn⁴	1262
鉛筆	yùhn bàt // jyn⁴ bat⁷	0025
完全	yùhn chyùhn // jyn⁴ tsyn⁴	0743
員工	yùhn gùng // jyn⁴ gung¹	0863, 0984, 0986
原子筆	yùhn jí bàt // jyn⁴ dzi² bat⁷	**0338**
圓規	yùhn kwài // jyn⁴ kwai¹	**0344**
鉛芯筆	yùhn sàm bàt // jyn⁴ sam¹ bat⁷	**0337**
原因	yùhn yàn // jyn⁴ jan¹	0909
遠	yúhn // jyn⁵	**1134**
軟	yúhn // jyn⁵	1143, **1145**
願望	yuhn mohng // jyn⁶ mong⁶	0668
絨	yúng* // jung²*	**0393**
佣金	yúng gàm // jung² gam¹	0880
絨質	yúng* jàt // jung²* dzat⁷	0393
容器	yùhng hei // jung⁴ hei³	**0301**
(容)易(yùhng) yih // (jung⁴) ji⁶		**1179**
用〔前置詞〕	yuhng // jung⁶	0131, 0149, 0243, 0267, 0268, 0293, 0295, 0297, 0298, 0326, 0329, 0332, 0333, 0335, 0340, 0341, 0343, 0347, 0359, 0360, 0361, 0362, 0363, 0366, 0367, 0368, 0369, 0445, 0450, 0452, 0453, 0456, 0457, 0465, 0473, 0475, 0480, 0488, 0490, 0498, 0499, 0527, 0532, 1174, **1263**
用〔動詞〕	yuhng // jung⁶	0500, 0589
用~嚟	yuhng ~ làih // jung⁶ ~ lai⁴	0380, 0476
用力	yuhng lihk // jung⁶ lik⁹	0316
月	yuht // jyt⁹	**0066**
月餅	yuht béng // jyt⁹ beng²	**0096**
月亮	yuht leuhng // jyt⁹ loeng⁶	**0152**
月尾	yuht méih // jyt⁹ mei⁵	0088, 1230
越南	Yuht nàahm // Jyt⁹ naam⁴	**0674**
越南菜	Yuht nàahm choi // Jyt⁹ naam⁴ tsoi³	0578
月台	yuht tòih // jyt⁹ toi⁴	**0616**
越	yuht // jyt⁹	0836

語彙帳 …… 日本語

　この語彙帳では、本書で登場した語彙が日本語から検索できるようになっています。掲載情報は、原語・日本語訳・登場箇所です。日本語の排列は五十音順になっています。ただし、固有名詞、数を含む表現、助詞・補語はそれぞれまとめて末尾に掲げました。登場箇所（0001～1300）がボールドになっているものは見出し語として登場したことを、そうでないものは文例で登場したことを表しています。ただし、以下の語彙については掲げていません。
　　　　　数詞、量詞、名詞「人」、人称代名詞、指示代名詞、
　　　　　動詞「有」「冇」「係」「嚟」「去」、副詞「好」、構造助詞「嘅」、否定詞「唔」
なお、原語の欄のVは動詞、Aは形容詞、CLは量詞を表しています。

あ

杏仁	アーモンド	**0254**
杏仁穌	アーモンド入り中華風クッキー	0254
情婦	愛人	**0784**
雪條	アイスキャンディー	0013
雪糕	アイスクリーム	**0554**
發出 // 信號	合図する	**0965**
搭 // 檯	相席（する）	**0593**
中間	間	**0060**
對方	相手。先方	**0776**
idea	アイデア	1047
理	相手にする	**0744**
啱	合う	0416
見	会う	0622, 1161
藍色	青い	**1184**
紅色	赤い	**1183**
紅藥水	赤チンキ	0287
淺色	明るい	**1187**
BB	赤ん坊	1090, 1122
秋天	秋	0083
爆竊	空き巣（を働く）	**0884**
算數	諦める	**1015**
首飾	アクセサリー	0304
飾物	アクセサリー	**0441**
猛鬼	悪霊が住み着いた	0136

擰唔開	（ドライバーで）開けられない	0364
拉開	開ける	0316
開	（ドアを）開ける	0590, **1076**
打開	（箱などを）開ける	0310, 0470, **1077**
手風琴	アコーディオン	**0379**
朝早	朝	**0102**
淺	浅い	**1131**
後日	明後日	**0088**, 0943
鮮艷	鮮やかな	0355
海豹	アザラシ	**0189**
腳	足	**0265**
亞洲人	アジア人	**0667**
海獅	アシカ	**0188**
聽日	明日	**0087**, 0130, 0843, 0944
調味	味付けをする	0532
紅豆	アズキ	**0252**
紅豆冰	アズキシェイク	0252
急	焦る	**1024**
嗰度	あそこ	**1280**
玩	遊ぶ	1212
頭	頭	**0256**
聰明	頭が良い	**1146**
蠢	頭が悪い	**1147**
新	新しい	0994

175

新一代	新しい世代	0752
每	～当たり	0038
嗰邊	あちら側	0312
熱	熱い	0290
厚	厚い	**1132**
熱	暑い	**1171**
唔知醜	厚かましい	**1159**
@	アットマーク	0467
□	（おむつを）当てる	0493
建議	アドバイスする	**1112**
窿	穴	0362
鑽	穴を開ける	0362
哥哥	兄	**0792**, 1151
動漫節	アニメフェア	0520, **0941**
家姐	姉	**0793**, 1146
嗰樣	あの様な	1034
鴨	アヒル	**0184**
甜	甘い	0561, 0569, **1195**
唔係幾 V	あまり～ない	0579
唔係好 A	あまり～ない	0585
太	あまりに	0276, 0303, 0414, 0423
織	編む	0402
雨	雨	**0125**
糖	飴	**0551**
落 // 雨	雨が降る	0058, 0082, 0125, 0410, 1237
唔啱	誤っている	0985
咬親	誤って噛む	0269
洗	洗う	0498, 1177
打 // 風	嵐になる	1257
出現	現れる	**1118**
多謝	ありがとう	**1300**
行去	歩いて行く	1280
行	歩く	0162, 0588, 0618, 1141
揩	アルコール度数が高い	0547
夏威夷恤	アロハ	**0406**

方案	案	1098
背	暗唱する	**1000**
放心	安心する	**1022**
掛住	案ずる	**1052**
安全	安全な	0462
扣針	安全ピン	**0293**

い

復活節	イースター	**0093**
好呀	いいですよ	**1297**
委員	委員	**0754**
委員會	委員会	0754
講	言う	0766, 0767, 0772, 1179, 1180, 1289
屋	家	0136, 1138
屋企	家	0884, 1073, 1134, 1211
以下	以下	0035
翻生	生き返る	**1125**
返	行く	0604
去	行く	0782, **1071**
腸胃藥	胃薬	**0502**
幾多	幾ら。どのくらい	**1210**
意見	意見	0749, 0993
圍棋	囲碁	**0958**
捉 // 棋	囲碁・将棋をさす	0958
醫生	医者	**0758**
以上	以上	0036
櫈	椅子	**0314**
以前	以前	0601, 1055
趕	急ぐ	1238
痛	痛い	0258, **1168**
收	いただく	0880
炒	炒める	0207, 0213, **1084**
讀 // 一年班	一年生だ	0913
有啲	一部の（複数）	0985
一部份	一部分	**0050**

銀杏	イチョウの木	**0219**		印尼菜	インドネシア料理	0577
幾點鐘	何時	1044		流感	インフルエンザ	**0281**
幾時	いつ	**1286**				
一齊	一緒に	0782, 0957, 1262			う	
喺埋一齊	一緒になっている	0583		滑浪風帆	ウィンドサーフィン	**0955**
幾時	いつだって	**1223**		絨	ウール	**0393**
一黨	一党	0718		絨質	ウールの生地	0393
滿	いっぱいである	0306, 0320		上便	上	**0051**
綫	糸	0014, **0400**		上面	上	0334, 1001
堂阿哥	従兄	**0804**		網站	ウェブサイト	0694
堂細佬	従弟	**0804**		雨季	雨季	**0082**
堂家姐	従姉	**0805**		收倒	受け取る	0968
堂細妹	従妹	**0805**		受	受ける	0895
閃//電	稲光（が走る）	**0128**, 0129		牛	ウシ	**0168**
狗	イヌ	**0171**		後便	後ろ	**0054**
祈禱	祈り（祈る）	**0894**		淡	薄味な	0564, **1200**
活動	イベント	**0931**		薄	薄い	**1133**
而家	今	0076, 0081,		歌	歌	0387
0111, 0627, 0838, 1201				懷疑	疑う	**1051**
頭先	今し方	0128		唱//歌	歌を歌う	0761, 1038
移民	移民（する）	**0739**		入便	内	**0057**
細妹	妹	**0795**, 1148		搵	打ち込む	0365
耳環	イヤリング	**0446**		宇宙	宇宙	**0155**
穿//耳環	イヤリングを着ける	0446		外星人	宇宙人	**0139**
入口	入り口	**0586**		手臂	腕	**0260**
門口	入り口	1069		手錶	腕時計	**0479**, 0839
海豚	イルカ	**0187**		手鈪	腕輪	0146
假牙	入れ歯	0149		馬	ウマ	**0167**
放	入れる	0356, 0534, 1208		好	上手い	1111
落	（調味料を）入れる	0533, 0536		出//世	生まれる	**1121**
顏色	色	**0133**, 0338, 0355		海	海	**0161**
沙甸魚	イワシ	**0201**		生	生む	**1122**
印刷	印刷	**0875**		梅花	ウメの花	**0221**
印刷廠	印刷所	0875		出賣	裏切る	0778
安裝	インストールする	**0929**		羨慕	羨む	0774
對講機	インターホン	**0462**		賣	売る	0038, 0344,

177

	0819, 0839, 0879, **1107**	
嘈	うるさい	**1192**
開心	嬉しい	**1161**
好賣	売れ行きが良い	0524
衫	上着	**0401**
行駛	運行する	0098
司機	運転手	**0767**
車牌	運転免許証	**0519**
搬運	運搬する	0527

え

畫	絵	1176
戲	映画	0018, 0745
電影	映画	**0949**
戲院	映画館	**0627**
電影節	映画祭	**0936**
睇//戲	映画を見る	0558, 1239
英文	英語	1256
愛滋病	エイズ	**0279**
衛星	衛星	0152
英漢辭典	英中辞典	0522
agent	エージェント	**0880**
劃	描く	1176
車站	駅	**0611**, 1006
液體	液体	1190
電梯	エスカレーター	0054
細碼	Sサイズ	**0419**
SD咭	SDカード	**0389**
非政府組織	NGO	**0696**
非牟利組織	NPO	**0697**
蝦	エビ	**0209**
圍裙	エプロン	**0437**
中碼	Mサイズ	**0418**
綠寶石	エメラルド	0145
揀	選ぶ	0404, 0825
選	選ぶ	0746

得到	得る	0731
大碼	Lサイズ	**0417**
較	エレベーター	**0587**
工程師	エンジニア	**0764**
演出	演じる	0628
鉛筆	鉛筆	0025

お

好食	美味しい	1255
趕走	追い出す	0173, 0769
老	老いる。老いた	**1123**
斑馬綫	横断歩道	**0619**
來回飛	往復切符	**0514**
西人	欧米人	**0663**
大雨	大雨	1237
多	多い	0276, 0336, 0550, **1201**
大	大きい	0414, 0585, **1138**
夠大	大きさが足りている	0313
好多	多くの	0067
大聲	大声で	0626
柯打	オーダー	**0829**
訂造	オーダーメイドで作る	0311
度身訂造	オーダーメイドで作る	0407
落//柯打	オーダーを出す	0829
電單車	オートバイ	**0606**
焗	オーブンで焼く	0209, **1083**
除夕	大晦日	**0100**
大麥	大麦	**0248**
多CL	多めに	0421
多啲	多め（に）	0534, **1206**
媽咪	お母さん	0094
餸	おかず	0326, 1197, 1200
錢	お金	0818, 0824, 1108, 1110, 1250, 1268
慳//錢	お金を節約する	1207
俾//錢	お金を払う	0595, 1225

賺//錢	お金を儲ける	0876
檯鐘	置き時計	**0478**
發生	起きる	0157, 0160, 0164
起//身	起きる	0289, **1086**, 1167
漏	置き忘れる	**1045**
放	置く	0304, 0334, 0388, 0510, 0584, 1085
送	贈る	0858
慢咗	（時刻が）遅れている	0478
發起	起こす	0721
嬲	怒る	**1019**
細個嗰陣	幼い頃	0895
阿伯	伯父	0802
教//(書)	教える	**1111**
塞	押し込む	0494
貪污	汚職	**0882**
撳	（指で）押す	0461
推	押す	**1065**
慢	遅い	**1141**
驚	恐れる	1018
請問	お尋ねしますが	**1299**
茶	お茶	0023
老公	夫	0784, **0796**, 0900, 1149
海狗	オットセイ	0190
找//數	お釣り（を渡す）	**0835**
聲音	音	**0134**
聲	音	1192
細佬	弟	**0794**, 1147
差啲	劣った	1123
差	劣っている	1053
前日	一昨日	**0090**
前年	一昨年	1121
阿姨	叔母	**0803**
早晨	おはよう	**1291**
記	覚える	**1043**
尿片	おむつ	**0493**
奄列	オムレツ	0333
重	重い	**1142**
諗起	思い出す	0097
諗倒	思いつく	**1047**
話	思う	**1046**
磅//重	重さを量る	0476
好睇	（読んで）面白い	0523
早唞	おやすみ	**1295**
游//水	泳ぐ	0161
扭細	折り曲げて小さくする	0308
啱啱	折良く	**1238**
落	降りる	0609, 0612
奧運(會)	オリンピック	**0933**
斷	折れる	0337
橙	オレンジ	**0227**
結束	終わる	**1117**
音樂	音楽	**0947**
溫度	温度	**0132**
讀	音読する	**0998**
溫度計	温度計	**0477**
女仔	女の子	0429

か

蚊	カ	**0214**
種姓制度	カースト制	0678
紗布	ガーゼ	**0481**
女友	ガールフレンド	1154
海外	海外	1052
改革	改革する	0901
會議	会議	0679, 0714, 0762
階級	階級	0716
海軍	海軍	0922
會計師	会計士	**0763**
會計部	会計部	0753
解決	解決する	0741, **1011**
招待會	会見	0765

179

外交	外交	**0725**
外國	外国	1071
外國人	外国人	**0738**
開	開催する	0943
閘口	改札口	**0614**
海味	海産物の乾物	**0531**
海味舖	海産物の乾物屋	0531
公司	会社	0556, 0817, 0831, 0866, 0867, 0873
落 // 街	外出する	0100, 0410
出 // 街	外出する	0106, 0110, 0300, 0408
開設	開設する	0915
講解	解説する	0950
翻版	海賊版	0881
樓梯	階段	**0588**
會長	会長	**0748**
迴轉壽司	回転寿司	0580
回應	回答	0981
答案	解答	1002
概念	概念	0012, 0994
開發	開発する	0928
外牆	外壁	0529
開幕	開幕する	0936
買 // 嘢	買い物をする	0305
傾//(偈)	会話する	**0972**
買	買う	0141, 0291, 0397, 0454, 0514, 0615, 0837, 1014, **1106**, 1207, 1240
養	飼う	0172
吧檯	カウンター（席）	**0592**
倒數	カウントダウンをする	0100
俾返	返す	**1110**
買唔起	（高くて）買えない	1268
青蛙	カエル	0195
hi-bye friend	顔見知り	**0783**

洗 // 面	顔を洗う	0307
科技	科学技術	0870
人造纖維	化学繊維	**0398**
患	かかる	0276, 0277, 0280, 0281
蠔	カキ	**0206**
蠔仔	カキ	0206
鎖匙	鍵	**0292**
抄寫	書き写す	1002
寫低	書き留める	0351
□	掻く	0270, 1169
寫	書く	**1001**, 1026, 1230
傢俬	家具	**0311**
公文袋	角形封筒	**0357**
擴散	拡散する	0278
各種	各種の	1048
學生	学生	0974, 1115
角度	角度	0345
屆	学年	0710
革命	革命	**0721**
香	香しい	**1193**
被	掛け布団	1143
落	かける	0537, 0539
過去	過去	**0115**
遮	傘	**0300**, 0781, 1045
粗魯	がさつな	**1153**
家務	家事	0771
茄士咩	カシミア	**0395**
柏樹	カシワ	**0216**
華人	華人	**0666**
借	貸す	**1109**, 1250
煙霞	霞	**0127**
有 // 煙霞	霞がかかる	0127
家庭傭工	家政婦	**0771**
感冒藥	風邪薬	**0501**
cassette 帶	カセットテープ	**0387**

計	数える	0070		参加	加盟する	0713
屋企人	家族	0966, 1165		相機	カメラ	**0473**
家人	家族	1052		粥	粥	0250
膊頭	肩	**0259**		痕	痒い	0256, 0277, **1169**
實	硬い	0350, **1144**		返	通う	0107, 0911, 0916, **1105**
執	片付ける	0321		禮拜二	火曜日	0087
價值	価値	**0836**		喺	〜から	0586
頭箍	カチューシャ	**0444**		〜起	〜から	0843, **1227**
家長	家長。父兄	**0755**		向	〜から	0878, 1108
鵝	ガチョウ	**0185**		由	〜から	0897, 0987
研討會	学会	**0935**		由於	〜から	0909
學校	学校	0755, 0890, 0910		離	〜から	1135
鎅刀	カッターナイフ	**0346**		彩色	カラーの	**1189**
曾經	かつて	**1233**		辣	辛い	0565, **1197**
合併	合併（する）	**0866**		烏鴉	カラス	**0180**
tutor	家庭教師	**0775**		玻璃	ガラス	**0530**
電器	家電製品	**0451**		玻璃窗	ガラス窓	0530
角	角。隅	0349		星級名師	カリスマ講師	0917
慘	悲しい	**1164**		借	借りる	0089, 0818, **1108**
一定	必ず	0451, 1274		輕	軽い	**1143**
蟹	カニ	**0208**		咖喱	カレー	**0576**
公事包	鞄	**0506**		卡路里	カロリー	**0275**
過半數	過半数	**0048**		河	川	**0159**, 0632
股價	株価	0841		皮	革	**0396**
股票	株券	**0517**		乾	乾いた	**1174**
冚	かぶせる	0491		吹乾	（ドライヤーを当てて）乾かす	
花粉症	花粉症	**0277**				1174
南瓜	カボチャ	**0245**		河邊	川岸	0159
南瓜蓉	カボチャの果肉を潰したもの			皮鞋	革靴	0396
		0245		皮褸	革のジャケットやコート	**0409**
南瓜燈	カボチャのランタン	0097		皮帶	革ベルト	0396
紙	紙	0360		轉	変わる	0620
頭髮	髪の毛	**0257**, 1126		肝炎	肝炎	**0276**
上半年	上半期	**0075**		諗法	考え方	0117
梳//頭	髪を梳く	0295		諗	考える	0707, 1277
龜	カメ	**0194**		揸//主意	考えを決める	**1012**

181

環保組織	環境保護団体	**0700**
本錢	元金。もとで	0817
玩具	玩具	0381
關係	関係	0780, 0811
護士	看護士	**0759**
還清	完済する	0860
監視	監視する	0474
病人	患者	0758
干渉	干渉する	0724
計	勘定する	0039
覺得	感じる	0776, **1026**, 1030, 1167, 1170, 1199
感性	感性	0667
完全	完全に	0743
眼罩	眼帯	**0486**
罐頭	缶詰	0201
廣東菜	広東料理	0561
出 // 貓	カンニング（する）	**0899**
俾 // 心機	頑張る	1035
願望	願望	0668
管理	管理	**0717**

き

掣	キー。ボタン	0467
keep	キープ（する）	**0811**
key board	キーボード	**0467**
黄色	黄色の	**1186**
議員	議員	0049, 0689
消失	消える	**1119**
記性	記憶力	1123, 1251, 1252
機會	機会	0408
換 // 衫	着替える	**1092**
期間	期間	**0071**, 0945
機構	機関	**0688**
公司	企業。会社	0357, **0861**
起 // 家	起業（する）	**0864**

基金	基金	**0818**
貴金屬	貴金属	0150
聽	聞く	0766, 1163
菊花	キクの花	**0223**
聽倒	聞こえる。音がする	0134
質地	生地	**0391**, 0422, 1132
記者	記者	**0765**
技術	技術	1051
傷口	傷口	**0481**
探親	帰省する	0675
季節	季節	**0081**
基地	基地	0923
V 好	きちんと〜する	1258
緊	きつい	0423
食 // 煙	喫煙する	1023
郵票	切手	1101
飛	切符	**0513**
掛住	気にかける	0876
介意	気にする	**1023**
木板	木の板	1133
噚日	昨日	**0089**, 0104, 0122, 0841, 1124
功能	機能	0458
希望	希望する	**1035**
期終試	期末試験	**0905**
舒服	気持ちよい	0317
客人	客	0785
隊長	キャプテン	**0750**
渡假	休暇を過ごす	0676
球隊	球技のチーム	0750
急救箱	救急箱	**0310**
打 // 波	球技をする	0956
侍應	給仕	**0773**
假期	休日	0093
農曆新年	旧正月	**0092**
牛腩	牛スジ	0576

牛奶	牛乳	**0550**
人工	給料	**0846**
農曆	旧暦	**0070**
今日	今日	**0086**, 0103, 0124, 0163, 0727, 0842, 1171, 1206, 1287
教育	教育	0688, **0732**
教育制度	教育制度	**0901**
教會	教会	0107, 1105
教科書	教科書	**0521**
供應	供給（する）	0826, **0830**
行政	行政	**0687**
行政長官	行政長官	0687
業績	業績	0075
競爭	競争する	0777
興趣	興味	0946
合作	協力する	**1100**
切親	切り傷（を作る）	**0286**
切	切る	0228, 0239, 0242, **1082**
鋸開	（のこぎりで）切る	0368
着	着る	0401, 0406, 0408, 0410, 0421
靚	きれいな	0302, **1176**
擦乾淨	きれいに消す	0341
剪唔開	（はさみで）切れない	0347
記錄	記録	1119
小心	気をつける	0119, 0346, 0886, **1054**
因住	気をつける	0290
黃金	金	**0148**
白銀	銀	**0149**
緊急	緊急	0714
金魚	金魚	**0197**
冰凍	キンキンに冷えた	**1173**
銀行	銀行	0814, 0883, 1108
坐監	禁固刑（を受ける）	**0728**
戒 // 酒	禁酒する	1112

金錢	金銭	1058
禮拜五	金曜日	0102

く

空軍	空軍	0922
通菜	クウシンサイ	**0240**
偶然	偶然	**1240**
肚餓	空腹である	**1027**
釘	釘	**0365**
臭	臭い	**1194**
梳	くし	**0295**
鯨魚	クジラ	**0186**
暢	（小銭に）くずす	**0512**
藥	薬	**0284**
生果	果物（総称）	**0226**, 1107
嗌 // 交	口喧嘩をする	1221
嚼	くちゃくちゃ噛む	0559
鞋	靴	**0426**
襪	靴下	**0439**
黐	くっついている	**0350**
國家	国	**0681**, 0713
派	配る	0525
頸	首	**0258**
諗 // 辦法	工夫する	**1049**
區分	区別する	1058
砌	組み立てる	0384
籌	工面する	0845
天陰陰	曇り	**0124**
唔忿氣	悔しがる	**1020**
深色	暗い	**1188**
黑超	グラサン。サングラス	**0472**
班	クラス	0710
玻璃杯	グラス	0323
克力架	（海外産の）クラッカー	**0557**
crash	クラッシュする	0390
club	クラブ	**0706**

比較	比べる	**1056**		跑 // 馬	競馬（をする）	0167
單簧管	クラリネット	**0372**		石Q	警備員	**0769**
忌廉湯	クリームシチュー	1063		鷄蛋	鷄卵	0011
聖誕節	クリスマス	**0099**		判處	刑を言い渡す	0728, 0729
平安夜	クリスマスイブ	**0098**		劇場	劇場	**0628**
報 // 佳音	クリスマスキャロルを歌う			擦紙膠	消しゴム	**0341**
		0099		落 // 車	下車する	0767
click	クリックする	0468, 1261		鞋櫃	下駄箱	**0319**
萬字夾	クリップ	**0358**		茄汁	ケチャップ	**0538**
嚟	来る	0771, 0942, **1072**		月	月。月間	**0066**
小組	グループ	**0708**		驗 // 血	血液検査をする	0279
辛苦	苦しい	**1170**		結果	結果	0113, 0992, 1021, 1232
輪椅	車椅子	1065		結 // 婚	結婚する	0738
揸 // 車	車を運転する	0606		決定	決心する。決定する	0837, **1013**
食家	グルメ	**0742**		血糖	血糖（値）	**0272**
西柚	グレープフルーツ	**0228**		月餅	月餅	0096
投訴	クレームをつける	0755, 1226		月尾	月末	0088, 1230
蠟筆	クレヨン	**0340**		禮拜一	月曜日	0086
黑色	黒い	**1181**		得出 // 結論	結論づける	**0990**
黑椒	黒胡椒	0537		跌	下落（する）	**0842**
幕後黑手	黒幕	0990		肚痾	下痢をする	0550
加	加える	0354		踢	蹴る	**1068**
軍隊	軍隊	**0921**		原因	原因	0909
				權益	権益	0809
	け			參觀	見学する	0942
計劃	計画	1233		門口	玄関	0053
差佬	警官	1247		屋企門口	玄関	0319
經濟	経済	0683, 0743,		涉嫌	嫌疑がかかる	0882
0909, 0987, 1060				研究	研究する	0155, 0708,
警察	警察	0624, **0691**		0949, 1130		
計 // 數	計算する	0475		語言	言語	0685
藝術	芸術	**0946**		出產地	原産地	0143
帶	携帯する	0300		見識	見識	1131
手機	携帯電話	1182, 1263		現象	現象	0989
娛樂雜誌	芸能誌	0523		減少	減少する	0821
藝人	芸能人	**0761**		同鄉會	県人会	0703

建設	建設	**0873**	公布	公表する	**0992**
現代	現代	**0080**	公務員	公務員	**0756**
建築	建築	**0874**	官(立學)校	公立校	**0918**
建築業	建築業	0874	生效	効力を有する	0727
本地人	現地人	**0737**	考慮	考慮する	**1048**
現場	現場	0969	超過	超える	0822
研究	検討する	1249	打//招呼	声を掛ける	**0963**
權利	権利	0737	course	コース	0902
			褸	コート	0408
	こ		閣	コート	0600
公園	公園	1010	咖啡	コーヒー	0549
演講	講演する	**0975**	咖啡機	コーヒーメーカー	0459
後悔	後悔する	**1033**	可樂	コーラ	0329
考唔倒	合格できない	0914	甲由	ゴキブリ	**0215**
貴	高価な	0391, 1209	扒	(船を)漕ぐ	0095
後期	後期	**0073**	踩	(自転車を)こぐ	0607
抗議	抗議する	**1097**	國際	国際	0702
公共事業	公共事業	0869	黑鬼	黒人	**0665**
機票	航空券	**0515**	黑板	黒板	1001
高血壓	高血圧	**0282**	國民	国民	0736
口語	口語	0868	辛苦晒	ご苦労様	**1298**
戶口	口座	0814	呢度	ここ	**1279**
公衆電話	公衆電話	0463	下晝	午後	0108
香料	香辛料	**0540**	呢排	ここ暫く	**0114**
香水	香水	1193	舒服	心地よい	**1166**
水浸	洪水	**0160**	腰	腰	**0263**
恆星	恒星	0151	錯字	誤字	0341
成員	構成員	0754	撬開	こじ開ける	0366
高鐵	(中国の)高速鉄道	**0604**	個人	個人的な	0956
西茶	紅茶	**0542**	刷	擦る	0297
好返	好転する	1050	捽	(指で)擦る	0266
打劫	強盗(を働く)	**0883**	捽	擦る	0298
賊	強盗	0883	散銀	小銭	**0512**
present	口頭発表を行う	0935	上晝	午前	**0107**
提堂	口頭弁論を行う	0692	答案	答え	1001
高度	高度な	0719	答	答える	**0979**

185

國家	国家	0723
斷//骨	骨折（する）	**0289**
包裹	小包	1077
酸痛	（筋肉が）凝っている	0264
古董	骨董品	0836
杯	コップ	**0323**
差餉	固定資産税	0808
事	事	0120, 0779, 1243
嘢	事	0766, 0813, 1043, 1179
讀錯	誤読する	**0999**
今年	今年	0806, 1053
今個	今年の。今回の	0095
細路仔脾氣	子供っぽい	**1149**
雀仔	小鳥	**0176**
做//事	事を運ぶ	0734
鍾意	好む	0133, 0203, 0441, 0579, **1025**, 1200, 1226, 1282
呢樣	この様な	1179
噉樣	この様に	1026, 1046
飯	ご飯	0022, 0576
copy	コピーする	**1004**
影印紙	コピー用紙	**0353**
倒	こぼす	0541
芝麻	ゴマ	**0255**
芝麻糊	ゴマのお汁粉	**0255**
垃圾	ゴミ	1059
垃圾桶	ゴミ箱	**0320**
小麥	小麦	**0249**
米	米	**0246**
儲物盒	小物入れ	**0304**
膽固醇	コレステロール（値）	**0273**
霍亂	コレラ	**0280**
驚	怖い	0137
壞咗	壊れている	0463
今次	今回	0113, 0978, 1021, 1205
今個學期	今学期	0904

石屎	コンクリート	**0529**
以後	今後	**0119**
音樂會	コンサート	0629
撈埋	混同する	**1060**
安全套	コンドーム	**0497**
咁	こんなに。そんなに。あんなに 0774, 1086, 1095, 1158, **1251**
圓規	コンパス	**0344**
電腦病毒	コンピューターウイルス	**0930**
今晚	今夜	1257

さ

學會	サークル	**0707**
服務	サービス	0690
西冷	サーロイン	**0572**
最近	最近	**0116**
最尾	最後に	**1245**
骰仔	サイコロ	**0385**
財產	財産	**0819**
第一個	最初の	1122
晒士	サイズ	**0416**
再造紙	再生紙	0353
改//卷	採点する	**1115**
法院	裁判所	**0692**
銀包	財布	**0510**, 0885
材料	材料	0853
搵	探す	0310, 0399, 0694, 0775, 1011, 1245
魚	魚	**0196**
魚柳	魚の肉の切り身	0204
頭先	先ほど	0785, **1231**
作品	作品	0073, 0950
櫻花	サクラの花	**0222**
酒	酒	0276, **0547**, 0973
三文魚	サケ。サーモン	**0198**
醉	酒に酔う	**1029**

插	差し込む	0389, 0469
攝	差し挟む	0489
刺身	刺身	0212
咬	（蚊が）刺す	0214
刴	刺す	0243
滴	（目薬を）さす	0504
影	撮影する	0473, 1263
作家	作家	**0760**
雜誌	雑誌	**0523**
沙嗲	サテ	**0577**
(砂)糖	砂糖	**0533**
沙漠	砂漠	**0158**
藍寶石	サファイア	**0144**
補健產品	サプリメント	**0505**
歧視	差別	0661
護睜	（手首の）サポーター	**0484**
高峰會	サミット	**0932**
凍	寒い	**1172**
碟	皿	**0322**
沙律	サラダ	0539
馬騮	サル	**0174**
走	去る	1260
小姐	〜さん（女性）	1262
參加	参加する	0679, 0696, 0706, 0932, 1203, 1254
產業	産業	**0870**
開//OT	残業をする	1204
參考	参照する	**1057**
贊成	賛成する	**1098**
涼鞋	サンダル	**0430**
三文治	サンドイッチ	0199
失望	残念な	**1021**
拜//神	参拝する	0092
樣本	サンプル	1056
秋刀魚	サンマ	**0202**

し

字	字	0999
比賽	試合（をする）	0709, 1020
案件	事案	0692
牛仔褲	ジーパン	**0413**
入//貨	仕入れる	0878
鬚刨	シェーバー	**0499**
噴射船	ジェットフォイル	0634
鹽	塩	0211, **0534**
V完	〜し終える	0085, 1093, 1229, 1230, 1234, 1239
鹹	塩辛い	0566, 0569, **1196**
未V完	〜し終わっていない	0500
但係	しかし	0907
鬧	叱る	**1113**
鐘(頭)	時間	**0063**
時間	時間	0480, 1015, 1058
夜	時間が遅い	1095
好耐	時間が長い	1169
早	時間が早い	1086
慣例	しきたり	**0734**
市面	市況	1050
事業	事業	**0869**
資金	資金	**0816**
砌圖	ジグソーパズル	**0384**
考試	試験	1164
資源	資源	1202
事件	事件	0978
肥佬	試験に落ちる	1164
考//試	試験を受ける	1219
工	仕事	0847, 1031, 1258
做//嘢	仕事をする	1140, 1158
材料	資材	**0526**
支出	支出	**0822**
市場	市場	0812
靜	静かな	**1191**

慈善	慈善	0701	
四川菜	四川料理	**0565**	
想	〜しそうだ	1168	
下便	下	**0052**	
脷	舌	**0269**	
之後	〜した後	0193, 1125, **1229**	
想	〜したい	0608, 0772, 1027, 1137, 1206, 1275	
時期	時代	**0076**	
底衫	下着	0393, **0421**	
未 V 過	〜したことがない	0546, 0603, 0680	
自治	自治	**0719**	
試着	試着する	0409, 0418	
緩刑	執行猶予（を与える）	**0729**	
識	知っている	0735	
知	知っている	**1006**, 1277	
室内	室内	0132	
鎮痛膏布	湿布	**0485**	
指定	指定する	0521	
冇 V	〜していない	0114, 0285, 0344, 0877, 0905, 0907, 1092, 1224	
未 V	〜していない	0458, 0980	
搞	しでかす	0900	
先	〜してから	0837	
指出	指摘する	**0985**	
唔可以	〜してはいけない	0626	
可以	〜してよい	0301, 0899, 1094, 1158, 1267	
辭典	辞典	**0522**	
單車	自転車	**0607**	
虐兒	児童虐待（をする）	**0889**	
售票機	自動券売機	**0615**	
要	〜しないと	0405, 0413	
唔好	〜しないように	0290, 0426, 0778	
一路	〜しながら	0558, 0973	

唔使	〜しなくてよい	0093, 0744, 1225, **1259**	
送//貨	品物を届ける	0849	
辭職	辞任する	0991	
死	死ぬ	1125, 1165	
俾	支払う	0833	
一陣	暫く	1091, **1221**	
自己	自分自身。自分で	0552, 0809, 0815, 0819, 0864, 1032	
紙(幣)	紙幣	**0511**	
榨	搾る	0229	
島	島	**0165**	
市民	市民	0048	
民間組織	市民団体	**0698**	
文員	事務	**0770**	
事務所	事務所	1242	
潮濕	じめじめした	0454	
顯示	示す	0477	
搾實	締め付ける	0363	
濕	湿った	**1175**	
整濕	湿らせる	1175	
閂	（ドアを）閉める	**1078**	
鉛芯筆	シャープペンシル	**0337**	
社會	社会	0080, 0118	
薯仔	ジャガイモ	**0238**	
借	借用する	0464	
外套	ジャケット	0397	
瀨尿蝦	シャコ	**0211**	
寺廟	社寺	0092	
相	写真	0473, 1005, 1263	
影//相	写真を撮る	0138	
社團	社団	0703	
老總	社長	**0747**	
嗒	しゃぶる	0551	
泥剷	シャベル	**0361**	
沖涼房	シャワールーム	0583	

上海菜	上海料理	**0564**		主角	主役	**0745**
洗頭水	シャンプー	0584		需求	需要	**0826**
自由	自由	0891, 1228		種類	種類	0336, 0544
禮拜	週。週間	**0065**		行咇	巡回する	1247
習慣	習慣	0669		超能膠	瞬間接着剤	**0350**
宗教	宗教	0699, **0892**		順序	順に	**1241**
員工	従業員	0863, 0984, 0986		上 // 戲	上映する	0627
果汁	ジュース	0544		獎學金	奨学金	1016
波鞋	シューズ。スニーカー	**0427**		救 // 火	消火する	0695
塗改液	修正液	**0342**		新年	（太陽暦の）正月	**0091**
尾站	終着駅	**0612**		小學	小学校	**0912**
尾班車	終電	1238		間尺	定規	**0343**
學倒	習得する	**1040**		情況	状況	0112
收入	収入	**0821**, 0822		老實	正直な	**1148**
通宵	終夜で	0098		老細	上司や経営者	0982, 1153, 1231
重要	重要な	0947		召集	召集する	0714
主義	主義	0662		少少	少々	**1208**
堂	授業	**0903**		升	上昇（する）	**0841**
落 // 堂	授業が終わる	0903		淨水器	浄水機	**0458**
上 // 堂	授業に出る	0907		小說	小説	0997
慶祝	祝賀する	0939		進步	上達する	**1041**
宿舍	宿舎	0756		商人	商人	0876
功課	宿題	1267		批	承認する	0747
主權	主権	0681		做 // 生意	商売をする	0672
考	受験する	0905, 0906		消費	消費	0823
收受	授受する	0859		消費額	消費額	0823
主席	主席	**0751**		商品	商品	0017
主修	主専攻とする	0948		掃 // 貨	商品をあさる	0621
返 // 工	出勤する	0093, 0610		清 // 貨	商品を一掃する	0856
流 // 血	出血（する）	**0288**		資訊科技	情報技術	**0927**
開 // 舖頭	出店（する）	0865		消防車	消防車	0695
擺 // 攤位	出展する	0941		消防處	消防署	**0695**
出發	出発する	0897		證書	証明書	**0518**
首都	首都	**0684**		豉油	醤油	**0535**
主任	主任	**0753**		條例	条例	**0727**
愛好	趣味	**0956**		攞 // 獎	賞を取る	0937

櫥窗	ショーウィンドー	**0594**
跑 // 步	ジョギングする	0159
職員	職員	0861
食飯	食事	0894
食療	食事療法	0282
食 // 飯	食事をする	1012, **1088**, 1229
洗碗機	食洗機	**0455**
飯檯	食卓	**0313**
食品	食料品	0830
持有	所持（する）	0810
填寫格式	書式	**0733**
女校	女子校	0920
抽濕機	除湿機	0454
女人	女性	0428
資助	助成	0919
開除	除籍（する）	0910
碗碟	食器	**0321**
啤酒杯	ジョッキ	**0330**
成日	しょっちゅう	**1211**
商場	ショッピングモール	**0622**
收入	所得	**0806**
平民	庶民	**0740**
文件	書類	0356
check	調べる	0279
查	調べる	0522, 0784
識	知り合う	0706
私(立學)校	私立校	**0919**
資料	資料	0359
資料室	資料室	**0630**
絲綢	シルク	**0394**
白色	白（い）	0401, 0427, **1182**
糖漿	シロップ	1208
升上	進学する	0912
義氣	仁義	**0898**
信仰	信仰	**0891**

紅綠燈	信号機	**0620**
睇	診察する	0758
種族	人種	**0661**
生字	新出漢字。知らない字	1040
新貨品	新商品	0970
信	信じる	0139, **1050**
申請	申請する	0693
新貨	新製品	1240
親戚	親戚	**0801**
syn	シンセサイザー	**0380**
人道	人道	**0897**
入侵	侵入する	0930
擔心	心配する	**1053**
心跳率	心拍数	**0271**
報紙	新聞	0090, **0524**
新移民	新来の移民	1201

す

醋	酢	**0536**
西瓜	スイカ	**0242**
水準	水準	0740
水晶	水晶	**0147**
水晶包	水晶饅頭	0562
估	推測する	1232
估	推測する	**1009**
掣	スイッチ	1185
好多	随分と	1041
啜	吸う	0329
數學	数学	0775
數字	数字。数値	0985
西裝	スーツ（男装）	**0407**
旅行喼	スーツケース	**0507**
超市	スーパー	1009
湯	スープ	**0570**
裙	スカート	**0415**
絲巾	スカーフ	**0434**

清蒸	姿蒸し	0200		喇叭	スピーカー	0019
壁球	スカッシュ	**0954**		匙羹	スプーン	**0326**
滑//雪	スキーをする	0673		毎（一）	全ての。それぞれの	**0043**
scanner	スキャナ	**0470**		運動	スポーツ	**0951**
scan	スキャンする	**1005**		褲	ズボン	**0411**, 1194
A 得滯	～すぎる	0419		海綿	スポンジ	**0298**
剷起	すくい上げる	0361		智能手機	スマートフォン	**0465**
撈	すくう	0197		唔該	すみません（が）	1279, **1293**
廣場	スクエア。プラザ。センター			快啲	速やかに	1088
		0597		住	住む	0677
少	少ない　　0110, 0563, 0863, **1203**			連	～すら	0153
至少	少なくとも	**1254**		擦傷	擦り傷（を作る）	**0287**
少啲	少なめ（に）	0536, **1207**		底裙	スリップ	**0422**
鹹濕	スケベな	**1155**		做	する	0699, 0771,
犀利	すごい	1251		0813, 0951, 1046, 1179, 1234, 1258, 1267		
啲	少し	1175		扒	掏る	**0885**
一啲	少し。僅か	0735		打	（球技を）する　0952, 0953, 0954		
壽司	寿司	0198, **0580**		打	（パチンコを）する	0959
肯	進んで～したい	1245		玩	する	0955
快咗	（時刻が）進んでいる	0479		奸	ずるい	**1154**
改短	裾上げする	0413		有得 V	～することができる	0571
明星	スター	1038		要	～することになっている　0096		
身材	スタイル	0774		會	～するだろう	0880
空姐	スチュワーデス	**0768**		諗住	～するつもりだ	0455
頭痛	頭痛	1168		嗰陣	～する時（に）	0538, 0977,
V 晒	すっかり～してしまう　０８１９,			1101, 1167, **1218**		
1043				咪	～するな	0367
酸	酸っぱい	**1198**		之前	～する前に	0281, 0503,
扒	ステーキ	0168, 0537, **0572**		1059, 1087		
揼	捨てる	1059		準備	～する予定だ	0739
絲襪	ストッキング	**0425**, 1132		坐	座る	0055, 0057,
罷//工	ストライキをする	0704		0314, 0318, 0591, 0592, **1070**, 1166		
街	ストリート	**0637**		尺寸	寸法	**0420**
飲筒	ストロー	**0329**				
沙	砂	0361			せ	
意粉	スパゲッティ	**0573**		生活	生活	0740, 1042

191

世紀	世紀	**0068**, 0072		套餐	セットメニューの食事	0543
乾淨	清潔な	**1177**		解釋	説明する	**0986**
星座	星座	**0154**		頻危物種	絶滅危惧種	0175
政策	政策	0725		慳	節約（する）	**0824**
產品	生産品	0852		要	〜せねばならない	0454, 0733,
政治	政治	1060		0766, 0779, 0813, 0824, 1207, 1230, 1267		
政客	政治家	1163		啫喱	ゼリー	**0552**
正式	正式	0854		膠紙	セロハンテープ	**0349**
至多	せいぜい	**1253**		綫	線	1136
成績	成績	0115, **0904**, 1053		上一季	先期	0807
製造	製造	**0871**		前期	前期	**0072**
製造業	製造業	0871		宣布	宣言する	0704, 0722, **0991**
鋼鐵廠	製鉄所	0872		上下	前後	0034
制度	制度	**0732**		上個禮拜	先週	0065
政黨	政党	**0705**, 0751		以前啲人	先人	1057
答啱	正答する	**0980**		先進	先進の	0927
製品	製品	0251		老師	先生	**0757**, 0963, 1002, 1114
政府	政府	**0686**, 0698,		中心	センター	0596
0808, 0919, 0968, 0981, 1097				洗衣機	洗濯機	**0452**
稅務局	税務署	**0694**		洗//衫	洗濯をする	0452
公元	西暦	**0069**		宣傳	宣伝する	**0970**
蒸籠	蒸籠	1085		前途	前途	1032
冷衫	セーター	0395, **0402**		戰機	戦闘機	0924
sales	セールスマン	**0879**		投入	専念した。専念する	**1031**
世界	世界	1008		全部	全部	**0046**, 0840
世界上	世界で	0540		面盆	洗面器	**0307**
位	席	0057, 0592		洗//面	洗面する	**1087**
責任	責任	0978		專家	専門家	**0741**
性騷擾	セクハラ	**0887**		洗禮	洗礼	**0895**
lock	施錠する。ロックする	**1080**			そ	
世代	世代	**0078**		增加	増加する	0823
番梘	石鹸	**0498**		抹檯布	雑巾	**0299**, 0399
攝氏	摂氏	0030		吸塵機	掃除機	**0453**
裝	設置する	0455		打掃	掃除をする	0453, **1089**
慳//電	節電する	1049		send	送信する	**1103**, 1214
配	セットで付いている	0543				

創辦	創設する	0697
想像	想像する	**1008**
商量	相談する	0763, **1096**
市價	相場	**0839**
裝備	装備	0921
汁	ソース	**0537**
即刻	即座に	0979
嗰度	そこ。あそこ	1290
組織	組織	**0702**
阻止	阻止する	0278
斟	注ぐ	0330
措施	措置	0686
畢//業	卒業（する）	**0908**
出便	外	0058
遲啲	そのうち	0120
到時	その時・状況（が来たら）	**1217**
嗰陣時	その時（に）	**1216**
噉樣	その様に	1289
阿爺	祖父（父方）	0786
阿公	祖父（母方）	0788
梳化	ソファー	0318
電腦軟件	ソフトウェア	0929
阿嫲	祖母（母方）	0787
阿婆	祖母（母方）	0789
然之後	それから	1244
算盤	そろばん	0475
尊重	尊重する	0891
冇咁	そんなに〜ない	**1252**

た

印度頭巾	ターバン	0432
鮎魚	タイ	0203
探熱針	体温計	0489
大會	大会	0975
大學	大学	0914
研究院	大学院	0915

大公司	大企業	**0862**
大筆錢	大金	**0820**, 1109
悶	退屈な	**1163**
蘿蔔	ダイコン	0237
蘿蔔絲	ダイコンの千切り	0237
(浴室)磅	体重計	0490
茶餐廳	大衆食堂	0571
磅//重	体重を量る	0490
得	大丈夫だ	1208
OK	大丈夫だ	1223
大豆	ダイズ	**0251**
大約	大体	0040
懶惰	怠惰な	**1158**
多數	大抵	0568
態度	態度	0690, 1157
廚房	台所	0585
打//風	台風（が来る）。嵐（になる） 0130
風季	台風シーズン	0083
大部份	大部分	0047
時間掣	タイマー	0480
鑽石	ダイヤモンド	0142
太陽	太陽	0151
台灣人	台湾人	0670
download	ダウンロードする	1104
不斷	絶えず	**1226**
忍唔住	耐えられない	1169
毛巾	タオル	1175
不過	だが	**1267**
高	高い	0271, **1128**
互相	互いに	1278
過高	高すぎる	0273
所以	だから	1268, **1269**
攬	抱きかかえる	0382
好多	沢山の	0301, 0429, 0540, 0544, 0545, 0605, 0706, 1040, 1099, 1201

的士	タクシー	1184
竹	タケ	**0220**
淨	だけ	0050
八爪魚	タコ	**0212**
發	出す	0848
多數	多数	1198
幫助	助ける	1278
問	尋ねる	0776, 0779, 0845, **0976**, 1242, 1243, 1281
搵	訪ねる	1271
淨係	ただ	0236
拍死	叩き殺す	0215
打	叩く	0367
敲	(手で) 叩く	0377, 0961
啱	正しい	**1180**
開	立ち上げる	0817
立場	立場	0897
企	立つ	0056, 0616, **1069**
乒乓波	卓球	**0953**
退出	脱退する	0893
算	～だと見なせる	0887
田螺	タニシ	**0207**
核	種	0234
解開 // 迷底	種明かしする	**0989**
享受	楽しむ	**1017**
問	頼む	0816, 0818
煙仔	タバコ	0026, **0560**
煙灰	タバコの灰	0309
食 // 煙	タバコを吸う	0560
可能	多分	0289, 1197
嘢食	食べ物	0457, 1081
食	食べる	0096, 0203, 0205, 0226, 0236, 0503, 0535, 0537, 0538, 0558, 0567, 0568, 0571, 0575, 0579, 1025, 1027, **1062**, 1087, 1093, 1137, 1200, 1206
食 // 嘢	食べる	0625
呃	騙す	1054
久唔久	たまに	**1214**
試	試す	0546, 0998
靠	頼る	0741, 0864
夠	足りている	0898, 1268
争	足りない	0960
癐癐哋	だるい	**1167**
邊個	誰	**1281**
會	～だろう	0082, 0119, 0130, 0276, 0277, 0280, 0283, 0285, 0550, 0730, 0945, 1050, 1123, 1213, 1217, **1257**, 1274
斷	～単位で	0039
短期	短期	**0074**
團結	団結する	0666
端午節	端午の節句	**0095**
汽水	炭酸飲料	**0545**
暢談	談笑する	**0973**
生日	誕生日	0939, 1235
跳 // 舞	ダンスをする	1037
團體	団体	0699, **0701**
傾銷	ダンピング	**0857**
紙皮箱	段ボール箱	**0303**

ち

治安	治安	0708
地區	地域	**0682**
細	小さい	0303, 0419, 0581, **1139**
細 CL	小さな	0147
芝士	チーズ	0209
隊	チーム	**0709**
隊友	チームメイト	0965
大提琴	チェロ	**0376**
近	近い	**1135**
唔同	違う	0573
地鐵	地下鉄	0098, 0513
地鐵公司	地下鉄会社	0601

用力	力を入れる	0316
地球	地球	0152
飛	チケット	0615, 0629, 0828, 0933
遲到	遅刻する	1246, 1269
阿爸	父	**0790**
縮//水	縮む	0424
地方	地方	**0685**
炒飯	チャーハン	0233
戴	着用する	0431, 0432, 0438, 0442, 0444, 0449, 0472, 0484, 0486, 0497
注意	注意する	0733
香口膠	チューインガム	**0559**
中學	中学校	**0913**
白菜	中国産キャベツ	**0239**
中茶	中国茶	**0543**
內地	中国本土	0604
註解	注釈する	**0988**
泊//車	駐車する	0730
打//針	注射を打つ	0281, 0759
中秋節	中秋節	**0096**
退//學	中退（する）	**0909**
訂	（予約）注文（する）	**0828**
叫	注文する	0204
嗌	注文する	0542
徵收	徵收（する）	**0808**
收	徵收する	1210
潮州菜	潮州料理	**0562**
早餐	朝食	1062, 1087
調較	調節する	0132
啱啱	丁度	**1239**
特異功能	超能力	**0140**
蝴蝶結	蝶結び	0445
煮	調理する	**1081**
直綫	直線	0343
朱古力	チョコレート	**0553**

睇睇	ちょっと見る	0590
(宣)傳單(張)	チラシ。ビラ	**0525**
辣椒醬	チリソース	0244
叮	（電子レンジで）チンする	0457

つ

追究	追及する	**0978**
順便	ついでに	**1236**
返//學	通学する	0108
過	通過する	0631
精通	通じている	0726
通常	通常	**1225**
通知	通知する	**0968**
報案	通報する	0889
傳譯	通訳	**0762**
用	使う	0500, 0589
拉	捕まえる	0691
浸	浸かる	0263
瘡	疲れる	**1030**
月亮	月	**0152**
下（一）	次の	**0042**
下CL	次の	0078
下個	次の	1227
到	着く	**1074**
斟	つぐ	0548
揌	（スプーンで）つぐ	0570
檯	机	0312
造	作る	0149
整	作る	0333, 0353, 0552
點	付ける	0535, 0538
話(俾)~知	（話して）伝える	**0966**
跟住	続いて	**1243**
繼續	続ける	**1120**
做	務める	0745, 0746, 0762, 0770, 0773, 0879
返//工	勤める	0862

海嘯	津波	**0164**
燕子	ツバメ	**0182**
老婆	妻	**0797**, 1102, 1150
裝	詰め込む	0301
難過	辛い	**1165**
找 // 錢	釣り銭を渡す	1259
釣	釣る	0196

て

手	手	**0261**, 0498
用	〜で	0131, 0149, 0243, 0267, 0268, 0293, 0295, 0297, 0298, 0326, 0329, 0332, 0333, 0335, 0340, 0341, 0343, 0347, 0359, 0360, 0361, 0362, 0363, 0366, 0367, 0368, 0369, 0445, 0450, 0452, 0453, 0456, 0457, 0465, 0473, 0475, 0480, 0488, 0490, 0498, 0499, 0527, 0532, 1174, **1263**
用〜嚟	〜で	0380, 0476
搵	〜で	0294, 0299, 0358
擺	〜で	0296, 0481
係	〜で。〜に［位置］	0159, 0161, 0307, 0525, 0595, 0611, 0612, 0613, 0615, 0622, 0624, 0625, 0626, 0628, 0633, 0699, 0702, 0745, 0767, 0770, 0773, 0908, 0935, 0937, 0941, 0969, 0975, 1211, 1213, **1261**, 1279, 1285
又	〜でありまた	0569, 0129, 1143, 1168
係	〜である	**1010**
越	〜であるほど	0836
建議	提案する	0867
T恤	Tシャツ	0392, **0405**, 0417
定時	定期的に	**1247**
準時	定刻に	1116, **1220**
提倡	提唱する	**0994**
折扣	ディスカウント	**0844**

檯	テーブル	1178
卡位	（壁際の）テーブル席	**0591**, 1070
餐刀	テーブルナイフ	**0325**
題目	テーマ	1249
寄 // 信	手紙を出す	**1101**
事件	出来事	1205
V 唔倒	〜できない	0289
冇得 V	〜できない	0331
V 倒	〜できる	0138, 1016, 1161, 1232, 1238, 1240, 1245
識	〜できる	0174, **1256**
V 得	〜できる	0318
都	〜でさえ	1170, 1253, 1254
手續費	手数料	**0833**
佣金	手数料	0880
鋼筋	鉄筋	**0528**
鋼筋水泥	鉄筋コンクリート	0528
鋼鐵	鉄鋼	**0872**
幫 // 手	手伝う	1245
幫	手伝う	1274
拎	手に提げる	0305, 0506, 0768
攞	手に取る。持つ	0314
揸	手に持つ	0328, **1064**
手指	手の指	0267
百貨公司	デパート	**0621**
搵	手配する	1265
唔係好 A	〜ではない	1134
手襪	手袋	**0438**, 1181
示威	デモ	0633
電視	テレビ	0996
電視機	テレビ受像機	1192
恐怖份子	テロリスト	0888
抹 // 手	手を拭く	0450
轉換期	転換期	0732
天氣	天気	**0121**
電費	電気代	0843

開關掣	電源スイッチ	0451
留口信	伝言を伝える	**0967**
電子琴	電子オルガン	0378
打//機	電子ゲームで遊ぶ	1211, 1229
e-mail	電子メール	1103, 1214
微波爐	電子レンジ	**0457**
點心	点心	**0569**, 1195
走//綫	伝線する	0425
傳染病	伝染病，感染症	**0278**
計數機	電卓	**0460**
電動	電動	0495
天然	天然	0145
展望	展望	0074
展覽會	展覧会	**0937**
電話	電話	**0463**
打//電話	電話を掛ける	1102

と

~同...	～と…［等位］	0339, 0396,
0573, 0583, 0783, 0826, 0922, 1058, 1060,
1266
同	～と。～に［共同遂行者］ 0400,
0738, 0763, 0767, 0772, 0777, 0782, 0958,
0963, 0964, 0972, 0974, 1033, 1096, 1100,
1221, **1262**
門	ドア	1066, 1076, 1078, 1080
廁所	トイレ。便所	**0583**
廁紙	トイレットペーパー	**0500**
點	どう	0776
點呀	どう	**1296**
請	どうか。どうぞ	1022, 1234
辣椒	トウガラシ	**0244**
同行	同業者	1266
偷拍	盗撮（する）	**0886**
當時	当時	0117, 0838
嗰日	当日（に）	**1219**

同時	同時に	1090
登機證	搭乗券	**0516**
冇//辦法	どうしようもない	1270
當然	当然	0391
統治	統治	**0716**
公德心	道徳（心）	**0896**
豆奶	豆乳飲料	**0546**
引入	導入する	0926
糖尿病	糖尿病	**0283**
頭皮	頭皮	0256
投票	投票する	0992
動物	動物	**0166**
動物園	動物園	0166
糖份	糖分	0545
透明	透明	0509
粟米	トウモロコシ	**0250**
點樣	どうやって	**1290**
同事	同僚	**0779**, 1096
馬路	道路	**0617**, 1218
討論	討論（する）	1120, 1156, 1244
遠	遠い	**1134**
通過	通す	0877
多士爐	トースター	**0456**
街	通り	0525
怪	とがめる	**0983**
講起	説き起こす	**0987**
間中	時折	0123
獨裁	独裁	**0718**
壟斷	独占（する）	**0812**
特點	特徴	0045
特別	特に	1128
中//毒	毒に当たる	0205
特區	特別行政区	0810
獨立	独立	**0722**
刺	棘	0294
邊度	どこ	1006, 1275, **1285**

197

爬//山	登山する	0156
山泥傾瀉	土砂崩れ	**0157**
圖書館	図書館	**0626**
釘埋	（ホッチキスで）綴じる	0360
封埋	（箱などを）閉じる	**1079**
中間	途中。間	0370
其中一	どちらか一方の。その中の	**0045**
特價	特価	**0840**
一早	とっくに	**1232**
突然間	突然	**1237**
煲仔飯	土鍋ご飯	**0568**
點	どの様に	0772, 1277
點樣	どのように	**0845**
行//(路)	徒歩（で行く）	**0610**
土木工程	土木工事	0526
番茄	トマト	**0243**
扣	（ピンで）留める	0293
朋友	友達	0622, 0811
friend	友達	0706, **0782**
禮拜六	土曜日	1105
叫做	〜と呼ぶ	0567, 0574, 0868
老虎	トラ	**0175**
螺絲批	ドライバー	**0363**
徑	ドライブ	**0639**
芒果乾	ドライマンゴー	0232
風筒	ドライヤー	1174
貨車	トラック	0527
啤牌	トランプ	**0957**
玩//啤牌	トランプをする	0957
小喇叭	トランペット	**0373**
舉行	執り行う	0633, 0931, 0938, 1285
舉辦	執り行う	0940
換	取り替える	0322
取消	取り消す	0780

交易	取引	0851
努力	努力する	**1032**
電鑽	ドリル	0362
揮	（スプーンで）取る	0326
攞	取る	0412, 0519, 0629
邊隻，邊個	どれ	**1282**
盤	トレイ	0324
運動褲	トレパン	0414
個個	どれもこれも	1160
炆	とろ火で煮る	0238, 0331
隧道	トンネル	0631
批發商	問屋	0878

な

內政	内政	0724
內地	内地。中国本土	0683
刀	ナイフ	0328
尼龍	ナイロン	0398
入面	中	0623, 1085
入便	中	0635
長	長い	**1126**
望唔倒	眺めても見えない	0153
好耐	長らく	**1222**
過//身	亡くなる	**1124**
有時	〜なこともある	**1213**
梨	ナシ	0235
點解	なぜ	**1289**
暑假	夏休み	0084
乜嘢	何	0707, 1039, **1283**
因爲	〜なので	**1268**
煲	鍋	**0331**
火鍋	鍋料理	**0567**
打邊爐	鍋料理を食べる	0567
名	名前	0357
直播	生放送	0934
浪	波	**0163**

學	習う	**1036**	入學(考)試	入試	**0906**
就	〜ならば	0280, 0331, 0549, 0550, 0889, 1094, 1208, 1270	門票	入場券	**0520**
慣	慣れる	0440, **1042**	入//教	入信（する）	**0893**
禮拜幾	何曜日	**1287**	消息	ニュース	1215
			沖//涼	入浴する	1093
	に		鶏	ニワトリ	**0183**
向	〜に	0692, 0984	任期	任期	0748
喺	〜に在る。〜にいる	0715, 1006, 1052, 1216	公仔	人形	**0382**
			耐性	忍耐力	1222

因住	〜に合わせる	0825		**ぬ**	
味	におい	**0135**	搣	抜く。ひっぱる	0294
聞倒	におう	0135	除	脱ぐ	0403, 0411
苦	苦い	**1199**	偷	盗む	1055
幫	〜に代わって	0570, 0967	布	布	**0399**, 1144, 1187
俾~聽	〜に聞かせる	0986	藥膏	塗り薬	0488
揸住	握る	1064	黐	塗り付ける	0348
依照	〜に従って	0734	搽	塗る	0287, 0488, 0557
做	〜にする	0399			
屬於	〜に属する	0703		**ね**	
對	〜に対して	0282, 0284, 0946, 1021, 1031, 1097, 1129	加價	値上げ（する）	**0843**, 1227
			意願	願い。希望	0986
日	日。日間	**0064**	呔	ネクタイ	**0435**
禮拜日	日曜日	1227	打//呔	ネクタイを締める	0435
日用品	日用品	**0291**	貓	ネコ	**0172**
陽光	日光	0123	螺絲	ねじ	0363, **0364**
對~嚟講	〜にとっては	0947	瞓過龍	寝過ごす	1269
唔再	二度と〜しない	**1250**	老鼠	ネズミ	**0173**
話~知	〜に話す	1217	價錢	値段	0391, **0837**
日圓	日本円	0842	頸鏈	ネックレス	**0447**
日本人	日本人	0319	瞓唔着	寝付けない	0549
日本菜	日本料理	**0579**	熱心	熱心な	**1156**
行李	荷物	1142	滾水	熱湯	0332
入//學	入学（する）	**0907**	上//網	ネットにアクセスする	0465
入境表格	入国カード	0733	要	〜ねばならない	0109, 0281, 0286, 0287, 0288, 0400, 0410, 0503, 0537,
入境處	入国管理局	**0693**			

199

0666, 0889, 1028, 1043, 1048, 1059, 1101, 1105, 1175, **1258**

瞓 ///(覺) 寝る　　　　　　0317, 1094, **1095**

年	年。年間	**0067**
扭親	捻挫する	0261
拘柴	捻挫する	0265
年代	年代	**0077**

の

N 㗎 CL	〜の…	0815
交 // 稅	納稅する	0694
交	納入する	0834
筆記簿	ノート	1003
簿	ノート。手帳	**0351**
幫	〜の代わりに	1004
鋸	のこぎり	**0368**
望住	のぞいている	0594
同	〜のために［受益者］	0775, **1265**
爲咗	〜のために［目的］	1032
幫	〜のために［代替］	1115
敲	ノックする	**0961**
口渴	喉が渇く	**1028**
度	〜のところ（に。で）	0161,

0263, 0304, 0307, 0309, 0330, 0351, 0356, 0387, 0388, 0489, 0510, 0525, 0539, 0557, 0584, 0615, 0814, 0975, 1003, 1045

留長	伸ばす	0257
飲	飲む	0230, 0276,

0546, 0549, 0550, 0973, 1028, **1063**

食	（薬を）飲む	0501, 0505
嘅	〜のもの	0090, 0569
好似	〜のようだ	0885
流浪狗	野良犬	0171
膠水	（液状の）のり。接着剤	**0348**
搭	乗る	0587, 0603,

0604, 0608, 0613, 0634

は

刀口	刃	0346
減價	バーゲン	**0856**
派對	パーティー	**0939**
party	パーティー	**0939**
hard disc	ハードディスク	**0390**
拍拿	パートナー	**0780**
香草	ハーブ	**0532**
豎琴	ハープ	**0375**
口琴	ハーモニカ	**0374**
倍	倍	**1209**
停 // 業	廃業（する）	**0868**
執 // 笠	廃業する	**0868**
背景	背景	0987
煙灰缸	灰皿	**0309**
劫 // 機	ハイジャック（する）	**0888**
收購	買収（する）	**0867**
入去	入っていく	0586
高科技	ハイテク	**0926**
菠蘿	パイナップル	**0233**
買賣	売買（する）	0148, 0517,

0855, 0877, 0881

高踭鞋	ハイヒール	**0428**
插唔入	入らない	0292
入	入る	0614, 0707
文件夾	バインダー	**0359**
紫荊花	バウヒニア。ハナズオウ	**0225**
蠢材	馬鹿	**0744**
秤	はかり	**0476**
度	測る	0345, 0420
計	計る	0480
假期	バカンス	1017
着爛	穿きつぶす	0439
嘔吐	吐く	0280
着	穿く	0415, 0440
着	履く	0427, 0428, 0429

嘔	吐く	1168
白菜	白菜	1082
鬼佬	白人	**0664**
天鵝	ハクチョウ	0177
白飯	白飯	1025
博覽會	博覧会	0942
水桶	バケツ	0306
派	派遣する	0695
盒	箱	1079
鉸剪	はさみ	**0347**
挾住	挟んでおく	0358
橋	橋	0632
開始	始まる	**1116**
你好	はじめまして	**1292**
開始	始める	1244
睡衣	パジャマ	0394
起 // 橋	橋を架ける	0632
籃	バスケット	0305
籃球	バスケットボール	**0952**
除	外す	0447, 0471, 0487
應該	はずだ	**1260**
巴士站	バス停	0613
護照	パスポート	0810
電腦	パソコン	0466
石斑	ハタ	0200
牛油	バター	0557
做 // 嘢	働く	0109, 0702
波子機	パチンコ（台）	0959
客家菜	客家料理	0563
清楚	はっきりと（している）	0766, 0772, 0784
罰 // 錢	罰金（を課す）	0730
hack	ハッキング（する）	0890
包裝	パッケージ	0302
發射	発射する	0925
發出	発する	0965

落 // 訂	発注（する）	**0854**
發展	発展	0683
發表	発表する	**0993**
白鴿	ハト	0181
就	〜はというと	0087
鼻哥	鼻	0267
花	花	1186
講 // 嘢	話をする	0626, 1163
講 // 書	（授業で教師が）話をする	0757
講	話す	**0971**, 1256
傾	話す。相談する	0120
鼻哥窿	鼻の穴	0267
離開	離れる	**1075**
阿媽	母	0791
母親節	母の日	**0094**
牙刷	歯ブラシ	**0495**
牙膏	歯磨き粉	**0496**
快	速い	**1140**
就	早くも	1232, 1234
興	流行る	0406
春天	春	0081
黐	貼る	0349, 0482, 0485, 1101
天氣好	晴れ	**0122**
萬聖節	ハロウィン	**0097**
刷 // 牙	歯を磨く	0285, **1094**
麵包	パン	0016, 0248, 0456, 1083
手巾	ハンカチ	**0450**
hang // 機	ハングアップする	0466
節目	番組	0996
犯 // 罪	犯罪（を犯す）	**0881**, 0887
少半數	半数弱	**0049**
短褲	半ズボン	**0412**
藥水膠布	絆創膏	**0482**
反對	反対する	0938, **1099**
判斷	判断する	**1007**
三角褲	パンツ	**0424**

夾//band	バンド演奏をする	0380
手袋	ハンドバッグ	**0508**
漢堡包	ハンバーガー	**0575**
槌(仔)	ハンマー	**0367**

ひ

火	火	**0131**
海灘	ビーチ	**0162**
桃汁	ピーチジュース	0230
花生	ピーナッツ。落花生	**0253**
花生醬	ピーナッツバター	0253
牛扒	ビーフステーキ	0168, 0537, 0572
米粉	ビーフン	1084
啤酒	ビール	0024, 0249, 0330, **0548**, 1173
比較	比較的	0563
引致	引き起こす	0283
疑犯	被疑者	0731
拖	引きずる	0369, 0507
櫃桶	引き出し	**0316**
劃	(線を)引く	0343
彈	弾く	0375, 0378
拉	弾く	0376, 0379, **1066**
低	(高さ・水準が)低い	0275, **1129**
過低	低すぎる	0272
剃//鬚	髭を剃る	0499
飛機	飛行機	**0609**
pizza	ピザ	**0574**
薄餅	ピザ	0574
扶手	肘掛け	0315
商務客位	ビジネスクラス	1166
美術	美術	**0948**
緊急出口	非常口	**0589**
非常之	非常に	1196
翡翠	翡翠	**0146**

餅乾	ビスケット	**0556**
維他命	ビタミン	0505
左便	左	**0055**
左手	左手	0328
搬//屋	引っ越す	0116
羊	ヒツジ	**0170**
必需	必需	**0827**
必需品	必需品	0827
要	必要だ	0046, 0345, 1222, 1284
需要	必要である	0832, 0988
人哋	他人。人様	0464, 0958, 0995
鬼火	ひとだま	**0137**
一個人	一人で	0959
啜	捻って絞る	0342, 0496
扭	捻る	0383
批評	批判する	0698, **0981**
日日	日々	0082
皮膚	皮膚	**0270**
得閑	閑である	0111, 1272
向日葵	ヒマワリ	**0224**
肥胖	肥満	0283
十蚊店	百円ショップ	0291
費用	費用	**0845**
秒	秒。秒間	**0061**
醫院	病院	0288, 1072
評價	評価	1129
讚	評価する	**0982**
美容師	美容師	**0772**
開	開く	0939
比目魚	ヒラメ・カレイ	**0204**
晏晝	昼	**0103**
樓	ビル	**0599**, 0623
大廈	ビル	**0598**, 1128
日頭	昼間	**0109**
起//樓	ビルを建てる	1233

柳	ヒレ肉	0169	門鐘	ブザー。チャイム	**0461**
廣場	広場	**0633**	label 紙	付箋	**0355**
點//火	火をつける	0131	蓋	ふた	0470
敏感	敏感	0892	豬	ブタ	**0169**
眉鉗	ピンセット	**0294**	舞台劇	舞台。演劇	0628
			再	再び	**1249**
	ふ		擘開	二つに割る	0327
快勞	ファイル	1104	平時	普段	**1224**
fax 機	ファックス	**0464**	普通	普通な	0459
傳真紙	ファックス用紙	**0352**	物價	物価	0838
時裝表演	ファッションショー	**0944**	書展	ブックフェア	**0945**
菲林	フイルム	1189	粗	太い	0260, **1136**
長 boot	ブーツ	**0429**	粗嘴	太いペン先	0339
信封	封筒	0356	碼頭	埠頭	0634
熟食中心	フードコート	0623	提子	ブドウ	0234
泳池	プール	0635	地產	不動産	0831
笛	笛	**0371**	大髀	太もも	0264
多咗	増えた	0408	被	布団	**0491**
渡輪	フェリー	**0608**	搭//船	舟に乗る	0503
箱頭筆	フェルトペン	0339	踩	踏む	**1067**
河粉	フォー	**0578**	冬天	冬	0568
叉	フォーク	0243, **0328**	聖誕假	冬休み	**0085**
下屬	部下	0665	煎 pan	フライパン	**0333**
深	深い	**1130**	女裝恤衫	ブラウス	**0404**
唔開心	不機嫌な	**1162**	刷	ブラシ	**0297**
笨手笨腳	不器用な	**1150**	bra	ブラジャー	**0423**
附近	付近	0976, 1009	塑膠	プラスチック	0325
抹	拭く	0299	白金	プラチナ	**0150**
吹	吹く	0371, 0372, 0373, 0374	月台	プラットホーム	**0616**
			名牌	ブランド	0508
衫	服	0879, 1188	fleece	フリース	**0397**
鷄泡魚	フグ	**0205**	蕈	振り落とす	0309
副本	副本	0518	婚外情	不倫	**0900**
含有	含む	0545	printer	プリンター	0051
貓頭鷹	フクロウ	**0179**	擲	(サイコロを) 振る	0385
家長	父兄	0974	舊	古い	0460, 0836

Blu-ray	ブルーレイディスク	**0388**
逼力	ブレーキ	1067
禮物	プレゼント	0094, **0858**
送	プレゼントする	0094, 0381
經紀	ブローカー	**0877**
西蘭花	ブロッコリー	0213
沖涼房	風呂場。シャワールーム	**0584**
份	分	**0815**
文化	文化	0682
文學	文学	**0950**
文化中心	文化センター	**0629**
分鐘	分間	0062
文具	文具	**0336**
文章	文章	1127
分擔	分担（する）	**0813**
量角器	分度器	0345
分泌	分泌する	0274
分類	分類する	1059
分裂	分裂する	0705

へ

頭帶	ヘアバンド。はちまき	**0443**
髮夾	ヘアピン	**0442**
閂 // 門	閉館する	0630
美軍	米軍	0923
平方呎	平方フィート	0582
龍舟	ペーロン	0095
北京菜	北京料理	0566
少咗	減った	0428
床	ベッド	0317
膠樽	ペットボトル	0308
第二	別の	1236, 1243
越南菜	ベトナム料理	0578
蛇	ヘビ	**0193**
BB 櫈	ベビーチェアー	**0315**
房	部屋	**0581**, 1089, 1139

波斯貓	ペルシャ猫	0172
腰帶	ベルト	**0436**
筆	ペン	1064
回歸	返還	1228
讀 // 書	勉強（する）	0671, 1013, 1035, **1039**
企鵝	ペンギン	**0178**
律師	弁護士	0044
鉗	ペンチ	**0366**
答覆	返答する	0979
奇怪	変な	1026
筆芯	ペンの芯	0337
退 // 貨	返品する	0405

ほ

掃把	ほうき	**0296**
放棄	放棄（する）	**0809**
報告	報告	0121
帽	帽子	**0431**
reward	報酬	**0847**
法人	法人	0703
寶石	宝石	**0141**
珠寶	宝石・貴金属	0855
珠寶行	宝石商	0141
繃帶	包帶	0286, 0310, **0483**
法治	法治	**0723**
菜刀	包丁	**0335**
閉路電視	防犯カメラ	**0474**
豐富	豊富な	1202
方式	方法	0717, 1011, 1270
訪問	訪問する	0674, 0760
法律	法律	**0726**
律師行	法律事務所	0770
菠菜	ホウレンソウ	**0241**
男友	ボーイフレンド	1155
膠管	ホース	**0370**

花紅	ボーナス	**0848**		膠袋	ポリ袋。ビニール袋	**0509**
鯨呑	頰張る	0235		荷爾蒙	ホルモン	**0274**
網頁	ホームページ	0890		書	本	0089
劈	放り出す	0426		香港人	香港人	**0668**
原子筆	ボールペン	**0338**		港督	香港総督	0079
其他人	他の人	1100		港幣	香港ドル	0028
保管	保管する	0359		書架	本棚	0052
捐//款	募金する	1203		總部	本部	0715
保費	保険金	**0834**		總行	本部。本店	0712
母校	母校	0920				
灰塵	埃	0297			ま	
驕傲	誇り	0670		麻雀	マージャン（をする）	**0960**
星	星	**0153**		孖展	マージン	1210
想要	欲しい	1133		每次	毎回	**1246**
保釋	保釈（する）	**0731**		每個月	毎月	0850
補習	補習する	0775		mouse	マウス	**0468**
補充	補充する	0505		前便	前	**0053**
津貼	補助金	0916		訂金	前金	**0832**
撩	ほじる	0267, 0268		前	〜前に	0894
波士	ボス	0664		上（一）	前（回）の	**0041**
海報	ポスター	0349		澳門人	マカオ人	0669
幼	細い	0262, **1137**		通心粉	マカロニ	0573
幼嘴	細いペン先	0339		繑	巻き付ける	0483
幼麵	細麵	1137		包紮	巻く	0286, 0481
紐	ボタン	**0448**		纜	巻く	0433, 0436, 0437
扣//紐	ボタンをはめる	0448		綁	巻く	0434, 0443
想要	欲する	**1034**		枕頭	枕	**0492**
釘書機	ホッチキス	**0360**		枕頭袋	枕カバー	**0492**
爆谷	ポップコーン	**0558**		吞拿魚	マグロ。ツナ	**0199**
薯片	ポテトチップス	**0555**		輸	負ける	1020
薯條	ポテトフライ	**0538**		孫仔	孫（男）	**0799**
酒店	ホテル	0976		孫女	孫（女）	**0800**
行人路	歩道	**0618**		認眞	真面目な	1157
冇幾耐	程なくして	0893		先	先ず	1267
讚	褒める	**1114**		口罩	マスク	**0487**
義工	ボランティア	**0699**		首先	まずは	**1242**

又	また	0567, 0574
仲	まだ	0680, 0980
未V	まだ〜していない	1042, 1094
下次見	またね	**1294**
又	またまた	**1248**
行//街	街を歩く	0977
松樹	マツ	**0217**
等	待つ	0611, 1222, **1234**, 1279
床褥	マットレス	1145
嘉年華	祭り	**0940**
之前	〜までに	**1230**
羊肉	マトン。ラム	0170
禮儀	マナー	**0735**
砧板	まな板	**0334**
趕唔切	間に合わない	1024
經理	マネージャー	**0749**, 0984
邀請	招く	0942
扮	まねる	0174, **1038**
頸巾	マフラー	**0433**
好快	まもなく	**1234**
未揸定//主意	迷う	**1014**
蛋黃醬	マヨネーズ	**0539**
個別	稀な	**1205**
漫畫	漫画	1267
芒果	マンゴー	**0232**
花園	マンション（の敷地）	0635

み

唔見	見当たらない	0430
見	見かける	0114
見倒	見かける	1231
睇法	見方	0663
自己人	味方	**0778**
橙皮	ミカンの皮	0227
右便	右	**0056**
右手	右手	0328

右掣	右のボタン	0468
導彈	ミサイル	**0925**
短	短い	**1127**
切碎	微塵切りにする	0335
水	水	0020, 0306, **0541**, 0768
選美活動	ミスコン	**0938**
香港腳	水虫	0284
漏//水	水漏れする	0370
舖頭	店	1236
俾〜睇	見せる	0412, **0995**
蕩失//路	道に迷う	1213
行//路	道を歩く	1170
搵唔倒	見つからない	1270
承認	認める	**1055**
綠色	綠色の	**1185**
都	みな	0046, 0082, 0840, 0980, 0983, 1092, 1099, 1160, 1198, 1211, 1212, 1223, 1226, 1246
大家	皆	0980
見習	見習い	0764
van仔	ミニバス	**0605**
小巴	ミニバス	1183
身份證	身分証	0693
耳仔	耳	**0268**
耳挖	耳掻き	0268
耳塞	耳栓	**0494**
聽倒	耳にする	0097, 1215
凌晨	未明	**0101**
未來	未来。将来	**0118**, 1008
睇	見る	0050, 0095, 0288, 0837, 0934, **0996**, 1039, 1236, 1241, 1264, 1267
民主化	民主化	**0720**
民族	民族	**0662**

む

對面	向かい側	1010
舊時	昔。往時	0386
搣	（手で）剥く	0227
批	（ナイフで）剥く	0231
蛀 // 牙	虫歯（になる）	**0285**
蛇蟲鼠蟻	虫やヘビの類	1018
冇色	無色の	**1190**
蒸	蒸す	**1085**
難	難しい	1007, 1179
仔	息子	0775
仔女	息子や娘	**0798**, 0972
打 // 結	結ぶ	0400
綁	結ぶ	0445
女	娘	1152
冇負責任	無責任な	0983
亂噏	無秩序に	0426
免費	無料	**0849**

め

眼	目	**0266**, 0277
眼鏡	眼鏡	**0471**
眼藥水	目薬	**0504**
好少	めったに～ない	**1215**
見倒	目にする	0137, 0889
寫低	メモを取る	**1003**
棉	綿	**0392**
當面傾	面談する	**0974**
湊	（乳幼児の）面倒を見る	**1090**
棉質	綿の生地	0392
棉花棒	綿棒	**0488**

も

都	も	0153, 0571, 0593, 0735, 0887
盈利	もうけ。収益	**0807**
賺	儲ける	0820
就嚟	もうすぐ	1117, **1235**
第二	もう一つの	**0044**
車展	モーターショー	**0943**
木材	木材	**0527**
睇	黙読する	**0997**
如果	もし	**1270**
糯米	餅米	0208, **0247**
攞走	持ち去る	0781
提起	持ち出す	1248
目前	目下	**0112**
木片琴	木琴	**0377**
多啲	もっと	0348, 0824
多CL	もっと	0548
最	最も	0441, 0927, 1018, 1172, **1255**
modem	モデム	**0469**
模特兒	モデル	**0774**
前度男友	元彼	1273
返	戻る	0631, **1073**
嘢	物	0301, 0369, 0825, 1027, 1028, 1034, 1055
撚	揉む	0259
桃	モモ	0230
搞	催す	0944
攞	もらう	0516, 0815, 0816, 0916, 0933, 1016
外行	門外漢	**0743**
發 // 牢騷	文句を言う	**0984**
問題	問題	0047, 0708, 0741, 0892, 1007, 1058, 1060, 1118, 1130, 1248

や

夜晚黑	夜間	**0110**
水煲	やかん	**0332**
夜校	夜間学校	**0916**

207

燒	焼く	0202
烘	（トースターで）焼く	0456
政府機關	役所	**0690**
約	約束をする	0622, 1044, 1288
燙親	火傷（する）	**0290**
蔬菜	野菜	**0236**, 0334
溫柔	優しい	**1152**
平	安い	0625, 0838
放 // 假	休みになる	0084, 0085
休息	休む	**1091**
大牌檔	屋台	**0625**
請	雇う	0771
柳樹	ヤナギ	**0218**
都係	やはり	1015
半夜	夜半	**0106**
山	山	**0156**
檯底交易	闇取引	0851
檐蛇	ヤモリ	**0192**
魷魚	ヤリイカ。スミイカ	**0213**
做法	やり方	1057
柔軟	柔らかい	0422
軟	柔らかい	1143, **1145**

ゆ

夜晚	夕方	**0104**
娛樂場所	遊技場	**0624**
有效	有効な	0282, 0284
晚飯	夕食	1093
郵箱	郵便受け	**0590**
飛碟	UFO	**0138**
鬼	幽霊	**0136**
地板	床板	0299
掃 // 地	床板・地面を掃く	0296
雪	雪	**0126**
落 // 雪	雪が降る	**0126**
輸出	輸出（する）	**0852**

豐富	豊かな	**1202**
焓	茹でる	0240
輸入	輸入（する）	0853
手指	指	0262
灼	湯引く	0210, 0241
戒指	指輪	0144, **0449**
准	許す	0900

よ

好	良い	0391, 0707, 0774, 0982, 1014, 1252, 1281
暈浪丸	酔い止め	**0503**
好人	良い人	1276
(容)易	容易な	**1179**
容器	容器	**0301**
疑犯	容疑者	0691
要求	要求する	0720
紙	用紙	0015
form	（記入）用紙	1004
西餐	洋食	**0571**
要	要する	1280
因素	要素	1048
幼稚園	幼稚園	**0911**
先	ようやく	1095
過	よぎる	0617, 0619, 1218
儲 // 錢	預金（をする）	**0814**
時時	よく～する	**1212**
壓制	抑制する	0857
側邊	横	**0059**
污糟	汚れた	**1178**
budget	予算（案）	0747
預算	予算	**0825**
拍	寄せて置く	0312
預測	予測する	0118
飲醉	酔っ払う	1029
補習社	予備校	**0917**

叫住	呼び止める。誰何する	**0977**	磁浮列車	リニアモーターカー	**0603**
叫	呼ぶ	0768	客廳	リビング	**0582**
嗌	呼ぶ	**0962**	報導	リポートする	**0969**
預防	予防する	0930	絲帶	リボン	**0445**
預防針	予防接種	0281	領事館	領事館	0674, 1074
訂	予約する	0515	父母	両親	1113
A 過…	…より～だ	0581, 0838, 1136, 1209	菜	料理	0021, 1196, 1198, 1199
			煮 // 飯	料理する	1036
A 啲	より～な	0462, 1187, 1188, 1200	旅行	旅行	1015
			導游	旅行ガイド	**0766**
再	より。もっと	1133	起飛	離陸する	0924
之前	～より前	**1228**	蘋果	リンゴ	**0231**
好啲	より良い	1046			
夜晚	夜	0100, **0105**		**る**	
開心	喜ぶ	**1016**	活頁紙	ルーズリーフ	0354
得	よろしい	0593	扭計骰	ルービックキューブ	**0383**
			roommate	ルームメート	0781
	ら		紅寶石	ルビー	0143
下個月	来月	0066			
到場	来場する	0945		**れ**	
打火機	ライター	0131	有禮貌	礼儀正しい	**1151**
出年	来年	1050	細公司	零細企業	0863
對頭人	ライバル。敵	**0777**	講 // 多謝	礼を言う	0964
行 // 雷	雷鳴（が響く）	0129	雨褸	レインコート	0410
劃 // 公仔	落書きをする	0340	里	レーン	0638
LAN 綫	LAN ケーブル	0469	歷史	歴史	0155
			每一代	歴代	0079
	り		襪褲	レギンス。タイツ	0440
領導人	リーダー	**0752**	唱盤	レコーダーのトレイ	0388
了解	理解する	0458	唱片	レコード	0386
陸軍	陸軍	**0922**	收銀處	レジ	0595
利息	利子。利息	0850	單	レシート	0510
董事	理事。取締役	**0746**	菜館	レストラン	0563
董事會	理事会	0746	餐廳	レストラン	0773, 1045, 1255
tick	履修する	0902	車	列車。バス	0611, 0612, 0613
立法會	立法議会。立法府	0689	檸檬	レモン	**0229**

檸檬汁	レモンの汁	0229
拉	連行する	0624
練	練習する	**1037**

ろ

工會	労働組合	**0704**
道	ロード	**0636**
公路	ロード	**0640**
吊車	ロープウェイ	**0602**
債	ローン	**0860**
錄	録音する	**0387**
路綫	路線	**0605**
六合彩	ロトくじ	1106
龍蝦	ロブスター	**0210**
機械人	ロボット	**0928**

わ

世界盃	ワールドカップ	**0934**
恤衫	ワイシャツ	**0403**
威也	ワイヤー	**0369**
賄賂	賄賂	**0859**
煲	沸かす	**0332**
自私	わがままな	**1160**
知道	分かる	1210
分	分かれる	0709
分 // 手	（交際相手と）別れる	1033
胳肋底	脇	0489
無端端	わけもなく	1019
分成	分ける	0009
得	僅か（な）	0061, **1204**
唔記得	忘れる	0300, 0815, 0835, **1044**
話題	話題	0971
鱷魚	ワニ	**0191**
笑	笑う	**1061**
木筷子	割り箸	**0327**
打爛	割る	0324

固有名詞の類

亞皆老街	アーガイル・ストリート	0637
美國	アメリカ	**0680**
安全理事會	安全保障理事会	0711
仙女座	アンドロメダ座	0154
英國	イギリス	**0679**
環球貿易廣場	インターナショナル・コマース・センター	0597
國際金融中心	インターナショナル・ファイナンス・センター	0596
印度	インド	**0678**
帝豪閣	インペリアル・コート	0600
永星里	ウェンセン・レーン	0638
港鐵	MTR	**0601**
袁	袁。ユン（Yuen）	1262
歐盟	欧州連合	**0714**
啓勉樓	カイミン・ビル	0599
九龍	カオルーン	0631
九龍公園徑	カオルーン・パーク・ドライブ	0639
加拿大	カナダ	0739
卡樂B	カルビー	0555
韓國	韓国	**0673**
青山公路	キャッスル・ピーク・ロード	0640
英皇道	キングス・ロード	0636
綠色和平	グリーンピース	0700
觀塘	クントン	0646
堅尼地城	ケネディ・タウン	**0643**
廣州	こうしゅう	0651
高明	こうめい	0656
聯合國	国連	**0711**
雅加達	ジャカルタ	0715
珠海	しゅかい	0658
順德	じゅんとく	0655
新加坡	シンガポール	**0675**

新疆	しんきょう	0158
深圳	しんせん	**0660**
世界銀行	世界銀行	**0712**
世貿組織	世界貿易機関	**0713**
中環	セントラル	**0641**
泰國	タイ	0246, **0677**
尖沙咀	チムサーチョイ	**0644**
柴灣	チャイワン	**0642**
中國	中国	**0672**, 0684
中銀大廈	中国銀行ビル	0598
中山	ちゅうざん	**0657**
荃灣	チュンワン	**0645**
長洲	ちょうしゅう	0165
將軍澳	チョンクワンオウ	**0647**
天水圍	ティンシュイワイ	**0649**
德國	ドイツ	1013
東莞	とうかん	**0659**
東京	とうきょう	0943
東盟	東南アジア諸国連合	**0715**
東涌	トンチョン	**0650**
南海	なんかい	**0654**
日本	日本	0083, **0671**
番禺	はんぐう	**0652**
粉嶺	ファンリン	**0648**
佛山	ぶつざん	**0653**
越南	ベトナム	**0674**
香港	ホンコン 0726, 0936, 1042, 1075	
香港大學	ホンコン大学	0908
紅磡	ホンハム	1135
澳門	マカオ	1216
麥當勞	マクドナルド	0575
馬來西亞	マレーシア	**0676**
明治	めいじ	0553
森永	もりなが	0556
旺角	モンコック	0865, 1212
大嶼山	ランタオ島	0602

樂天	ロッテ	0554
胃仙U	ワイシンユー（WEISEN-U)	0502

数を含む表現

一半	半分	**0009**
幾	幾つか	**0010**
A4	A4	0015
一月	一月	0091
一號	ついたち	0091
三點鐘	3時	0101
七點半	7時半	0105
幾個月	数ヶ月	0115
一個字	5分	0479
一百蚊	100ドル	0511
四點半	4時半	0630
半年	半年	0728
一個月	一ヶ月	0846
一年	一年	0848
兩點鐘	2時	0903
三月	三月	0936
幾日	数日	1092
一月	1月	1172
兩成	2割	1253
半個鐘	30分	1280
幾多	いくつ	**1284**
幾點(鐘)	何時	**1288**

助詞・補語の類

V 緊　～しているところだ　0058, 0084, 0627, 1039

V 過　～したことがある　0114, 0895, 1055

V 咗　～した。(既に)～している。～してしまっている　0089, 0116, 0128, 0280, 0306, 0320, 0337, 0390, 0424, 0425, 0430, 0439, 0440, 0466, 0541, 0620,

211

		0624, 0677, 0691, 0705, 0706, 0781, 0785, 0820, 0821, 0823, 0841, 0842, 0866, 0885, 0890, 0893, 0999, 1005, 1020, 1029, 1033, 1041, 1044, 1045, 1080, 1104, 1119, 1123, 1124, 1125, 1165, 1169, 1221, 1260, 1288
V 住	〜したままでいる	0293, 0305, 0811
V 吓	〜してみる	0162, 0279, 0288, 0298, 0707, 0976, 0998, 1039, 1096, 1137, 1236, 1242, 1249, 1264
吖	語気助詞	1271, 1279
呀	語気助詞	1272, 1275, 1281, 1282, 1283, 1284, 1285, 1286, 1287, 1288, 1289, 1290
啦	語気助詞	1015
喇	語気助詞	1269, 1278
V〜出嚟	方向補語	0496, 0519
V 到…	方向補語	0943, 1224
V 到去…	方向補語	0263
V〜返出嚟	方向補語	0294
V〜過嚟	方向補語	0768
V〜去…	方向補語	0312
V 埋…	方向補語	0410
V〜嚟	方向補語	0314, 1214
V〜落…	方向補語	0309, 0330, 0342
V 落去	方向補語	1241
V〜落嚟	方向補語	0297
V〜入…	方向補語	0356, 0365
V 入去	方向補語	1261
V〜入去	方向補語	0389
V 得…	動作の行い方が…である	0317, 0350, 0550, 0982, 1111, 1130, 1141, 1176, 1177, 1180
俾〜V	〜に…される［受身］	0214, 0624, 0730, 0769, 0781, 0883, 0884, 0885, 0890, 0910, 0977, 1054, 1061, 1113
俾〜V	〜に…させる［使役］	1264
V〜俾…	〜を…に○○する［授受］	0094, 1102, 1103, 1109, 1250
V 喺…	…に〜する	0055, 0056, 0351, 0584, 0616, 1069, 1070, 1085
V〜喺…	〜を…に○○する	0304, 0334, 0349, 0387, 0388, 0455, 0469, 0489, 0510, 0539, 0557

■著者略歴

吉川雅之

1967 年生まれ
1985 年 京都大学文学部入学
1999 年 京都大学大学院文学研究科博士後期課程満期修了
1999 年 東京大学専任講師を経て、現在 同教授（総合文化研究科 言語情報科学）

博士（文学）
専門は香港・澳門言語学、中国語学

主要著述
「「中文」と「広東語」：香港言語生活への試論（一）」（『月刊しにか』7月号、1997年）、『現代漢語基礎』（共著、2003 年）、『「読み・書き」から見た香港の転換期：1960 ～ 70 年代のメディアと社会』（編著、2009 年）、『香港を知るための 60 章』（共編、2016 年）、『ミエン・ヤオの歌謡と儀礼』（共著、2016 年） など

ホームページ
http://www.ac.cyberhome.ne.jp/~hongkong-macao/index.html

広東語初級教材　香港粵語［基礎語彙］　CD-ROM 付

2015 年 5 月20 日　初版発行
2019 年 11 月15 日　第 2 刷発行

著　者　　吉川雅之
発行者　　佐藤康夫
発行所　　白帝社
　　　　　〒 171-0014 東京都豊島区池袋 2-65-1
　　　　　TEL 03-3986-3271
　　　　　FAX 03-3986-3272（営）／ 03-3986-8892（編）
　　　　　http://www.hakuteisha.co.jp

印刷／（株）平河工業社　　製本／（株）ティーケー出版印刷
Printed in Japan ISBN978-4-86398-168-3
Ⓒ Masayuki Yoshikawa　＊定価はカバーに表示してあります。
　　　　　　　　　　　　落丁本・乱丁本はお取り替えいたします。

香港路線図

『香港粵語』シリーズにおける本書の位置付け

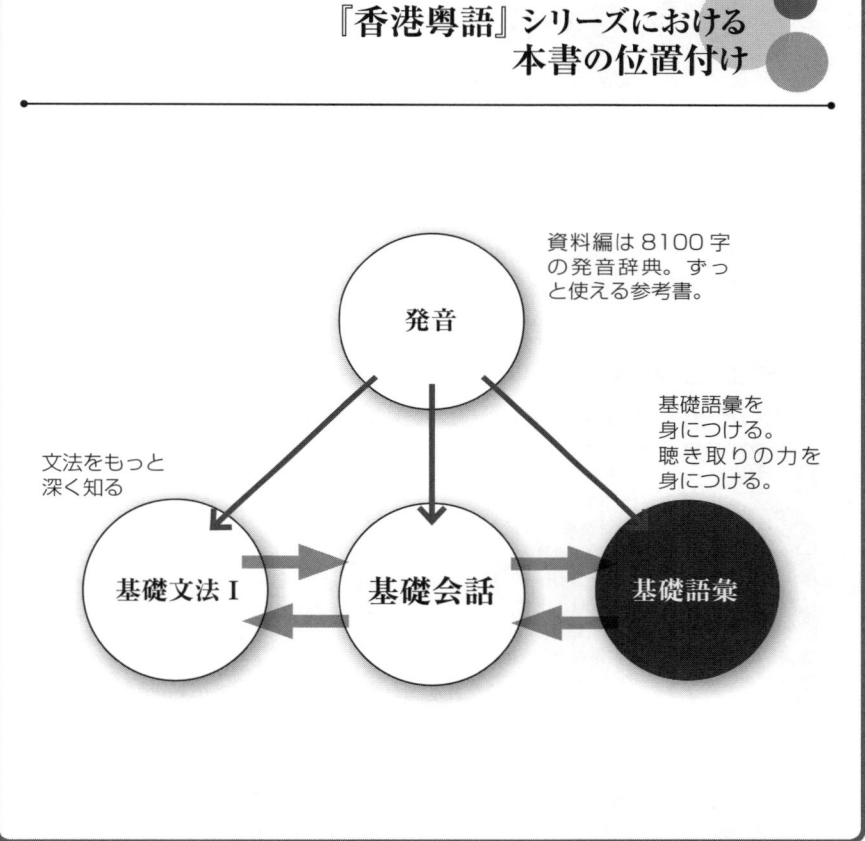

発音

資料編は8100字の発音辞典。ずっと使える参考書。

文法をもっと深く知る

基礎語彙を身につける。
聴き取りの力を身につける。

基礎文法 I　　基礎会話　　基礎語彙

好評既刊

吉川雅之著

発音表記はすべて
6声調式と
9声調式 双方に対応！

※［基礎文法Ⅰ］と［応用会話］は広東語文ローマ字の一部が白帝社のホームページ（http://www.hakuteisha.co.jp）から無料ダウンロードできます。

広東語入門教材
香港粤語［発音］

◆本邦初の本格的発音集中訓練用教材。
◆対象を「現代の香港で使われている広東語に厳密に絞った。前半は丁寧な発音の解説、後半は漢字8100字の発音辞典。部首・音訓からの検字表付き。香港研究に必携の1冊！
■予備知識+実践編12課+資料編
■B5判・446頁・CD 1枚・本体3600円+税

広東語初級教材
香港粤語［基礎文法Ⅰ］

◆広東語の学校文法、ここに登場！ 基本に徹した1冊。されど最強の1冊。
◆基礎文法を豊富な図解で分かりやすく解説。さらに各課に「もっと知りたい！」コーナーを設け、既習者や極めたい学習者にも対応。
■旅行に、滞在に使える実用表現を重視。
■全17課+付録（量詞と名詞の関係、代表的な離合詞など…）+語彙索引2種（ローマ字、日本語）
■B5判・202頁・CD 2枚・本体3200円+税

広東語初級教材
香港粤語［基礎会話］

◆基礎会話のノウハウを満載。文法解説も丁寧で芯から基礎が身につきます。
◆付属CD-ROM：普通とゆっくりの2通りの速度の音声（MP3形式）+常用文例集（PDFファイル）
■概説・発音編+会話編20課+語彙帳（ローマ字、日本語）
■A5判・288頁・CD-ROM 1枚・本体2800円+税

広東語初級問題集
ワークブック
香港粤語［基礎文法Ⅰ］ (品切れ)

◆本邦初のCD付き総合問題集。『香港粤語［基礎文法Ⅰ］』に準拠。
◆20種類にのぼる豊富で多様なスタイルの練習問題によって、話す力と聴く力を徹底訓練。別冊解答集には詳しい解説付き。
■全17課+語彙帳（ローマ字、日本語）+別冊綴じ込み解答集
■B5判・372頁・CD 2枚・本体3800円+税

別売：ワークブック香港粤語［基礎文法Ⅰ］
エクストラCD
2枚組・本体2000円+税　※内容は音声のみです。

広東語中級教材
香港粤語［応用会話］

◆流れのある会話文で身近な話題を扱い、リスニング力の養成を目指す。
◆初級から中級への橋渡しに。話のつなぎ方を学びたい人のために！
■徹底的なリスニング、置き換え練習、ロールプレイング…。
■全15課+別冊［スキットの原文・日本語訳・解答例］
■B5判・190頁・CD 2枚・本体3200円+税

(品切れ)

語彙が増えたら次のステップに挑戦！

広東語初級教材　香港粵語［基礎会話］

吉川雅之 著

「こんにちは」から「さようなら」、「おはよう」から「おやすみ」まで、これ１冊でＯＫ！

- 会話に欠かせない知識―使う場面や別の言い方なども学べます。
- 各課に５つ前後の学習ポイント。丁寧な解説で、芯から基礎が身につきます。
- 最終課は車内や機内で流れるアナウンスの学習。これだけまとまった数の掲載は今のところ世界初！
- 概説・発音編＋会話編20課＋解答例＋語彙帳２種（ローマ字、日本語）
- ローマ字表記は６声調式、９声調式双方に対応。
- 充実したCD-ROM
  - ・本書のほぼ全ての広東語を普通とゆっくりの２回の速度で収録。（MP3形式）
  - ・旅行で使える常用文例集３４７例を収録。（PDF形式）
- A5判／288頁／テキスト＋CD-ROM １枚
- 本体2800円＋税
- ISBN978-4-86398-094-5

広東語初級教材　香港粵語［基礎文法Ⅰ］

吉川雅之 著

広東語の学校文法ここに登場。基本に徹した１冊。されど最強の１冊。

- 目次から――数、事物の数え方、金銭・価格、人称と基本文型、場所・方位、時間点、動詞と目的語、動詞述語文、「係」動詞文、指示、所在、形容詞述語文、所有と存在、前置詞、助動詞、命令文。
- 全17課＋付録＋語彙帳２種（ローマ字、日本語）
- ローマ字表記は６声調式、９声調式双方に対応。
- B5判／202頁／テキスト＋CD ２枚
- 本体3200円＋税
- ISBN978-4-89174-641-4